北京大学首都高端智库系列报告

The Beijing Development Report 2020

2020
首都发展报告

北京大学首都发展研究院 编著

科学出版社
北 京

图书在版编目（CIP）数据

2020 首都发展报告/北京大学首都发展研究院编著. —北京：科学出版社，2020.1

ISBN 978-7-03-063770-3

Ⅰ. ①2… Ⅱ. ①北… Ⅲ. ①区域经济发展-研究报告-北京市-2020 ②社会发展-研究报告-北京市-2020 Ⅳ. ①F127.1

中国版本图书馆 CIP 数据核字（2019）第 280534 号

责任编辑：石 卉 吴春花 / 责任校对：贾伟娟

责任印制：师艳茹 / 封面设计：有道文化

编辑部电话：010-64035853

E-mail:houjunlin@mail.sciencep.com

科学出版社 出版

北京东黄城根北街 16 号

邮政编码：100717

http://www.sciencep.com

天津市新科印刷有限公司 印刷

科学出版社发行 各地新华书店经销

*

2020 年 1 月第 一 版 开本：720×1000 B5

2020 年 1 月第一次印刷 印张：19

字数：383 000

定价：118.00 元

（如有印装质量问题，我社负责调换）

学术指导委员会

编辑委员会

总　序

今年适逢我国改革开放四十年，也是首都建设和京津冀协同发展迎来新时代的开局之年。站在“两个一百年”的历史交汇点上，回顾往昔，展望未来，“建设一个什么样的首都，怎样建设首都”及如何促进京津冀协同发展这一被习近平总书记提出的重大时代课题摆在了我们各级决策者、众多研究者的面前。研究新时代的首都发展规律，探索建设以首都为核心的京津冀世界级城市群的发展道路，是区域与城市研究者，特别是首都与京津冀研究者的历史担当和使命。

成立于 1999 年 3 月的北京大学首都发展研究院（简称首发院）是北京大学与北京市委、市政府共建的服务于首都发展的重要平台。首发院汇聚了众多主要来自北京大学的城市与区域研究者，是首都及京津冀研究的一支重要力量，也是北京市第一批 14 家高端智库建设试点单位之一。成立近二十年来，首发院在城市与区域科学研究、首都发展战略研究、京津冀协同发展研究、空间大数据与政策模拟研究四大方向持续开展了卓有成效的研究咨询工作，已经成长为享有盛名的政策研究咨询机构。

首发院致力于归纳、把握与传播以首都和京津冀为研究对象的最新研究成果，持续地跟踪和分析城市与区域的发展动态，已经先后出版多部“首都发展报告”和“京津冀区域发展报告”。作为新时代首都新型高端智库的成果集中发布与展示载体，首发院整合原有发展报告产品，将其统一改版，以“北京大学首都高端智库系列报告”的形式编辑出版。

作为北京大学的毕业生和长期从事城市与区域研究的学者，我希望“北京大学首都高端智库系列报告”应该在以下三个方面成为典范：

一是应吸取北京大学及社会各界关于城市与区域发展理论和实践的经验，集中展现首都与京津冀发展研究的高质量成果和最新动态；

二是应以服务首都与京津冀协同发展为己任，以迅捷有效的方式为国家与北京市的科学决策提供智力支持；

三是应努力以翔实的数据、科学的方法、扎实的研究、凝练的语言，提供高质量的学术精品。

陆大道

2018年12月

前 言

改革开放四十多年来，北京经济、社会等综合实力得到极大提升。2018年，北京GDP超过3万亿元，人均GDP超过14万元。北京经济总量在不断扩大的同时，发展质量也在不断提升，高技术产业、战略性新兴产业等新经济、新动能快速增长。2018年，北京金融、信息、科技等优势服务业占经济比重达40%，对全市经济增长的贡献率达67%。在中国经济新常态、京津冀协同发展、北京“四个中心”功能定位强化的新时代下，北京经济社会发展还需要进一步强化首都功能，提升科技创新能力，进一步改善人民生活水平，进一步提升城市的国际影响力，进一步缓解经济发展与人口、资源和环境之间的矛盾，进一步优化城市功能布局。在此背景下，在首都高端智库试点单位建设专项资金的支持下，北京大学首都发展研究院组织院内外专家进行集中研究，编制了《2020首都发展报告》（简称报告）。报告力求客观、全面、系统地把握首都发展现状、一般规律及发展趋势，为制定符合首都发展阶段和未来需求的应对策略，努力建设成为国际一流的和谐宜居之都提供智力支撑。

报告分为总论篇、综合篇和专题篇。总论篇包括第一章，详细分析了首都发展战略、非首都功能疏解进展和京津冀协同发展的主要成效、问题及对策建议，坚持以首善标准加强北京“四个中心”功能建设，从国家、区域、城市和全球四个层面详细论述首都发展战略。报告通过对北京非首都功能的疏解和京津冀协同发展取得的成效分析发现：一方面，集中疏解和分散疏解效果明显，为强化首都功能腾出了空间，也为优化首都城市布局创造了条件；另一方面，京津冀三地发展差距依然显著、人口调控缺乏长效机制、创新驱动辐射带动作用有限、区域空间结构有待优化、生态协同治理机制有待完善、体制机制创新有待深入等诸多问题均是新时代首都发展必须要面对和解决的重要问题。因此，报告提出优化区域产业分工体系、打造“一核两翼”空间新格局、构建“三城两翼一区”协同创新模式、系统推进首都减量提质发展、完善生态协同治理机制和深化协同发展体制机制创新六大策略，通过进一步疏解北京非首都功能推进京津冀协同发展，以期早日建成国际一流的和谐宜居之都。

综合篇包括第二章至第六章，以北京首都“四个中心”建设为主线，分别从北京政务保障与国际交往，经济、社会、人口资源环境和空间格局入手，分析首都人口、经济、社会、资源环境和空间发展的现状、问题和趋势，总结本阶段北京城市发展的主要特征并提出相应的对策建议。第二章，分析北京作为首都的政务保障与国际交往的基础，进而对现状和未来发展方向进行总结，并提出相应的对策建议。第三章，不仅分析北京经济发展的总体状况，还总结第一、第二、第三产业的发展历程、发展现状及特征。第四章，分析北京居民收入、社会保障、公共服务与社会治理、科教文卫等社会发展的现状及问题。第五章，重点研究人口规模与结构、自然资源与能源利用、环境治理与保护的发展现状及问题。第六章，分析经济空间总体布局和第一、第二、第三产业布局，科技创新空间和公共服务空间发展布局，以及人口、资源和环境空间发展布局情况。

专题篇包括第七章和第八章，是从2018年首都高端智库重点决策咨询六大项目中选取的其中两个项目的主要成果。第七章为“首都功能核心区与雄安新区、北京城市副中心功能协调发展研究”项目的主要成果，从“一核两翼”的功能定位，发展现状，促进首都功能核心区与雄安新区、北京城市副中心功能协调发展的理念、分工与重点，以及落实功能定位的保障措施进行系统研究和综合阐述。第八章为“大国首都比较研究”项目的主要成果，从全球选取柏林、布鲁塞尔、伦敦、巴黎、首尔、东京、华盛顿特区等典型大国首都城市，主要从科技创新能力、国际交往、和谐宜居等方面与北京进行比较分析，提出北京大国首都发展可借鉴的思路。

报告是在“北京大学首都高端智库系列报告”学术指导委员会指导下完成的，杨开忠教授、李国平教授等组成的学术指导委员会在整个报告编写过程中给予了具体指导。报告作者均来自北京大学首都发展研究院及其合作机构。北京大学首都发展研究院多年来致力于研究首都发展中的一些基础性、长期性、前瞻性和战略性问题，是首都城市发展研究中的重要智库。第一章由蔡满堂、李涛执笔；第二章由李平原、杨艺执笔；第三章由刘金科执笔；第四章由刘翊执笔；第五章由赵美怡执笔；第六章由闫梅执笔；第七章由李国平、罗心然、徐祯执笔；第八章由张波、王亦丁执笔。报告由蔡满堂、刘翊、李涛统稿。

报告由北京大学首都高端智库（北京大学首都发展研究院）专门立项支持编写和出版，是“北京大学首都高端智库系列报告”之一。北京大学首都发展研究院及其合作机构为报告的编写和出版付出了诸多努力。报告出版得到了科学出版社首席策划石卉女士和责任编辑吴春花女士的帮助。在此，对给予报告编辑和出版的相关机构、企业、个人表示衷心的感谢。特别感谢中国科学院院士、北京大学首都高端智库理事会首席顾问陆大道先生为“北京大学首都高端智库系列报告”作序，并对系列报告提出了新要求，这将成为我们今后不断努力的方向。

报告力图反映“十三五”以来北京经济社会发展和生态环境治理的最新状况和趋势，但限于理论水平与实践经验，难免存在不足之处，诚恳地希望得到广大读者的批评指正。

蔡满堂

2019 年 10 月

目　　录

第一部分　总　论　篇

1 第一章 首都发展战略与区域协同发展

北京是我国的首都，也是向世界展示中国形象的首要窗口。作为举世瞩目的国际化城市，北京的发展也一直是国内外关注的焦点，建设和管理好首都，是国家治理体系和治理能力现代化的重要内容①。党的十八大以来，以习近平同志为核心的党中央高度重视首都发展，2014 年 2 月和 2017 年 2 月习近平两次视察北京并对事关首都长远发展的战略性、全局性问题做出重要指示，为新时代首都发展指明了方向。本章首先从多个层面梳理新时代背景下的首都发展战略；其次，从集中和分散两个角度梳理北京非首都功能的疏解进展，并对京津冀协同发展现状进行系统分析；最后，指出京津冀地区在经济、人口、创新、空间、生态、体制机制六个主要方面还存在诸多问题，进而从产业分工、空间优化、协同创新、减量提质、生态协同治理、体制机制创新六个方面提出相应对策建议。

① 谱写首都发展新篇章[EB/OL]. http://m.people.cn/n4/2017/1015/c3535-9986093.html[2019-10-11].

第一节　首都发展战略

习近平总书记所做的党的十九大报告明确指出，“以疏解北京非首都功能为‘牛鼻子’推动京津冀协同发展”[①]，这为京津冀地区建设以首都为核心的世界级城市群指明了方向。京津冀协同发展的核心在于有序疏解北京非首都功能，以疏解拓展城市发展空间，使得北京更有能力坚持“四个中心”的战略定位，以疏解促进北京高质量发展，进一步提升首都功能，早日建成国际一流的和谐宜居之都。《北京城市总体规划（2016 年—2035 年）》中明确了 2020 年、2035 年和 2050 年三个阶段性目标，旨在不断提升北京发展质量和影响力，通过充分发挥首都辐射带动作用，形成以首都为核心的世界级城市群，以增强区域竞争力。到 2050 年，全面建成更高水平的国际一流的和谐宜居之都，成为富强民主文明和谐美丽的社会主义现代化强国首都、更加具有全球影响力的大国首都、超大城市可持续发展的典范，建成以首都为核心、生态环境良好、经济文化发达、社会和谐稳定的世界级城市群[②]。因此，首都发展战略不同于一般意义上的城市发展战略，无论是从国家层面、区域层面、城市层面，还是从全球层面都对新时代背景下的北京城市发展战略提出了新要求。

一、国家层面

根据《北京城市总体规划（2016 年—2035 年）》，北京城市战略定位为“四个中心”，即全国政治中心、文化中心、国际交往中心和科技创新中心。作为国家首都，北京的全国政治中心定位具有唯一性，其城市发展首先要满足首都职能，这是与其他城市最显著的区别。在加强“四个中心”功能建设中，政治中心是首要任务，也是“四个中心”的核心。《北京城市总体规划（2016 年—2035 年）》中明确指出，政治中心建设要为中央党政军领导机关提供优质服务，全力维护首都政治安全，保障国家政务活动安全、高效、有

① 推动京津冀协同发展（认真学习宣传贯彻党的十九大精神）[EB/OL]. http://politics.people.com.cn/n1/2017/1120/c1001-29655288.html[2019-10-11].

② 北京城市总体规划（2016 年—2035 年）[EB/OL]. http://ghzrzyw.beijing.gov.cn/art/2018/1/9/art_5096_544315.html[2019-10-11].

序运行；严格规划高度管控，治理安全隐患，以更大范围的空间布局支撑国家政务活动。北京的发展必须首先坚持政治中心建设这一首要任务，履行为中央党政军领导机关工作服务的职责，保障其高效开展工作。作为国家首都，北京是展示我国改革开放和社会主义现代化建设成就的首要窗口，也是承担国家重大外事活动的重要舞台。因此，依托于政治中心的国际交往中心建设同样尤为重要，特别是重大外交外事活动区和外国驻华使馆区的建设。《北京城市总体规划（2016年—2035年）》中明确指出，努力打造国际交往活跃、国际化服务完善、国际影响力凸显的重大国际活动聚集之都。在疏解北京非首都功能过程中，将疏解腾退空间优先用于保障中央政务功能和预留重要国事空间。一方面，充分利用腾退空间，进一步增强基础设施建设和服务平台建设，通过工作和生活配套设施的不断完善，增强北京保障首都核心功能的能力；另一方面，对重点地区进行综合整治，为我国外交外事活动提供更多文化空间和优美环境。

二、区域层面

京津冀协同发展的首要任务在于北京非首都功能的疏解，而要实现这一目标不能仅依靠北京自身的力量，还需要区域间的协同。也就是说，疏解北京非首都功能，促进北京高质量发展，应跳出北京看北京，从京津冀区域视角来规划首都的未来。

然而，现实情况却不容乐观，京津冀城市群主要存在以下四个问题：①相比于全球较为发达的城市群，京津冀城市群经济总量不足；②区域空间布局不合理，北京是全国政治中心，也是京津冀地区人口、交通等诸多方面的中心，对周边城市的虹吸效应明显，特别是人口过度向北京集中，使得首都的“大城市病”尤为严重；③城市空间结构不合理，北京和天津都是人口过千万的特大城市，而河北省内城市规模普遍较小，特别是冀中南地区，缺乏有足够实力和较强辐射力的区域中心城市，城市规模等级结构呈“哑铃”形；④城市间发展差距悬殊，2018年北京和天津GDP分别为3.03万亿元和1.88万亿元，河北省会石家庄GDP仅为0.61万亿元，分别是京津的20.13%和32.45%[①]，河北省内各城市人均GDP基本在2.9万～8.9万元，而天津和北京分别为14.2

---

①《北京市2018年国民经济和社会发展统计公报》《天津市2018年国民经济和社会发展统计公报》《石家庄市2018年国民经济和社会发展统计公报》。

万元和 12.07 万元，河北省内各城市发展水平和发展质量均与北京和天津有较大差距。京津冀协同发展，一方面，是要通过北京非首都功能的疏解腾出未来城市发展空间，实现北京减量提质发展，进一步增强核心功能；另一方面，是要通过疏解带动整个区域的高质量发展。因此，从区域层面来看，首都发展战略定位应当是围绕建设世界级城市群的核心展开，通过非首都功能的疏解改变现有区域城市空间体系，增强首都北京对区域其他城市，特别是河北省内各城市的辐射和带动能力。

三、城市层面

北京既是国家首都，也是一个城市。虽然全国政治中心是其首要职能，但是政治中心建设也需要城市不断发展提供支撑。因此，从城市层面来看，新时代背景下的北京发展应该是通过进一步优化城市空间布局，处理好“都”和“城”的关系，有效治理北京“大城市病”，建设国际一流的和谐宜居之都。政治中心的核心定位使得北京的城市发展不同于一般意义上的城市，其城市发展和空间布局必须服从于政治职能，做到有所为有所不为，通过“城”的发展提升对“都”的服务保障能力。长期以来，北京经济社会的高速增长带来了城市规模巨大且人居环境退化、城市功能密集且结构失衡、城镇空间庞大且蔓延无序等诸多问题，引发了对规模精简、功能减负和空间紧缩的强烈诉求，亟须依据“严格引控以精简规模、合理调疏以减负功能、有序增减以紧缩空间”的调优路径，切实实行“减量目标管控、规划编制落实、实施政策创新”的应对策略，实施“减量发展”战略，为“都”提供更好的服务。因此，从城市层面来看，新时代下北京的发展是通过非首都功能的疏解，将腾退空间用于首都功能提升和发展高精尖产业，进而实现首都高质量发展。特别是通过北京城市副中心建设，促进行政功能与其他城市功能相结合，进一步完善城市综合能力。作为全国科技创新中心和文化中心，北京重点发展新一代信息技术、集成电路、医药健康、智能装备产业、节能环保、新能源智能汽车、新材料、人工智能、软件和信息服务、科技服务业十大高精尖产业[①]。发展高精尖产业符合北京“减重、减负和减量”的发展要求，有利于进一步提高资源利用效率，为首都功能提升

① 北京市公布《加快科技创新发展新一代信息技术等十个高精尖产业的指导意见》[EB/OL]. http://www.gov.cn/xinwen/2017-12/27/content_5250650.htm[2019-10-11].

提供坚实的基础和保障。

四、全球层面

将北京建成具有全球影响力的中心城市也是大国首都发展的内在要求。《北京城市总体规划（2016 年—2035 年）》对北京在全球城市体系中的地位方面有了明确要求：到 2050 年成为具有广泛和重要国际影响力的全球中心城市、世界主要科学中心和科技创新高地、弘扬中华文明和引领时代潮流的世界文脉标志，即具有社会主义大国首都特色的全球中心城市。在我国改革开放四十余年发展和城镇化快速推进过程中，北京是我国超大城市治理和发展的典型。凭借城市发展优势和特殊的政治地位，北京在全球城市体系中的地位变得越来越重要，正逐渐在全球政治、经济、文化活动和分工体系中发挥全方位的领导力、影响力和控制力。2019 年 5 月 30 日，国际管理咨询公司科尔尼管理咨询公司发布《2019 全球城市指数报告》，排名前十位的城市分别为纽约、伦敦、巴黎、东京、香港、新加坡、洛杉矶、芝加哥、北京和华盛顿；从动态来看，2019 年，北京城市综合指数与新加坡的差距进一步缩小[①]。近年来，北京在科技创新、人力资本投入、信息交流、文化体验、政治服务等方面进步巨大，营商环境持续改善，进一步发挥了大国首都在国际城市体系中的担当与责任。

从全球城市发展历程来看，全球中心城市都是依托核心城市集聚全球要素，特别是高级生产要素，形成带动和辐射全球的能力，其有四个主要特征：一是经济总量较高，对周边甚至是国家经济发展十分重要；二是产业结构高级化，服务业尤其是高端服务业在 GDP 中占比较高；三是高端化，基本上围绕金融、创新、总部经济等产业链高端发展；四是网络化，通过核心城市高端要素的集聚带动域内其他城市或地区发展，形成网络化的空间格局。与全球中心城市相比，北京还存在经济总量不足、产业层次不高、辐射范围有限等问题。因此，从全球视角来看，北京未来的发展要以建设全球中心城市为目标，通过高端要素的不断积聚进一步提升国际领导力、影响力和控制力，体现了一个发展中大国，特别是社会主义现代化强国的责任与担当。

① 2019 全球城市指数报告，我国 26 座城市上榜！[EB/OL]. http://www.sohu.com/a/317858976_100109043 [2019-10-11].

第二节　非首都功能疏解与京津冀协同发展

一、北京非首都功能疏解进展

以疏解北京非首都功能为核心推进京津冀协同发展是一项巨大的系统性工程，并不能一蹴而就。疏解过程的复杂性决定了疏解的方式并不唯一，通过实践也可发现，只有坚持集中疏解和分散疏解相结合，才能更好地有序推进功能疏解，进而推动京津冀协同发展。

（一）集中疏解工作进展

雄安新区和北京城市副中心是北京非首都功能疏解的集中承载地，集中疏解有利于提高北京非首都功能疏解的效率。一方面，通过北京城市副中心的发展，进一步优化和调整城市空间，扩展发展新空间；另一方面，有利于通过雄安新区的发展带动河北发展，早日形成以首都为核心的京津冀世界级城市群。

1. 雄安新区的设立与建设进展

2015 年 4 月 2 日和 30 日，习近平总书记先后两次主持召开中共中央政治局常务委员会会议和中共中央政治局会议研究《京津冀协同发展规划纲要》，强调要深入研究论证新城问题，可考虑在河北合适的地方进行规划，建设一座以新发展理念引领的现代新城。经过长达一年的反复科学论证，2016 年 3 月 24 日，习近平总书记主持召开中共中央政治局常务委员会会议，审议并原则同意《关于北京市行政副中心和疏解北京非首都功能集中承载地有关情况的汇报》，确定了位于河北的集中疏解非首都功能新区规划选址，并同意定名为“雄安新区”①。2016 年 5 月 27 日，中共中央政治局会议审议《关于规划建设北京城市副中心和研究设立河北雄安新区的有关情况的汇报》，习近平总书记强调雄安新区的建设是千年大计、国家大事②。2017 年 2 月 23 日，

---

① 京津冀协同发展 5 年了（望海楼）[EB/OL]. http://paper.people.com.cn/rmrbhwb/html/2019-01/19/content_1904907.htm[2019-10-17].

② 千年大计、国家大事——以习近平同志为核心的党中央决策河北雄安新区规划建设纪实[EB/OL]. http://www.xinhuanet.com//2017-04/13/c_1120806042.htm[2019-10-17].

习近平总书记专程到河北安新县实地察看规划新区核心区概貌，并主持召开了河北雄安新区规划建设工作座谈会。2019 年 1 月 16 日，习近平总书记再次来到河北雄安新区考察调研，通过规划展示中心、政务服务中心等窗口详细了解雄安新区建设进展①。

作为重点打造的北京非首都功能疏解集中承载地和以新发展理念引领的现代新型城区，雄安新区在“千年大计、国家大事”的定位指引下，在规划管理、产业发展、生态治理等方面率先取得突破，集中承载北京非首都功能疏解，推动京津冀协同发展。在规划管理方面，2017 年 6 月，河北组建中共河北雄安新区工作委员会、河北雄安新区管理委员会，为省委、省政府派出机构；河北雄安新区管理委员会同时接受国务院、京津冀协同发展领导小组办公室指导。2017 年 7 月 18 日，中国雄安建设投资集团有限公司正式成立，其主要职能是创新投融资模式，多渠道引入社会资本，开展政府和社会资本合作（public-private partnership，PPP），筹措新区建设资金，构建新区投融资体系；开展土地一级开发、保障性住房、商业地产开发建设和经营等。2017 年 4 月 26 日，雄安新区发布“新区启动区城市设计国际咨询建议书征询”公告，针对 30 平方公里启动区控制性详规和城市设计向全球招标征集方案。2019 年 1 月 24 日发布的《中共中央 国务院关于支持河北雄安新区全面深化改革和扩大开放的指导意见》中明确指出，建立雄安新区及周边区域生态环境协同治理长效机制，推进白洋淀及上下游协同保护和生态整体修复，支持将雄安新区纳入国家山水林田湖草生态保护修复工程试点，支持白洋淀上游开展新建规模化林场试点；推进雄安新区国家生态文明试验区建设，依托国土空间基础信息平台，构建智能化资源环境监测网络系统和区域智慧资源环境监管体系，实行自然资源与环境统一监管②。

在对接合作方面，雄安新区重点承接总部企业和高等院校、科研机构的转移。截至 2017 年 4 月 9 日，已经有至少 31 家中央企业做出表态，将围绕雄安新区建设重点任务，结合自身业务特征参与建设③。教育部将统筹整合

① 习近平再访雄安：擂响全面推进雄安新区发展的“战鼓”[EB/OL]. http://theory.people.com.cn/n1/2019/0118/c40531-30575344.html[2019-10-17].

② 中共中央 国务院关于支持河北雄安新区全面深化改革和扩大开放的指导意见[EB/OL]. http://www.gov.cn/xinwen/2019-01/24/content_5360927.htm[2019-10-11].

③ 国资委：已有至少 31 家央企表态支持雄安新区建设[EB/OL]. http://finance.people.com.cn/n1/2017/0410/c1004-29198451.html[2018-07-15].

教育资源，加大高等院校的疏解力度，近百所在京高校中已有北京大学、清华大学、北京邮电大学、中国人民大学、中国传媒大学、北京体育大学、中国医学科学院、北京林业大学等十余所学校对接雄安新区建设。2017年4月27日，国家开发银行与河北省人民政府签署《建设河北雄安新区开发性金融合作备忘录》，提供1300亿元资金支持雄安新区起步区相关工作[①]。2017年8月，北京市人民政府与河北省人民政府签署《关于共同推进河北雄安新区规划建设战略合作协议》，该协议突出强调三方面内容：一是双方的合作是全面的，涉及科技创新、交通、生态、产业、公共服务、规划、干部人才交流等诸多方面，通过建立健全协调工作机制，北京将以实际行动支持雄安新区建设；二是双方合作聚焦于雄安新区的功能定位，进一步支持雄安新区建成北京非首都功能疏解的集中承载地，发挥北京在科技创新、教育、医疗等方面的优势，通过资源转移提升雄安新区内生发展动力；三是注重实效，明确双方合作的方向、原则和具体路径，特别是在一些重大项目引进和建设的问题上达成一致，通过北京非首都功能疏解，雄安新区与北京城市副中心共同形成北京发展新的“两翼”[②]。

在产业引进方面，雄安新区围绕绿色、智能、创新的产业定位，积极布局高端、高新产业。2017年9月28日，首批获批阿里巴巴、腾讯、百度、京东金融、奇虎360、深圳光启高等理工研究院、国家开发投资集团有限公司、中国电信、中国人民保险集团股份有限公司等在雄安新区设立48家企业。这些企业全部为高端、高新企业，其中前沿信息技术类企业14家，现代金融服务业企业15家，高端技术研究院7家，绿色生态企业5家，其他高端服务企业7家[③]。2017年12月29日，中关村科技园区管理委员会与河北雄安新区管理委员会正式签署雄安新区中关村科技园共建协议，碧水源、小桔科技、金山软件、首航节能等12家中关村节能环保及智慧城市服务企业与雄安新区签署了战略合作框架协议，入驻雄安中关村科技产业基地[④]。截至2018年，

① 国开行与河北省签署合作备忘录[EB/OL]. http://www.cdb.com.cn/xwzx/khdt/201704/t20170427_4247.html[2019-10-11].

② 京冀两地政府共同签署《关于共同推进河北雄安新区规划建设战略合作协议》[EB/OL]. http://kjt.hebei.gov.cn/www/xwzx15/hbkjdt64/140577/index.html[2019-11-11].

③ 48家企业获批入驻河北雄安新区[EB/OL]. http://xiongan.gov.cn/2017-09/28/c_1121741344.htm[2018-07-15].

④ 中关村与雄安新区签署共建协议[EB/OL]. http://www.hebei.gov.cn/hebei/11937442/10761139/14104898/index.html[2018-07-15].

雄安新区已核准100多家高端、高新企业工商注册登记，一大批战略性新兴产业项目进入储备中①。

在生态治理方面，雄安新区设立伊始即把白洋淀生态环境恢复和治理作为新区建设的重点工作，集中解决白洋淀突出环境问题，促进新区和白洋淀生态环境改善，进一步整体优化京津冀区域生态环境。2017年，雄安新区印发了《河北雄安新区白洋淀综合整治攻坚行动实施方案》和《河北雄安新区白洋淀流域环境污染状况大排查实施方案》，重点开展白洋淀流域入河入淀排污口整治、工业污染源达标排放、农村生活污水排放整治和厕所改造及垃圾清运处理、入淀口生态湿地建设、水产和畜禽养殖清理、纳污坑塘整治六大专项攻坚任务；全面开展河湖库淀、工业企业、农村环境、畜禽养殖、坑塘和黑臭水体、固体废物、医疗废物、城镇无污水和垃圾八大排查行动，全方位摸清白洋淀环境状况，制订整治计划，明确整治目标、时间节点和验收标准。

2. 北京城市副中心的建设进展

2014年初，习近平总书记到北京视察时提出，结合功能疏解，集中力量打造城市副中心，做强新城核心产业功能区，做优新城公共服务中心区，构建功能清晰、分工合理、主副结合的格局②。此后，通州区建设进入全面提速时期。2015年4月出台的《京津冀协同发展规划纲要》中明确了有序疏解北京非首都功能，加快规划建设北京行政副中心，有序推动北京市属行政事业单位整体或部分向副中心转移。2016年5月27日，习近平总书记主持召开中共中央政治局会议，研究部署规划建设北京城市副中心和进一步推动京津冀协同发展有关工作③，进一步凸显出北京城市副中心建设在京津冀协同发展进程中的独特和重要地位。《北京城市总体规划（2016年—2035年）》明确提出，要紧紧围绕对接中心城区功能和人口疏解，发挥副中心对疏解非首都功能的示范带动作用，促进行政功能与其他城市功能有机结合，形成配套完善的城市综合功能。

---

① 雄安纪行：高端高新企业有序落户雄安新区[EB/OL]. http://www.xiongan.gov.cn/2018-07/14/c_129913327.htm[2017-07-15].

② 北京“四套班子”将率先东迁副中心 带动40万人疏解[EB/OL]. http://www.xinhuanet.com/politics/2017-02/20/c_1120494040.htm[2019-10-11].

③ 习近平主持召开中共中央政治局会议[EB/OL]. http://www.xinhuanet.com//politics/2016-05/27/c_1118946246.htm[2019-10-17].

在文化旅游发展方面，通州区规划建设12平方公里的北京通州旅游文化区，建设包括环球主题公园两期工程在内的大片文化旅游设施、市政基础设施，打造国内首屈一指并具有全球影响力的综合性文化旅游示范区。2017年，通州区深入推进东部运河文化带建设，加大通惠河、萧太后河治理力度；实施北运河通航，水路连通北京通州、河北香河、天津武清，并计划建设大运河国家公园。

在和谐宜居示范区建设方面，2016年1月位于通州商务中心区北区的市政综合配套服务中心正式建成投用，其拥有视频监控、真空垃圾收集和立体停车等多项功能，可为整个商务中心区北区提供现代化的管理和服务。2016年和2017年，通州区启动52个绿化项目，新建梨园城市森林公园、永顺城市公园等11个休闲公园，东郊森林公园、大运河森林公园等绿地在原有基础上进行改造提升，打造绿带环绕、绿廊相连、绿块相嵌的生态景观格局①。经过近两年的疏解整治，2018年通州区张家湾镇原有的1000余家工业企业仅剩70家，该镇将利用疏解腾退后的土地建成张家湾公园和凉水河湿地公园两座大型湿地公园，占地面积达13 000余亩②③。

在科教文卫配套升级方面，2017年10月，《通州区基础教育质量提升支持计划（2017—2020年）》正式发布，这也是北京首个专为一区定制的基础教育升级计划。计划提出，2017～2020年通州区基础教育将成为北京基础教育综合改革实验区，一边通过集团化办学等培育一批本地优质品牌学校，一边借力引入区外名校。第一批31所通州校已与北京第一实验小学、北京市第八中学等31所城区优质校结成“兄弟校”④。2017年6月，北京大学公共卫生学院、北京市疾病预防控制中心与通州区卫生和计划生育委员会、通州区疾病预防控制中心，签订了《公共卫生合作框架协议》；东城区、西城区、朝阳区、海淀区卫生和计划生育委员会与通州区卫生和计划生育委员会，签订了《基层卫生服务对口合作帮扶框架协议》；首都医科大学附属北京安贞医院与通州区卫生和计划生育委员会，签订了《建立医疗联合体合作协议》。通

---

① 通州启动52个绿化项目 新建11个休闲公园[EB/OL]. http://bj.people.com.cn/n2/2016/0503/c82838-28259134.html[2019-10-11].

② 北京通州将添两处大型湿地公园[EB/OL]. http://bj.people.com.cn/n2/2018/0526/c82840-31630078.html[2019-10-11].

③ 1亩≈666.7平方米。

④ 通州基础教育升级计划发布 31所优质校通州选“搭档”[EB/OL]. http://bj.people.com.cn/n2/2017/1026/c82838-30857897.html[2019-10-11].

过这些协议，北京城市副中心医疗卫生管理能力和服务水平将得到全面提升。

（二）分散疏解工作进展

一般性产业疏解力度持续加大，仅2018年北京拆违腾退土地面积达6828公顷，为北京落实“四个中心”提供了空间支撑①。

1. 一般性制造业疏解进展

明确产业禁限措施，严控增量力度持续加大。2014年7月，北京首次在全市层面提出新增产业管理措施，并针对四类功能区分别提出差异化管理，明确列出计划实施调整退出的105个污染行业工艺、50项落后生产设备，同时出台了《工业污染企业调整退出奖励资金管理办法》，鼓励工业污染企业调整退出。在《北京市新增产业的禁止和限制目录（2014年版）》的基础上，2015年8月，北京针对首都城市战略定位，加大新增产业管理，并发布《北京市新增产业的禁止和限制目录（2015年版）》，实施更加严格的禁限措施，禁限范围进一步扩大，全市禁限比例由32%提高至55%，其中城六区禁限比例统一提高至79%。2017年7月，发布了《北京市工业污染行业生产工艺调整退出及设备淘汰目录（2017年版）》。

禁限措施与标准的出台和实施，在严控首都功能增量、优化提升产业结构方面发挥了积极作用，有效推动了高精尖经济结构的构建。高污染、高能耗、用地效率低下的产业受到发展规模和产业用地等诸多限制，尤其是通用设备、专用设备、电气等比较优势不突出的行业。2017年1～11月北京新设市场主体19.5万户，同比下降13.9%；从严调控的批发和零售业、农林牧渔业、制造业分别同比下降32.5%、26.2%、25.8%；科技、信息、金融三大高端服务业新增市场主体6.9万户，占北京新增市场主体的比重为35.6%，较去年同期提高3.3个百分点；高精尖产业新设市场主体比重由2014年的不到40%增长至近50%②。

一般性制造业，特别是污染企业有序疏解退出。截至2017年，累计关停退出一般制造业企业和污染企业1992家；当年规模以上工业从业人员减少

---

① 本节数据如无特殊说明均来自首都之窗网站“北京市政府信息公开”专栏. http://www.beijing.gov.cn/zfxxgk/[2018-07-12].

② 北京市新增产业的禁限目录实施三年成效[EB/OL]. http://fgw.beijing.gov.cn/zwxx/gzdt/sjxt/201801/t12181260.htm[2019-10-11].

4.5 万人，降至 96.4 万人，首次回落到百万人以内，腾退土地约 11 平方公里，减少大气污染物年排放量约 1.5 万吨，累计压缩水泥产能约 500 万吨，压减工业燃煤约 400 万吨，工业劳动生产率达 40.8 万元/人，单位工业增加值能耗下降 8.7%。

北京与河北不断加强区域对接合作，转移疏解产业项目。2016 年 1 月，北汽福田汽车集团搬迁到河北张家口宣化区的部分生产线已开始进行试生产。2016 年，北京大兴区整体外迁、生产环节外迁或到外埠建厂扩大产能的企业约 130 家，其中规模以上企业 29 家，产业类型以纺织服装、服饰业和装备制造业为主。转移产业方式包括全部外迁、总部经济和产能扩张三种类型，主要转移地区包括河北廊坊、永清、衡水，以及天津宝坻及山东等地区，其中涉及机电设备、印刷、电缆、建材、化工等行业的 13 家企业已在河北固安、霸州、永清、文安落地并投产。2018 年，北京迁出企业达 780 家，其中超过 1/4 迁往津冀地区，河北接纳北京迁出企业 170 家，占全部迁出企业的 21.8%，接纳北京迁出企业数量全国最多，迁出企业注册资本共计 894.90 亿元，户均注册资本 1.15 亿元[①]。

不符合首都功能的一般性制造业疏解腾退后的空间多用于生态绿化。通州区清退低端企业而腾出的 5 万亩土地将全部用于绿化。朝阳区孙河乡腾退低级次产业后规划将 70%的土地用于绿化，建设万亩湿地公园，成为北京第二道绿化隔离带的一部分。朝阳区十八里店乡在疏解出租大院、一般制造业、物流基地、批发市场、废品回收站等低端产业的同时，将腾退空间用于公园绿化建设，实现“留白增绿”。

2. 区域性物流基地、区域性专业市场疏解进展

区域性物流基地、区域性专业市场的疏解也是非首都功能疏解的重要任务。自 2014 年起围绕动物园、大红门等大型批发市场开展疏解工作，新发地批发市场、雅宝路地区市场、百荣世贸商城、西直河石材市场疏解工作进展顺利。截至 2017 年底，北京累计调整疏解区域性专业市场 594 家。

动物园地区批发市场原有业态以小商品批发市场为主，共聚集了 12 家大型批发市场，摊位数约 1.3 万个，直接从业人员 4 万人，是疏解的重点内容

① 去年河北省接纳北京迁出企业数量全国最多[EB/OL]. http://m.xinhuanet.com/he/2019-02/26/c_1124163424.htm[2019-10-11].

之一。2015年，西城区专门成立北展地区非首都功能疏解工作指挥部，先后与天津卓尔电商城、白沟和道国际、石家庄乐城·国际贸易城等签署合作协议，集中推动动物园地区批发市场、天意市场、万通市场有序疏解。2015年初，天皓成服装批发市场率先开展整体撤市工作，并由中关村西城园接管，升级转型成为宝蓝金融创新中心；时尚天丽服装批发市场和长征物流先后完成疏解，腾退面积2000平方米，腾退摊位150余个；信德时代商城完成疏解后腾退经营面积近6000平方米，疏解商户300余家[①]。天和白马二期与北京科技大厦两家楼宇主动适应市场需求，不再从事服装业，分别转型为北矿金融大厦和首建金融中心，实现新建楼宇的成功转型。截至2017年底，动物园地区批发市场12家大型批发市场全部闭市，累计疏解面积约35万平方米，摊位数约1.3万个，周边234块违规户外广告全部拆除，疏解完成后地区日均客流量从高峰期的15万人锐减至1万人以下（表1-1）。

表1-1　动物园地区批发市场疏解情况

市场名称	闭市时间
天皓成服装批发市场	2015年1月11日
时尚天丽服装批发市场	2015年5月31日
特别特鞋城	2015年10月9日
信德时代商城	2015年10月30日
惠通永源服装市场	2015年12月30日
聚龙外贸服装商城	2015年12月31日
金开利德国际服装批发市场	2016年2月4日
万容天地市场	2017年6月27日
众合服装批发市场	2017年7月30日
世纪天乐国际服装市场	2017年10月6日
天和白马商城	2017年11月15日
东鼎服装批发市场	2017年11月30日

大红门地区聚集了包括丹陛华北区批发市场、正天兴裘皮辅料批发市场、环球众人众轻纺市场等在内的45家各类批发市场，共有2.8万个商铺，直接

① 北京西城区疏解非首都功能 动批或明年告别北京[EB/OL]. http://leaders.people.com.cn/n/2015/1203/c58278-27883520.html[2019-10-11].

从业人员约8万人，是北京非首都功能疏解的重点地区①。截至2016年8月，累计疏解市场20家，涉及商户8620户，面积约64.8万平方米，从业人员约2.68万人；疏解仓储大院76处，面积约46.06万平方米，疏解人口12 870人。继2017年底大红门地区疏解45家批发市场后，2018年，丰台区继续对45家市场中的部分市场进行拆除，正天兴皮草研发中心、正天兴裘皮辅料批发市场、三营门建材城等完成拆除，截至2019年1月，45家市场的82%拆除关停②。

除动物园和大红门两个大型区域性批发市场集聚地外，其他区域性物流基地和区域性专业市场也积极进行疏解清退。2015年，西城区属企业天恒集团主动作为，按照积极、稳妥、有序的原则，全力推进天意市场疏解工作。2015年12月21日，天意市场（地安门店）和天意市场（天恒大厦部分）已完成清退并由天恒集团接收，涉及经营面积10 400平方米，商户850户，从业人员2 600余人，超额完成年初3800平方米的疏解任务。2017年上半年，总计清退天意市场周边地下空间出租库房33处，超额完成前期整治任务清退人员639人，清退房间996间，清空面积16 943平方米，拆除地下空间隔断房间41间，面积287平方米。截至2019年5月，近500家花卉商户落户河北高碑店。2016年4月，北沙滩盛宏达小商品城启动整体搬迁腾退，涉及商户600多户4000余人，腾退出的土地将用于东升科技园三期建设，主打教育、科研产业③。2016年5月，北沙滩万家灯火家居装饰市场正式关停，疏解外来人口1万人，在拆迁后全长约6.5公里的原址上，将建起中关村东升科技园三期，并配套建设106公顷楔形绿地，今后将成为给城区输送新鲜空气的风道，还将建起四个主题各异的绿地公园④。

3. 部分教育、医疗机构疏解进展

以北京城市学院为代表，中心城区高等教育以新建校区形式稳步向郊区疏解。2014年6月12日，北京化工大学昌平新校区在昌平区南口镇奠基⑤，

---

① 大红门疏解关停市场13家 改造升级4家[EB/OL]. http://bj.people.com.cn/n2/2016/0417/c82840-28161816.html?from=singlemessage&isappinstalled=0[2019-10-11].

② 大红门45家市场拆除关停达八成[EB/OL]. http://www.beijing.gov.cn/renwen/sy/whkb/t1573794.htm[2019-11-10].

③ 盛宏达小商品城整体腾退迁燕郊[EB/OL]. http://bj.people.com.cn/n2/2016/0419/c82840-28172237.html[2019-10-11].

④ 北京北沙滩万家灯火家居装饰市场开拆[EB/OL]. http://house.people.com.cn/n1/2016/0511/c164220-28340319.html[2019-10-11].

⑤ 北京化工大学昌平新校区奠基[EB/OL]. http://news.buct.edu.cn/jjxy/44885.htm[2018-07-12].

2017年9月正式投入使用[①]。2015年，北京建筑大学大兴校区学生宿舍竣工，1100余名学生疏解至大兴校区；北京城市学院5000名学生和1000名教职工迁入顺义区杨镇新校区；北京工商大学良乡校区新迁入500余名学生；北京市外事学校等4所职业高中整合为一所职教学校，拟整体外迁，腾退5处校址4.3万平方米[②]。

京冀两地教育协同发展迈向深度合作。河北唐山与北京翔宇航天学校、北京市景山学校（曹妃甸）合办分校项目签约；与北京师范大学正式签署占地260亩基础教育实验学校项目，办学范围包括小学、初中、高中和国际部，招生规模可达4800人；2015年10月，京唐有关部门共同签署《北京—唐山优质教育资源合作框架协议》，2016年3月，北京数字学校平台系统已经正式启动，唐山1470所中小学近80万名中小学生受益[③]。2018年3月1日，北京援助雄安新区办学项目启动仪式在雄安新区容城小学举行，北京市朝阳区实验小学雄安校区、北京市第八十中学雄安校区、北京市六一幼儿院雄安院区、北京市海淀区中关村第三小学雄安校区正式挂牌成立，北京市教育援助雄安首批项目启动实施[④]。

优质教育、医疗资源持续向北京城市副中心输出，成为通州城市副中心建设的有力支撑。北京市第五中学通州校区于2016年5月在永顺镇开工，占地面积为140亩，2018年秋季迎来了首批新生，学校共开设16个班，初中14个班，高中2个班。北京景山教育集团选址台湖镇建设景山学校通州校区；史家小学教育集团计划在广渠路沿线建设史家小学通州校区，截至2019年秋季，学校共有60个教学班，占地60亩，总建筑面积3.06万平方米。2016年，西城区与通州区开展教育全方位合作，分别由北京市北海幼儿园、北京市西城区黄城根小学、北京市第四中学三所优质中小学、幼儿园在行政副中心办公区承办一所幼儿园、一所小学和一所中学。2019年9月22日，北京中医药大学东直门医院通州院区二期大楼顺利试开诊，总投资约13亿元，分为门诊楼、科教楼、住院楼三个主体部分，总建筑面积为14万平方米。二期

---

① 北京化工大学新校区正式启用[EB/OL]. http://xxq.buct.edu.cn/jsyw/86902.htm[2018-07-12].

② 北京市1200家污染企业退出2016年提前完成[EB/OL]. http://beijing.qianlong.com/2016/0122/298354.shtml[2018-07-12].

③ 唐山两年引进52个京津教育项目 北京数字学校平台系统启动[EB/OL]. http://bj.people.com.cn/n2/2016/0310/c82840-27901799.html[2018-07-12].

④ 北京援助雄安新区办学项目正式启动 四所学校挂牌成立[EB/OL]. http://hebei.ifeng.com/a/20180302/6404481_0.shtml[2018-07-12].

大楼全部投用后，通州院区的编制床位将从原来的398张增至1174张。

中心城区优质医疗资源向外疏解加快推进。首都医科大学附属北京天坛医院整体迁建至丰台区，花乡项目于2013年底开工，2015年5月实现结构封顶，2018年12月新院区全面试开诊；首都医科大学附属北京同仁医院亦庄院区二期工程已完成初步设计概算批复，该项目已完成结构封顶，截至2019年11月，正在进行信息化建设机房设备招标[①]。2016年底，首都医科大学附属北京友谊医院顺义院区项目正式奠基开工，预计2019年底竣工投入使用[②]。北京大学第三医院顺义院区启动建设，规划用地面积约181亩，建筑规模约15万平方米，围绕北京大学第三医院的特色专科，拟设置病房床位1000张[③]。

4. 部分行政性、事业性服务机构疏解进展

行政性、事业性服务机构疏解工作有序推进。2015年底，位于通州区潞城镇郝家府村的北京行政副中心行政办公区起步区开工建设。2017年，通州区加快城市副中心规划落实，行政办公区一期主要路网基本建成，市政管网完成接入，周边区域大力推进交通治理、绿化美化[④]。2017年底，北京四大市级机关和相关市属行政部门率先启动搬迁。为了推动建立符合行政办公区管理需要的属地管理体制，通州区编制完成《通州区行政区划调整总体规划》和《通州区推进街道、社区管理体制改革实施方案》。

为配合行政性、事业性服务机构的疏解工作，北京城市副中心基础设施建设持续加强，副中心对外交通联系系统与内部路网系统不断完善。2016年9月30日，连接通州区与北京城区的广渠路二期正式通车，成为连接市中心和城市副中心的一条主干路。2016年7月29日，北京城市副中心首座配套变电站——220千伏运河变电站在通州区温榆河畔开工建设，北京城市副中心配套电网建设全面提速。2016年7月18日，新建北京至唐山城际铁路北

---

① 同仁医院扩建工程进入收尾[EB/OL]. http://kfqgw.beijing.gov.cn/zwgk/xwzx/yzxw/201808/t20180809_14774.html[2019-10-11].

② 友谊医院顺义院区2019年投入使用[EB/OL]. http://bj.people.com.cn/n2/2017/1228/c82838-31081092.html[2017-12-28].

③ 顺义年内引进3家三甲医院[EB/OL]. http://bj.people.com.cn/n2/2018/0317/c82838-31353265.html[2018-03-17].

④ 通州加快城市副中心规划落实 明年将建设6条微循环道路[EB/OL]. http://m.people.cn/n4/2017/1122/c1456-10152499.html[2017-11-22].

京段发布环评补充信息公告，确定将在通州区北运河及东六环之间杨坨地区、京哈铁路南侧新建北京城市副中心站，作为京唐城际铁路的建设起点。2017年，G103国道土桥路、京榆旧线等9条道路大修养护工程完工通车，漷马路等10条道路工程综合整治、新建改建工程持续推进，充分改善路网结构，提高通州城区内部路网通行效率①。

二、京津冀协同发展取得的主要成效

2014年以来，京津冀三地各级政府出台了一系列政策，全面推动京津冀协同发展战略的落实，京津冀协同发展水平有了较为明显的提升，区域空间格局显著优化，以试点示范平台建设为代表的体制机制创新不断深化，区域协同发展成效初显。

（一）北京人口调控卓有成效

北京人口规模的有效控制和空间合理布局对于推进京津冀人口均衡发展，缓解北京面临的人口过度集聚与资源环境承载力之间存在的矛盾起着重要的支撑与保障作用。2014年以来，北京常住人口增长量逐年大幅下降，2016年常住人口仅增长了2.4万人②；2017年末，北京常住人口比上年末减少2.2万人，同比下降0.1%，这是2000年以来首次出现负增长③。如果继续保持2016年以来的常住人口变化趋势，则可按期实现2020年将北京常住人口控制在2300万人以内的人口疏解目标。在北京常住人口增量放缓的同时，2016年城六区常住人口较2015年减少35.3万人④，人口呈现逐渐向城市发展新区聚集的趋势，人口空间布局不平衡的问题得到一定程度的缓解。

（二）北京非首都功能有序疏解

2014年以来，北京依据政府引导与市场机制相结合、集中疏解与分散疏解相结合、严控增量与疏解存量相结合、统筹谋划与分类施策相结合的原则，结合经济手段、行政手段等途径和方式，对一般性产业特别是高消耗产业，

---

① 通州区9项公路工程完工通车，10项公路工程正在按计划推进[EB/OL]. http://jtw.beijing.gov.cn/hyfc/jtjs/201711/t20171123_188855.html[2017-11-23].

②《北京统计年鉴2017》。

③ 常住人口去年末达2170.7万人自2000年以来首现负增长[EB/OL]. http://www.bj.chinanews.com/news/2018/0120/62867.html[2018-08-05].

④《北京区域统计年鉴2017》。

区域性物流基地、区域性专业市场等部分第三产业，部分教育、医疗、培训机构等社会公共服务功能，部分行政性、事业性服务机构和企业总部四类非首都功能进行疏解，取得了显著进展。

北京通过制定和实施《北京市新增产业的禁止和限制目录》，近四年关停退出一般制造业企业 1992 家，调整疏解各类区域型专业市场 594 家[①]；通过与河北、天津不断加强区域对接合作，转移疏解产业项目；动物园地区批发市场、大红门地区批发市场等疏解工作进展顺利。以北京城市学院为代表，中心城区高等院校以新建校区的形式稳步向郊区疏解；优质教育、医疗资源持续向北京城市副中心输出、拓展，成为副中心建设的有力支撑。随着城市副中心的定位得到进一步明确，副中心基础设施建设持续加强，行政事业性服务机构疏解工作有序推进。雄安新区建设启动以来，包括中央企业、国有企业、高新科技企业、金融机构、高等院校和科研机构在内的大量企事业单位迅速入驻，已成为北京非首都功能疏解的集中承载地，将与北京城市副中心共同形成首都发展新“两翼”。

（三）交通基础设施建设成效显著

区域一体化的交通基础设施包括高效密集的轨道交通网、便捷通畅的公路交通网、现代化的港口群和国际一流的航空枢纽。2014 年以来，京津冀交通基础设施建设快速推进，交通一体化程度显著提高。在轨道交通方面，京津冀三地政府和中国国家铁路集团有限公司加强合作，打造“轨道上的京津冀”，京唐、京滨城际铁路等重点线路建设快速推进。在公路交通方面，首都地区环线廊坊段建设继续推进，京秦、京台、京新等高速公路开工建设；京津冀共支持 28 个重点公路项目，2018 年 8 月京津冀国家高速公路的所有“断头路”均已打通，首都地区环线高速公路全面通车。在航空运输方面，2014 年 12 月北京新机场项目获国家发展和改革委员会批复以来，北京新机场建设步入正轨，并持续带动北京和河北在民航领域以及临空经济合作区方面的深度合作和融合发展。2016 年 10 月，《北京新机场临空经济区规划（2016—2020 年）》获批，为充分发挥北京新机场大型国际航空枢纽的辐射作用，北京将与河北合作共建新机场临空经济区，促进京冀两地深度融合发展。2018

① 擘画大战略 打造新格局——京津冀协同发展战略实施四年进展综述[EB/OL]. http://paper.people.com.cn/rmrbhwb/html/2018-02/26/content_1838360.htm[2019-02-26].

年9月，中国民用航空局依据《地名管理条例》和《民用机场使用许可规定》等规定，并报经党中央、国务院审批同意，将北京新机场名称确定为“北京大兴国际机场”[①]。2019年9月25日，北京大兴国际机场正式通航。作为北京新机场与京津冀交通体系连接的重要组成部分，北京新机场北线高速公路廊坊段工程已进入攻坚收尾阶段，预计2019年12月底具备通行条件。北京新机场北线由廊坊段、北京段、保定段三部分组成，全线贯通后，实现与北京中心城区、天津、保定、廊坊等城市以及雄安新区的快速连接，形成集航空、高铁、城际、地铁、公路等多种交通方式为一体的“环首都一小时”综合交通运输体系，缓解北京新机场周边的交通压力[②]。

（四）生态环境保护工作稳步推进

京津冀三地加大环境监测和执法力度、加强环境信息公开，并共同建立了定期会商、联动执法、联合检查、重点案件联合督察、信息共享等环境执法联动工作机制。开展环首都国家公园试点、跨区域排污权交易、环境污染第三方治理、碳排放权交易试点等工作，深层次推进协同防治污染，改善区域生态环境质量，打造京津冀生态修复环境改善示范区，生态环境保护工作稳步深入推进。2015年11月，京津冀环境执法联动工作机制启动，三地联合执法工作机制正式建立，共同打击区域环境违法行为。2018年2月，国家林业局印发《京津冀生态率先突破科技创新行动方案》，方案提出，京津冀区域将建成全国生态保护与修复样板，建成一批生态防护、森林质量提升、生态文化和产业扶贫示范区，建设一批国家林业科技创新、成果转化、标准化示范等基地，为京津冀区域森林覆盖率达到35%和生态服务功能提升超过25%提供科技支撑[③]。

（五）产业升级转移工作进展顺利

京津冀三地政府积极推进区域内部的产业升级转移工作，非首都功能得到有序疏解，北京产业发展服务化、高端化、生态化态势显著。2017年，北

① 北京新机场名称确定为“北京大兴国际机场”[EB/OL]. http://house.people.com.cn/n1/2018/0914/c164220-30294300.html[2019-10-11].

② 北京新机场北线高速廊坊段竣工在望[EB/OL]. http://www.beijing.gov.cn/ywdt/zwzt/jjjyth/jtxx/t1598158.htm[2019-10-11].

③ 到2020年京津冀将建成生态保护修复样板[EB/OL]. http://he.people.com.cn/n2/2018/0412/c192235-31452119.html[2019-10-11].

京服务业增加值占 GDP 比重达 80.6%[①]，与此同时河北和天津积极承接北京的部分产业转移，三地间的产业定位与产业分工日益明晰。产业协作发展的各项重点项目稳步推进，北京大兴国际机场临空经济区改革试点、北京与河北共建曹妃甸协同发展示范区、京津共建滨海–中关村科技园和京津合作示范区等工作进展顺利，有效推动了区域内产业转移升级。2014 年，北京与河北签署《共同推进中关村与河北科技园区合作协议》，2016 年北京与天津签署协议，共建滨海–中关村科技园和京津合作示范区。2014 年 8 月，北京中关村产业园与张家口达成协议，在张家口张北县建设主体投资约 150 亿元的张北云联数据中心、京北云谷云计算与智慧产业基地[②]。2015 年 8 月，北京中关村产业园与河北承德在北京签署推动大数据产业合作协议。2017 年 8 月，京石科技资源创新服务平台建设战略研讨会召开，石家庄将与中关村天合科技成果转化促进中心开展合作。2018 年 4 月，中关村天合（衡水桃城）科转交易中心正式成立，旨在加强京津冀三地科技成果转化平台合作，促进更多优质科技成果有效转化。

（六）创新驱动三地互利共赢

创新驱动京津冀协同发展互利共赢局面初步形成。北京、天津、河北三地通过共建高科技园区等形式，大力推动创新链、产业链、资金链、政策链等方面的深度融合。区域科技研发及其成果转化平台建设加快，河北·京南科技成果转移转化试验区、京津冀技术交易河北中心等平台初具雏形，京津科技成果加速在河北落地转化。区域创新投融资体系不断完善，京津冀产权市场发展联盟、京津冀协同票据交易中心等机构相继成立，为三地资本要素市场的合作打开了局面。区域科技人才培养与交流日益紧密，京津冀国家级开发区产业人才联盟成立，促进了京津冀人才之间的交流合作。2015 年 9 月，北京市科学技术委员会发布的《关于建设京津冀协同创新共同体的工作方案（2015—2017 年）》指出，要围绕有序疏解非首都功能，全面提升京津冀区域协同创新能力，形成区域协同创新全新格局[③]。2016 年 7 月，河北省人民

---

① 北京去年实际利用外资跃居全国首位[EB/OL]. http://district.ce.cn/newarea/roll/201805/30/t20180530_29283408.shtml[2018-05-30].

② 中关村与河北两地签约合作 京北有望形成大数据产业集群[EB/OL]. http://www.cac.gov.cn/2015-08/31/c_1116419182.htm[2019-10-11].

③ 关于印发《北京市科学技术委员会关于建设京津冀协同创新共同体的工作方案（2015—2017 年）》的通知[EB/OL]. http://kw.beijing.gov.cn/art/2015/9/10/art_112_300.html[2019-10-11].

政府印发的《河北省科技创新“十三五”规划》提出，河北以建设京津冀协同创新共同体为目标，以协同打造战略性创新平台、创新资源流动共享、重点领域关键技术协同攻关和构建协同创新体制机制为重点，加快推进京津冀协同创新[①]。2016 年 8 月，北京出台《中关村国家自主创新示范区京津冀协同创新共同体建设行动计划（2016—2018 年）》，旨在充分发挥中关村国家自主创新示范区在京津冀协同创新共同体建设中的引领支撑和辐射带动作用[②]。在协同联动方面，京津先后签署《关于共同推进天津未来科技城京津合作示范区建设的合作框架协议》《加强人才工作合作协议(2014 年—2017 年)》等，京冀签署《共同打造曹妃甸协同发展示范区框架协议》等，津冀签署《共同打造津冀（涉县·天铁）循环经济产业示范区合作框架协议》等，京津冀共同签署《京津冀协同创新发展战略研究和基础研究合作框架协议》等。在项目对接方面，2015 年 4 月，以“京津冀协同创新”为主题的南开区项目集中签约仪式在金融街（天津）中心举行，16 个体现协同创新成果、创业服务类项目在现场签约，协议金额达 117 亿元[③]。2017 年，北京、天津与河北签订战略合作协议，支持雄安新区规划建设，京冀确定了 8 个重点合作领域及一批先期支持项目[④]。

（七）体制机制创新稳步实施

京津冀三地积极响应国家号召，推动区域内一体化体制机制创新，在行政管理协同机制、基础设施互联互通机制、生态环境保护联动机制等方面都取得了突出的工作进展，有效破除了制约协同发展和要素流动的体制机制障碍，初步建立起优势互补、互利共赢的区域一体化发展制度体系，成为助力三地协同发展深入推进的制度保障和基础。2018 年 7 月印发的《北京市关于全面深化改革、扩大对外开放重要举措的行动计划》明确要求，完善京津冀

---

① 河北省人民政府关于印发河北省科技创新“十三五”规划的通知[EB/OL]. http://info.hebei.gov.cn/eportal/ui?pageId=1962757&articleKey=6621748&columnId=329982[2019-10-11].

② 关于印发《中关村国家自主创新示范区京津冀协同创新共同体建设行动计划（2016—2018 年）》的通知[EB/OL]. http://www.beijing.gov.cn/zfxxgk/110081/zzqgh33/2017-08/02/content_1a5f50da16324745a58b18a31e2e89c8.shtml[2019-10-11].

③ “京津冀协同创新”16 个项目签约[EB/OL]. http://tj.sina.com.cn/finance/news/2015-04-25/0854112824.html?from=wap[2019-10-11].

④ 北京与河北签订协议全力支持雄安建设[EB/OL]. http://www.gov.cn/xinwen/2017-08/18/content_5218524.htm[2019-10-11].

交通领域投资建设体制机制；健全京津冀生态环境联合治理和协同保护工作体系；依托京津冀区域医联体逐步推动建立三地转诊机制；出台通州区与廊坊北三县地区整合规划；健全支持雄安新区建设对接协调工作机制，加快推进雄安新区中关村科技园建设。2019年7月，京津冀三地交通运输主管部门共同签署了《京津冀地区交通运输信用一体化建设合作协议》，进一步深化京津冀协同发展体制机制，推动建设京津冀统一的诚信体系和信用奖惩联动机制，加强交通运输行业跨地区协同监管。

（八）试点示范平台建设有效推进

推动北京大兴国际机场临空经济区，北京与河北共建曹妃甸协同发展示范区，北京密云区、延庆区和河北张家口、承德共建生态文明先行示范区，北京、天津共建滨海–中关村科技园和京津合作示范区四大先行先试平台的建设，在产业政策协同、体制机制创新、基础设施建设、公共服务配套等方面均取得了较大进展。其中，以曹妃甸协同发展示范区建设成效尤为显著，与京津在优质教育、医疗卫生、体育健身等方面的合作日益增多，引进一批央地协同、整体转移的疏解项目。2016年以来，京津冀三地共建园区数量显著增加，发展质量稳步提升。天津与北京加强协同合作，共建了一批高水平承接平台，同时深化部市、院市、市企合作，推动创新平台建设，初步形成了科技创新园区链，科学有序地承接首都技术外溢与产业转移（表1-2）。

表1-2　天津共建产业园区情况

园区名称	产业领域	地点
滨海-中关村科技园	移动互联网、文化创意、生物医药、集成电路、高端制造业等	滨海新区
京津合作示范区	环境技术、健康医疗、文化教育、旅游休闲度假、高技术研发、高端商务商贸等	宁河区
武清京津产业新城	总部基地、医疗器械、科技创新等	武清区
宝坻京津中关村科技城	新能源、互联网、新材料、先进装备制造业、科技服务业	宝坻区
京津冀大数据综合试验区	大数据	滨海新区、武清区、西青区
国家大学创新园区	区域发展科学研究、学科建设和人才培养	武清区
中国科学院北京分院天津创新产业园	中国科学院系统院所分支机构	东丽区

2016 年，河北与京津合作共建各类园区 55 个，涵盖新能源、大数据、智能制造、生物医药、现代服务业等领域（表 1-3），北京现代汽车沧州工厂等一批产业项目建成投产，全年引进京津资金 3825 亿元，打造了一批跨区域的创新创业服务平台。2018 年，河北加快建设石保廊全面创新改革试验区，支持曹妃甸区、渤海新区、正定新区、北戴河新区、衡水工业新区、冀南新区、邢东新区等重大战略平台精准定位、错位承接。

表 1-3　部分河北共建园区情况

产业领域	园区名称
新能源	沧州高新区航天神舟太阳能光热产业园
大数据	张北云计算产业园、承德德鸣大数据产业园、廊坊开发区云存储产业园
智能制造	石家庄（正定）中关村集成电路产业基地
生物医药	沧州渤海新区生物医药产业园
现代服务业	廊坊京东电子商务产业园、河北新发地高碑店农副产品物流园区
综合	曹妃甸中关村高新技术产业基地、保定·中关村创新中心、雄安新区中关村科技园

第三节　京津冀协同发展主要问题与对策建议

一、京津冀协同发展主要存在的问题

（一）区域发展差距依然显著

长期以来，京津冀三地资源禀赋的巨大差异，产业基础的不同特点，以及发展方式的显著区别，造成了京津冀区域内部经济发展差距显著。虽然京津冀协同发展战略实施以来，区域内部经济发展差距有所缓解，但三地间无论是经济总量，还是产业结构的差距仍然显著，不断缩小区域内部各地间的发展差距仍然是未来一段时间内的重要主题。

从经济总量来看，2018 年北京、天津和河北三地的 GDP 占京津冀 GDP 总量的比重分别为 35.61%、22.09%和 42.30%，2010～2018 年北京和天津 GDP 比重基本略有上升，河北 GDP 比重则略有下降。三省市间人均 GDP 差距十分显著，2018 年北京和天津的人均 GDP 分别达到 140 211 元、120 710 元，分别相当于河北的 2.94 倍和 2.53 倍（表 1-4）。

表 1-4 2010～2018 年京津冀三地 GDP 总量、份额与人均 GDP

年份	GDP/亿元			GDP 占京津冀 GDP 总量的比重/%			人均 GDP/元		
	北京	天津	河北	北京	天津	河北	北京	天津	河北
2010	14 114	9 224	20 394	32.27	21.09	46.64	73 856	72 994	28 668
2011	16 252	11 307	24 516	31.21	21.71	47.08	81 658	85 213	33 969
2012	17 879	12 894	26 575	31.18	22.48	46.34	87 475	93 173	36 584
2013	19 801	14 442	28 443	31.59	23.04	45.37	94 648	100 105	38 909
2014	21 331	15 727	29 421	32.09	23.66	44.25	99 995	105 231	39 984
2015	23 015	16 538	29 806	33.19	23.84	42.97	106 497	107 960	40 255
2016	24 899	17 885	31 828	33.37	23.97	42.66	114 560	114 494	42 607
2017	28 000	18 595	35 964	33.92	22.52	43.56	128 992	119 441	47 985
2018	30 320	18 810	36 010	35.61	22.09	42.30	140 211	120 710	47 772

资料来源：《北京统计年鉴 2018》《天津统计年鉴 2018》《河北经济年鉴 2018》《北京市 2018 年国民经济和社会发展统计公报》《天津市 2018 年国民经济和社会发展统计公报》《河北省 2018 年国民经济和社会发展统计公报》

京津冀三地产业结构存在显著差异，三次产业发展的贡献度差别较大，发展侧重点各不相同。从 2017 年京津冀三地各产业增加值占京津冀的比重来看（表 1-5），河北是第一产业发展的主要力量，第一产业增加值占京津冀的比重为 91.19%，第二产业增加值主要来自河北与天津，第三产业则以北京的贡献最为显著。从 2017 年京津冀三地产业结构来看（表 1-6），河北第一产业占比较大，第三产业发展相对滞后，天津表现出第二产业和第三产业双轮驱动发展的趋势，北京的服务化趋势最为显著。产业结构的较大梯度差异，导致区域产业一体化难度增大，造成了区域产业结构升级的障碍，制约了京津冀协同发展的深入推进。

表 1-5 2017 年京津冀三地各产业增加值占京津冀的比重 （单位：%）

地区	第一产业	第二产业	第三产业
北京	3.14	17.51	46.63
天津	5.67	25.04	22.29
河北	91.19	57.45	31.08

资料来源：《北京市 2017 年国民经济和社会发展统计公报》《天津市 2017 年国民经济和社会发展统计公报》《河北省 2017 年国民经济和社会发展统计公报》

表 1-6　2017 年京津冀三地产业结构　　（单位：%）

地区	第一产业	第二产业	第三产业
北京	0.43	18.97	80.60
天津	1.17	40.82	58.01
河北	9.75	48.43	41.82

资料来源：《北京市 2017 年国民经济和社会发展统计公报》《天津市 2017 年国民经济和社会发展统计公报》《河北省 2017 年国民经济和社会发展统计公报》

（二）人口调控缺乏长效机制

京津冀协同发展战略实施以来，非首都功能疏解和产业转移等工作不断深入，北京、天津两个核心城市的常住人口和外来常住人口数量均得到了有效控制，首都人口调控目标有望按期实现。2017 年，北京常住人口 2170.7 万人，比 2016 年末减少 2.2 万人；常住外来人口 794.3 万人，比 2016 年减少 13.2 万人[①]。2017 年，天津常住人口 1556.9 万人，比 2016 年末减少 5.3 万人；常住外来人口 498.2 万人，比 2016 年减少 9.3 万人[②]。京津两地的常住人口与外来人口减少，与部分产业向京津以外地区的疏解和转移相关，“人随业走”使核心城市的人口规模得到有效和合理的控制，人口高度密集所导致的“大城市病”问题也有望随之得到缓解。然而，依靠行政力量推动的人口空间结构变动有其局限性，京津冀人口规模调控与人口空间布局引导的长效机制尚未建立，河北合理承接人口疏解、主动吸纳人口转移仍然存在种种障碍，制约了区域城镇体系的健康发展。

河北吸纳人口转移的障碍主要由京津冀三地间社会公共服务资源的悬殊差异造成。相比北京和天津，河北的社会保障水平偏低，社会公共服务资源配置薄弱，尤其是优质公共服务资源相对稀少。以医疗资源为例，2016 年河北常住人口为北京的 3.4 倍、天津的 4.8 倍，同期北京拥有三级医院 93 家，天津拥有 31 家，河北仅有 44 家[③]。教育资源的不平衡加剧了人口转移和流动的障碍，优质教育资源在北京、天津的集聚，使得北京、天津对人口和人才的吸引力远大于河北。区域产业空间布局的差异同样制约了河北吸纳人口转移，目前京津两地向周边地区的产业疏解与转移以低端低效产业和低附加

---

①《北京市 2017 年国民经济和社会发展统计公报》《北京统计年鉴 2017》。

②《天津市 2017 年国民经济和社会发展统计公报》《天津统计年鉴 2017》。

③《中国统计年鉴 2017》《中国卫生和计划生育统计年鉴 2017》。

值环节产业为主，总部、研发、金融等高端环节的区域性布局尚未完善，导致河北对就业的吸引力不足，不利于京津冀人口的均衡布局。

除了人口数量的不均衡状态长期难以突破之外，京津冀三地人才质量和数量也呈现极度不均衡状态。长期以来，由于京津冀三地行政资源配置能力差异显著，产业链、价值链和创新链在产业衔接环节同样突出，加之高等院校和科研机构在核心城市的集中分布，大量高端创新人才集聚于京津两地，难以向河北自由流动，导致京津冀三地高层次人才质量和数量呈现断崖式落差，并进一步制约了河北社会经济的良性发展。

（三）创新驱动辐射带动不足

创新驱动是京津冀协同发展的根本动力。从京津冀三地的科技创新驱动能力来看，北京具有科技创新资源富集的良好基础，创新驱动特征明显，为北京构建高精尖经济体系、打造科技创新中心，以及引领区域经济转型发展提供了新动力。然而，北京对周边地区的虹吸作用长期存在，对区域创新发展的带动和扩散作用仍有待提高。天津具有研发转化能力强的突出优势，但目前经济社会发展的驱动力仍以投资为主，尚有待推动产业转型升级，打造先进制造研发基地，进一步加快向创新驱动转型，增强对区域经济社会发展的辐射和影响。河北近年来创新能力提升较快且发展潜力较大，但目前仍然以投资驱动为主，创新能力相对较弱，河北有必要把握产业转型升级的良好机遇，加快向创新驱动转型，不断提高科技创新能力和成果转化能力，培育新的增长点。

整体来看，北京创新驱动能力较为突出，天津、河北仍以资本和要素驱动为主，创新驱动发展的局面正在形成，但三地之间尚未形成创新驱动产业转型升级的合力，大力实施创新驱动发展战略、培育区域经济增长新引擎的任务仍然艰巨。

（四）区域空间结构有待优化

首先，区域功能布局不合理。北京“大城市病”仍然突出，随着非首都功能疏解工作的推进，部分低端低效产业的升级改造和搬迁疏解取得一定成效，特别是城市副中心的集中疏解承接作用逐步凸显。然而，以高等院校为代表的优质教育资源、以三级甲等医院为代表的优质医疗资源，以及企业总部和各级各类行政性、事业性服务机构仍然在北京呈现高度集聚态势。不符合首都功能定位的城市功能仍然过多，不仅导致北京“大城市病”没有得到根本改善，还对区域整体的功能布局造成了影响，不利于京津冀三地产业创新联动发展和中小城市空间集聚功能提升，也不利于北京建设国际一流的和谐宜居之都。

其次，区域城镇体系不合理。从京津冀三地的城市人口规模来看，北京和天津属于超大城市；以石家庄、保定为代表的大城市和以沧州、廊坊为代表的中等城市数量过少，发展相对不足；其余较多城市则为小城市。中间层次大中城市的缺乏，构成了“哑铃”状的城市规模等级体系，导致北京、天津难以通过城市规模等级体系辐射带动中小城市的社会与经济发展，地区之间的发展差距无法得到消除，区域协同发展受到严重制约。进一步地，区域空间结构呈现不均衡态势，核心城市北京、天津均集中于区域北部，而冀中南地区虽然地域广阔，却难以直接与核心城市建立密集的经济联系，缺乏大城市的辐射带动。

最后，区域空间结构不合理。核心城市的过度集中限制了其在区域协同发展中辐射带动作用的发挥，除不断提高现有节点城市的综合承载能力、有序推动区域产业和人口合理分布外，依靠市场手段、行政手段和规划手段从根本上调整和优化区域空间结构非常必要。

（五）生态协同治理机制有待完善

生态修复和环境改善任务依然艰巨。京津冀地区历来是我国资源最为匮乏、人口资源环境矛盾最为突出的地区之一。在人口密度不断增大的同时，土地资源超载、水资源供需紧张、大气污染形势严峻等问题长期制约了区域社会经济的良性可持续发展。区域大气污染防治、水生态系统修复、土壤环境净化等重点任务是京津冀三地必须长期面对的问题，在保持区域社会经济持续稳定增长的同时，生态环境保护机制的建立、绿色低碳发展方式的构建和生态文明制度体系的完善仍亟待进一步强化。

区域性自然资源资产管理格局有待完善。京津冀区域缺乏统一的自然资源资产管理机制，导致无法从区域层面协调和管理自然资源资产，造成发展过程中自然资源利用效率不高，城乡发展对生态空间的挤占严重，生态环境问题进一步恶化。

区域生态协同治理机制有待完善。京津冀地区作为一个相对完整的生态系统，其治理和管理必须从区域层面进行筹划。目前，京津冀三地在部分领域建立了协同治理和管控的工作机制，然而区域性生态治理尚呈现各自为政的态势，导致跨行政区的生态治理政策无法得到落实和保障。生态治理具有公共物品性和外部性的特征，使得生态治理参与主体的成本收益不对等，导致地方生态治理积极性存在较大差异；特别是对京津冀地区而言，生态治理的成本主要发生在河北，而河北经济发展水平最低，对生态治理的投入有限。由于生态治理的外部性，在北京、天津与河北之间合理有效的生态补偿机制建立之前，各地生态治理的积极性受到了限制。

（六）体制机制创新仍有待深入

京津冀三地之间初步建立了聚焦非首都功能疏解、产业升级转移、区域交通一体化和生态环境保护等重点领域的合作框架和对话机制，然而现有体制机制创新仍不够深入，在要素市场一体化、行政管理协同机制、行政管理信息交流共享等突破行政壁垒的关键领域改革仍需进一步深化。在区域协调机制方面，虽然区域统一性的规划业已出台，但三地政府间不仅缺乏平等协商的协调机制，还缺乏区域层面的纵向协调机制。在区域协同发展的考核机制方面，尚未出台围绕区域协同发展质量和效益的区域统一性考核评价体系，各地各级政府的考核评价方法仍围绕本地的利益展开，区域协同发展的整体利益尚未成为京津冀区域不同城市发展的共同目标。京津冀三地在具体的体制机制方面存在较大差异，因此在贯彻落实京津冀协同发展战略时以政府为主体的行政手段仍占主导地位，包括企业（市场主体）、社会组织、社会公众在内的多元主体参与度不足。

二、京津冀协同发展的对策建议

为落实党的十九大“以疏解北京非首都功能为‘牛鼻子’推动京津冀协同发展”的要求[①]，解决京津冀协同发展所面临的突出问题，未来应该从优化区域产业分工体系、打造“一核两翼”空间新格局、构建“三城两翼一区”协同创新模式、系统推进首都减量提质发展、完善生态协同治理机制、深化协同发展体制机制创新六大方面全面推进京津冀协同发展进程。

---

① 习近平：决胜全面建成小康社会 夺取新时代中国特色社会主义伟大胜利——在中国共产党第十九次全国代表大会上的报告[EB/OL]. http://www.gov.cn/zhuanti/2017-10/27/content_5234876.htm[2018-08-07].

（一）优化区域产业分工体系

京津冀三地在各自历史发展过程中，已经形成了相当明显的特点和优势。因此，京津冀协同发展需要根据其各自的特点、优势和最符合国家利益等重要原则来确定[①]，形成优势互补、特色鲜明的产业分工体系。从京津冀三地发展现状来看，依据钱纳里的工业发展阶段理论，目前北京处于后工业化发达经济阶段，天津处于工业化发达阶段，河北处于工业化中期阶段。

围绕京津冀三地的比较优势与发展基础，优化区域产业分工合作，推动产业升级转移。北京高等院校和科研机构资源丰富，知识创新能力最强；天津工业体系较为完整，先进制造业发展势头良好，特别是在高端装备制造、航空制造与服务等方面优势明显；河北自然资源较为丰富，以钢铁、煤炭等为主的传统资源型产业基础雄厚，生物医药、高端装备制造等战略性新兴产业也有一定优势。因此，依据京津冀三地自身发展阶段和资源禀赋条件，将北京、天津和河北分别按照“知识型+服务型”、“制造研发型+服务型”和“智能制造型+服务型”的发展定位来构筑三地现代产业体系。具体而言，对北京来说，应进一步疏解北京非首都功能，为构建高精尖的现代产业体系留足发展空间，加速发展知识经济和服务经济，不断增强首都核心功能；对天津来说，要依托自身产业优势，大力发展先进制造业，并延长产业链，向先进制造业的两端——研发和服务进一步深化，通过产业链延伸和创新促进经济发展；对河北来说，一方面，应持续推进产业转型升级，特别是钢铁、煤炭、化工等“三高”产能；另一方面，积极对接京津，加速京津科技成果向河北孵化转化，提升制造业智能化水平，构建以战略性新兴产业、现代物流业、现代农业等为主的产业体系。

（二）打造“一核两翼”空间新格局

“一核两翼”协同发展既是京津冀协同发展战略的要求，也是促进多中心网络化空间结构形成的重要抓手。《北京城市总体规划（2016 年—2035 年）》明确了“一核一主一副、两轴多点一区”的空间格局。“一核”是指首都功能核心区（北京东城区和西城区，约 92.5 平方公里）；“一主”是指中心城区（即城六区，约 1378 平方公里）；“一副”是指北京城市副中心（规划面

① 【中国科学报】京津冀战略定位：如何最符合国家利益[EB/OL]. http://www.igsnrr.cas.cn/xwzx/kydt/201506/t20150619_4376741.html[2019-06-19].

积为 155 平方公里，控制面积为 906 平方公里）。“两轴”是指中轴线及其延长线和长安街及其延长线；“多点”是指包括顺义、大兴、亦庄、昌平、房山新城 5 个位于平原地区的新城；“一区”，即生态涵养发展区，包括门头沟、平谷、怀柔、密云、延庆 5 个区，以及昌平和房山的山区。《北京城市总体规划（2016 年—2035 年）》首次提出河北雄安新区与北京城市副中心为北京新的“两翼”，《中共中央 国务院关于对〈河北雄安新区规划纲要〉的批复》中进一步明确了雄安新区作为北京非首都功能疏解集中承载地，与北京城市副中心形成北京新的“两翼”[①]。“两翼”的发展和“一核”的协同将有利于有效缓解北京的“大城市病”，推进建设以首都为核心的京津冀世界级城市群。

“一核两翼”协同重在明确各自的定位和分工。东城区和西城区是全国政治中心、文化中心和国际交往中心的核心承载区，也是北京建设国际一流和谐宜居之都的首善之区。北京城市副中心定位于国际一流和谐宜居之都示范区、京津冀区域协同发展示范区、新型城镇化示范区，是服务首都和承接首都城市功能的重要空间载体，并将着力发展公共行政、商务服务、文化旅游和科技创新四大功能。雄安新区是北京非首都功能疏解集中承载地，是推动高质量发展的全国样板和建设现代化经济体系的新引擎，更是贯彻落实新发展理念的创新发展示范区。

“一核两翼”协同的核心是处理好“都”和“城”的关系。“一核”是“都”，是核心，“两翼”是“城”，是支撑，“城”的发展是为了更好地支撑“都”这一核心。“两翼”是北京城市功能的重要承载区，因此服务和支撑核心区“都”的发展，分担“都”的压力，是“两翼”的基本内涵，也是“两翼”高质量发展的重要使命。一方面，在定位上一定要明确首都功能高于城市功能；另一方面，在空间安排上，优先保障首都功能，加大力气疏解“一核”的非首都功能。“都”和“城”是一个整体，因此应加强协同互动，共同作用以优化首都功能，并以此为基础，加速将北京建设成为国际一流的和谐宜居之都和以首都为核心的京津冀世界级城市群。

“两翼”应形成差异发展、特色突出、两翼齐飞的新格局，成为现代化新型首都圈的重要支撑。北京城市副中心是北京市域内疏解承载首都功能拓展

---

① 中共中央 国务院关于对《河北雄安新区规划纲要》的批复[EB/OL]. http://www.moj.gov.cn/news/content/2018-04/21/xxtt_18443.html[2019-10-11].

地，雄安新区是域外疏解承载地。就北京城市副中心和雄安新区两翼的功能分工而言，北京城市副中心主要是服务翼，在满足北京市级行政办公的基础上，充分利用区位优势，大力发展商务服务业，为北京主城区提供高端、优质服务，进一步提升北京城市服务业发展质量和层次；雄安新区主要是科创翼，以科技创新资源集聚促进雄安新区发展，这是雄安新区建成创新驱动发展引领区的内在要求。促进“两翼”的差异化特色发展，将有利于优化首都功能布局，有利于促进京津冀地区实现多中心、网络化发展。

（三）构建“三城两翼一区”协同创新模式

一方面，优化京津冀区域科技创新格局。京津冀协同发展的根本动力是协同创新，而当前创新资源的空间分布不均导致三地协同创新效果并不显著。因此，应通过体制机制创新，进一步促进创新组织和资源在京津冀地区合理流动，特别是对创新能力薄弱的河北而言，要加大创新型企业和人才的引进力度，优化区域创新资源配置，形成协同创新发展空间格局。

另一方面，构建“三城两翼一区”协同创新模式。“三城”包括中关村科学城、怀柔科学城和未来科学城，“一区”为创新型产业集群和“中国制造2025”创新引领示范区。“三城”和“一区”科技创新资源丰富，创新条件优厚，应充分发挥创新策源地的溢出和带动作用，成为京津冀协同创新共同体的核心和引领。“两翼”即北京城市副中心和雄安新区，是首都科技创新功能的拓展地、京津冀协同创新共同体的重要节点。其中，北京城市副中心重点拓展首都科技创新核心功能，通过“同城化”的模式，在北京市域内优化科技创新资源的布局，成为北京建设全国科技创新中心的有效支撑。雄安新区面向整个京津冀区域，以“一体化”模式，建设独立的科技创新城市，从而辐射带动整个京津冀地区的创新发展。“三城两翼一区”之间实现错位发展、分工协作，打造京津冀协同创新共同体。

（四）系统推进首都减量提质发展

首都减量发展是应对北京过度集聚等“大城市病”的关键举措，更是以“减”求“进”、谋定后动的智慧方略。首都减量发展并不是单纯地疏解非首都功能，还涉及对腾退空间如何利用等问题，高精尖产业、留白增绿、公共设施配套建设等均需要用地空间。既要关注低水平、低层次相关领域的疏解，也要关注新形势下高端、高水平相关领域的合理疏解，做到疏解低端做框架，疏解高端求精进。然而，首都减量发展单纯依靠北京自身难以完成，疏解北京非首都功能需要津冀承接，否则就不会形成疏解。因此，北京在系统推进非首都功能转移时，天津和河北应最大限度地为疏解的承接创造条件，通过承接北京非首都功能促进自身发展。

北京在疏解非首都功能的同时，还应注重高端产业的减量提质发展。以金融业为例，该产业是北京的首位产业，金融集聚区是北京发展金融产业和创新金融业态的核心地域，是北京要着力打造的重点区域。但是，从首都减量发展的大局出发，对金融集聚区的发展建设，也要主动出击，以减求进。在减量发展过程中，要推动北京金融业不断抢位发展，全方位地提高金融控制能力，促进北京尽快、全方位地打造具有广泛和重要国际影响力的全球中心城市。积极进行业态减量；积极进行功能减量，零增量优化服务能力；积极实施错位发展，金融集聚区协同一体；积极引导金融溢出，全方位地推进“四个中心”建设。

（五）完善生态协同治理机制

首先，推进设立区域生态环境治理行政机构。通过京津冀辖区内三个行政区政府合作协议的形式，设立京津冀地区生态环境综合管理委员会，作为区域性生态环境治理的最高决策机构，开展区域生态环境治理法律体系、区域治理规划、环境质量管理目标制定与分解、监测体系和考核体系的建立和执行。

其次，发挥市场作用，合理配置生态资源。建立区域层面统一的自然资源资产台账，对生态资源进行产权界定，继续推动碳排放权、水权和排污权交易市场试点改革工作，推动自然资源合理和高效配置。建立健全区域性生态补偿长效机制，坚持“谁受益、谁补偿；谁污染、谁付费”原则，探索设立京津冀生态补偿专项资金、政策补偿与资金补偿相结合等方式，完善区域生态补偿制度，确保资源输出和生态治理地区的利益能够得到合理补偿，从而实现区域生态治理的可持续性。

再次，推动环境治理与生态建设协同立法。以解决京津冀区域生态环境主要问题为目标，制定污染治理相关法规条例，从区域层面逐步形成统一的环境监管和评价标准。推动区域性生态环境保护规划和相关专项规划的编制工作，推进生态资源的合理调配和高效利用。探索区域多元主体协同治理模式。以政府行政手段为引导，充分发挥市场对资源配置的主导作用，促进企业、公民、非政府组织等社会组织积极参与，共建区域性生态协同治理的多层次网络体系。

最后，建立健全区域生态协同治理行动计划。建立京津冀区域生态环境保护专项行动计划：在独立的区域治理结构和投融资机制的保障下，对包括大气污染防治、水环境综合治理等大型生态环境问题，设立专项行动计划，通过区域攻关，改善区域生态环境质量。

（六）深化协同发展体制机制创新

首先，建立地区间政府协商对话机制。将省级政府、市级政府间横向协商的地方政府联席会议制度常态化，通过平等谈判协商来协调各地利益，协调重大利益冲突，从区域层面维护整体利益，取得长远发展。

其次，建立区域协同发展绩效考核评价机制。创新和完善各级政府的考核和评价体系，围绕区域协同发展的共同利益与根本需要，以区域协同发展质量与效益为评价标准，制订与协同发展目标相一致的考核指标，定期进行考核评价。

再次，推动区域要素市场改革。推动京津冀三地在交通、金融、技术科技成果、人才等市场的区域一体化改革，破除制约要素在区域间流动的行政壁垒与制度障碍，率先构建京津冀区域要素市场一体化，促进生产要素合理流动，以资源优化配置推动京津冀协同发展。

最后，充分发挥体制机制创新的引领作用。围绕京津冀协同发展重点领域和关键环节，继续深入开展先行先试，形成可复制和可推广的改革成果，不断深入推进制度和政策创新，并向京津冀区域进行逐步延伸和复制。

第二部分 综 合 篇

2 第二章 政务保障与国际交往

党的十八大以来，习近平总书记先后 4 次视察北京，为新时期首都建设指明了方向①。北京是国家象征和展示中国的首要窗口，必须坚持首都城市战略定位，积极推进全国政治中心、文化中心、国际交往中心和科技创新中心建设工作。《北京城市总体规划（2016 年—2035 年）》明确提出，北京要持续优化和提升政务保障、国际交往等核心功能，到 2035 年建设成为拥有优质政务保障能力和国际交往环境的大国首都。本章基于对北京履行政务保障与国际交往职能的基础分析，阐述北京政务保障的现状与未来发展方向，以及国际交往中心建设的现状与未来发展方向，旨在为更好地落实全国政治中心与国际交往中心建设工作提供一定的参考。

① 奋力谱写新时代首都发展新篇章[EB/OL]. http://bj.people.com.cn/n2/2019/0820/c82837-33266573.html[2019-08-20].

第一节　政务保障与国际交往的基础

一、北京具备展示大国首都形象及履行其历史使命的责任担当

北京作为我国首都，是向全世界展示中国现代化成就与中华民族优秀文化的首要窗口，具备展示大国首都形象及履行其历史使命的责任担当。北京代表了新时代中国的形象，是全球城市的典型代表，最能向世界展现中华民族伟大复兴的光辉历程。

我国正矗立在“两个一百年”的历史交汇点上。1997 年，我国首次提出“两个一百年”奋斗目标。20 年后，党的十九大报告明确提出“两个一百年”的时间表和路线图。2020～2035 年，在全面建成小康社会的基础上，再奋斗 15 年，基本实现社会主义现代化。2035 年到 21 世纪中叶，在基本实现现代化的基础上，再奋斗 15 年，把我国建成富强民主文明和谐美丽的社会主义现代化强国[①]。面对新时代的重大历史机遇，中国将重新定义世界政治经济格局，而首都北京则被赋予了更加坚实的责任和使命，即要向世界展示中华民族伟大复兴的历史成果，展示中国改革开放和现代化建设的伟大成就。

北京兼有首都和超大城市的双重特性，比一般城市具有更为复杂的政治经济结构。作为全国的政治中心、文化中心、国际交往中心、科技创新中心，北京必须持续优化和提升政务保障、国际交往等核心功能，推动落实“四个中心”首都城市战略定位，努力成为我国政治、经济、文化发展目标的集中承载地与展示地。因此，承担政务保障与国际交往职能，不仅是北京城市高质量发展的阶段性需求，还是代表国家形象、政策发展态势和影响国家整体发展的重大战略性决定，是向世界展示我国大国首都形象的重要抓手。

随着中国在世界政治经济格局中的地位和作用不断提升，北京在国际上的影响力大幅增强，在全球城市中的竞争力也明显提高。根据 2018 年《全球化与世界城市》（*Globalization and World Cities*）榜单，北京成为继伦敦、

---

① 习近平：决胜全面建成小康社会 夺取新时代中国特色社会主义伟大胜利——在中国共产党第十九次全国代表大会上的报告[EB/OL]. http://www.gov.cn/zhuanti/2017-10/27/content_5234876.htm[2019-08-20].

纽约、香港之后排名第4位的世界城市，其国际话语权显著增强。因此，在我国国际交往与对外开放不断扩大的时代背景下，履行政务保障与国际交往职能成为北京全球城市建设的客观要求，这将提升北京的国际声望与其在国际政治中的地位，增强其服务首都核心功能的能力。在未来的全球城市谱系中，中国的全球城市必将在政治、经济、文化分工体系中发挥更大的影响作用。

二、北京具有承担政务保障与国际交往职能的能力与条件

北京承担政务保障与国际交往职能，不仅是其历史使命与时代责任的客观要求，还是基于其优渥基础条件的重大战略性选择。北京具有得天独厚的经济、政治、文化和国际资源优势，因此对国家有重大意义的政务活动与国际交往活动往往都由北京承办。这不仅对城市的经济实力、交通条件、全球知名度提出了较高要求，也依赖于强大的大型活动接待能力、组织经验与空间保障条件。

（一）经济发展水平和质量不断提升，迈入中等发达经济体行列

中华人民共和国成立以来，北京经济发展水平不断提升，已逐步迈入中等发达经济体行列，这将为承担政务保障与国际交往职能提供坚实的物质基础。从经济总量来看，北京的经济总量持续上升，2007年GDP超过1万亿元，2013年超过2万亿元，2017年为2.8万亿元。然而，北京GDP年平均增速总体呈下降趋势，2000～2017年GDP增速从18%逐渐下降至9%左右，尤其在2008年金融危机后GDP增速显著放缓，现已基本稳定在10%以内（图2-1）。从人均GDP来看，北京人均GDP呈现逐年增加的趋势，2000年人均GDP为24 518元，2017年为128 994元。2010年左右，北京人均GDP超过70 000元，这标志着北京迈入中等发达经济体行列。北京人均GDP年平均增速的发展趋势与GDP增速基本一致，在金融危机后的2009年达到最低点3%，此后逐步回升，现已基本稳定在8%左右（图2-2）。

进入新时代，北京经济发展质量不断提升，在全国率先迎来了向高质量发展转型的时期，这为持续优化提升政务保障和国际交往水平提供了客观条件。2015年，北京设立高精尖产业发展基金，发布《北京高精尖产业发展基

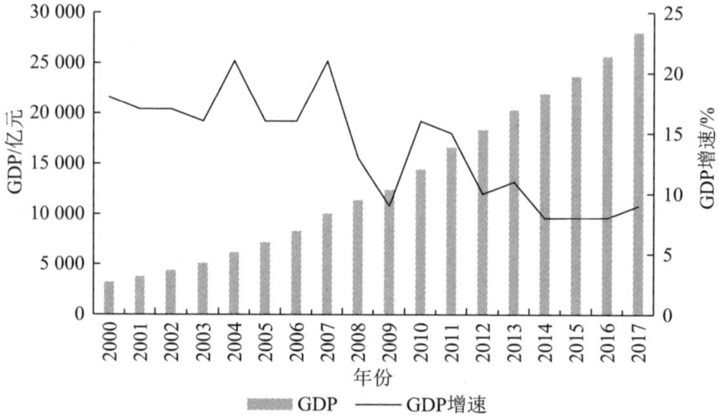

图 2-1　2000～2017 年北京 GDP 和 GDP 增速

资料来源：《北京统计年鉴 2018》

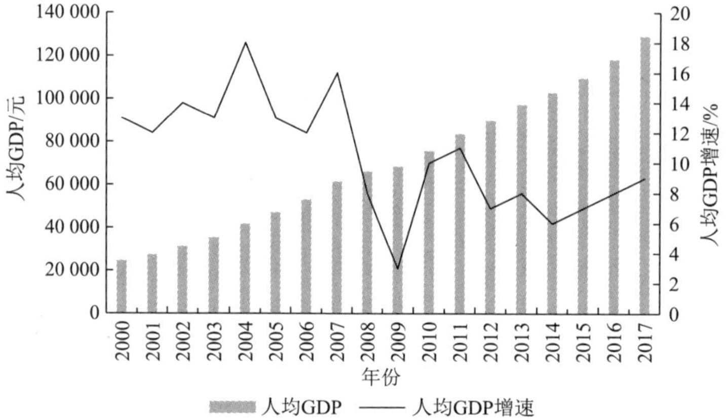

图 2-2　2000～2017 年北京人均 GDP 和人均 GDP 增速

资料来源：《北京统计年鉴 2018》

金管理办法》，聚焦新能源智能汽车、集成电路等领域，加快促进首都圈经济转型升级。2000～2017 年，北京科学研究和技术服务业增加值从 123 亿元增长至 2859.2 亿元，占 GDP 的比重从 4%增长至 10%，产业内部的高端化、高效化趋势日趋明显（图 2-3）。由此可见，创新成为北京城市发展的主要驱动力，以高技术产业为代表的高精尖经济在总体经济增长中的地位和作用不断增强。首都北京正以创新为驱动，以现代服务业和高技术产业作为双引擎，以大国工匠精神持续打造北京制造、北京创造与北京服务品牌，以“三城一区”为核心建设首都高质量经济发展的新高地。

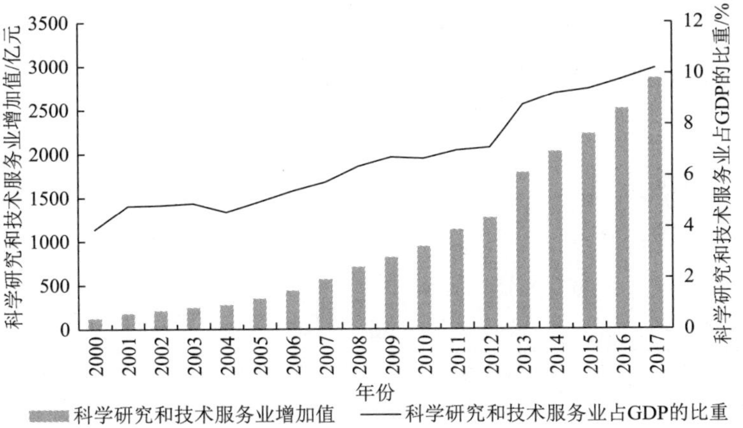

图 2-3　2000～2017 年北京科学研究和技术服务业增加值及其占 GDP 的比重

资料来源：《北京统计年鉴 2018》

（二）国际交通枢纽作用突出，具备优越的国际航空营运条件

北京具备优越的国际航空营运条件，国际交通枢纽作用突出。随着 2019 年 9 月 25 日北京大兴国际机场正式投入运营，北京的两大机场将共同发挥交通动力源作用，打造世界级航空双枢纽与机场群，为北京的政务与国际交往活动提供必要的交通支撑。

北京首都国际机场建成于 1958 年，是“中国第一门”。它是目前中国规模最大、运输最繁忙的国际航空运输枢纽和对外交流的重要窗口，也是目前亚太地区首个拥有 3 个航站楼、3 条跑道、双塔台同时运行的机场。2018 年，北京首都国际机场连通 59 个国家和地区、112 个境外城市，进出港飞机累计起降量位居全国首位，达到 61.4 万架次，同比增长 2.8%①。截至 2018 年底，北京首都国际机场出入境旅客吞吐量为 2685 万人次，在国内仅次于上海浦东国际机场（表 2-1）。与世界其他国际机场相比，2017 年北京首都国际机场的旅客吞吐量仅次于亚特兰大哈兹菲尔德-杰克逊国际机场，位居世界第二位，在国际航运网络中占据着至关重要的枢纽地位（表 2-2）。

① 2018 年中国机场飞机起降架次排名：首都机场第一 累计 61.4 万架次（TOP100）[EB/OL]. http://www.askci.com/news/chanye/20190401/1645281144142.shtml[2019-08-20].

表 2-1 2018 年全国主要机场境外地区通达情况

机场名称	连通国家和地区数量/个	连通境外城市数量/个	出港直飞航线数/条	出入境吞吐量/万人次
北京首都国际机场	59	112	253	2685
上海浦东国际机场	40	99	224	3840
广州白云国际机场	39	69	188	1730
深圳宝安国际机场	23	45	166	458
重庆江北国际机场	18	31	172	324

资料来源：国内三千万级以上机场国际航线通达性观察[EB/OL]. http://news.carnoc.com/list/475/475927.html[2019-10-30]

表 2-2 2017 年国际机场吞吐量排名

排名	机场名称	旅客吞吐量/万人次
1	亚特兰大哈兹菲尔德-杰克逊国际机场	10 390
2	北京首都国际机场	9 579
3	迪拜国际机场	8 824
4	东京羽田国际机场	8 496
5	洛杉矶国际机场	8 456
6	芝加哥奥黑尔国际机场	7 980
7	伦敦希思罗国际机场	7 799
8	香港国际机场	7 286
9	上海浦东国际机场	7 000
10	巴黎夏尔·戴高乐国际机场	6 947

资料来源:CADAS:2017 年全球机场吞吐量 TOP50 出炉[EB/OL]. http://news.carnoc.com/list/439/439065.html[2019-10-30]

北京大兴国际机场于 2019 年 9 月 25 日正式投入使用，航站楼综合体建筑面积 140 万平方米，规划四纵两横 6 条民用跑道[①]，将成为全球最大的空港之一。很多国际大都市都不只拥有一座机场，如东京拥有东京成田国际机场和东京羽田国际机场，上海拥有上海浦东国际机场和上海虹桥国际机场，纽约、伦敦甚至至少拥有三个机场，而北京也建成两个大型国际机场。双机场格局将进一步强化北京的国际航运枢纽地位，强大的国际航空运营能力为

① 北京大兴国际机场正式通航[EB/OL]. http://www.xinhuanet.com/2019-09/25/c_1125039712.htm[2019-10-20].

首都承担政务活动与国际交往活动提供了必要的交通保障。北京大兴国际机场与天安门直线距离 46 公里，能够实现 1 小时通达京津冀。由此，双枢纽机场将与京津冀周边机场一同打造世界级机场群，更便捷地对接国内外政务与国际交往资源，这有助于落实北京“四个中心”城市战略地位，推动首都乃至京津冀区域高质量发展，实现更高水平的对外开放。

（三）全球知名度与认可度较高，是中国与世界联系最为广泛的城市

北京具有较高的全球知名度和认可度，是中国与世界联系最为广泛的城市，这决定了北京必然成为重大政务活动与国际交往活动的集中承载地。随着我国综合国力的不断提升，北京作为全国政治中心与国际交往中心，在《全球化与世界城市》（*Globalization and World Cities*）榜单中的排名由 2004 年的 α– 逐年上升至 2018 年的 α+。2018 年，北京成为继伦敦、纽约、香港之后排名第 4 位的世界城市（表 2-3），其全球影响力显著提高。近年来，奥运会、亚洲太平洋经济合作组织（Asia-Pacific Economic Cooperation，APEC）会议、“一带一路”国际合作高峰论坛等一系列大型国际活动都在北京举办，越来越多的跨国公司和国际组织也在北京设立总部或分支机构，这都使得北京的城市认可度逐渐提升。

表 2-3　2004～2018 年北京在《全球化与世界城市》榜单（α 档）中的地位变化

城市等级	2004 年	2008 年	2010 年	2012 年	2016 年	2018 年
α++	伦敦	伦敦	伦敦	伦敦	伦敦	伦敦
	纽约	纽约	纽约	纽约	纽约	纽约
α+	香港	香港	香港	香港	新加坡	香港
	巴黎	巴黎	巴黎	巴黎	香港	北京
	东京	新加坡	新加坡	新加坡	巴黎	新加坡
	新加坡	东京	东京	上海	北京	上海
		悉尼	上海	东京	东京	悉尼
		米兰	芝加哥	北京	迪拜	巴黎
		上海	迪拜	悉尼	上海	迪拜
		北京	悉尼	迪拜		东京
α	多伦多等	马德里等	米兰、北京等	芝加哥等	悉尼等	台北、广州、米兰等

续表

城市等级	2004 年	2008 年	2010 年	2012 年	2016 年	2018 年
α-	墨西哥、上海、台北、北京等	台北、华沙等	台北、迈阿密等	台北、首尔等	台北、广州、都柏林等	深圳、阿姆斯特丹等

资料来源：The World According to GaWC[EB/OL]. http://www.lboro.ac.uk/gawc/gawcworlds.html[2019-10-30]

北京与世界多个城市均保持较高频率的联系，市级友好城市数量逐年增加。截至 2018 年 5 月，北京的友好城市已达 56 个，遍布 6 个大洲，分布在美国、日本、澳大利亚、俄罗斯等 51 个国家，其友好城市的数量在全国范围内仅次于上海[①]。具体来说，北京与世界的联系突出体现在商贸往来、技术交流、文化联系三个方面。

在商贸往来方面，北京作为全国商贸中心，集聚了大量知名公司总部，与世界各国有着频繁的商贸往来。截至 2017 年，近七成国外 500 强企业在北京投资或设立代表机构，总部企业数量累计达到 4064 家，其中外资企业总部数量达到 886 家。高新技术类总部企业占比 43.5%，文化创意类企业占比 18.8%[②]。截至 2018 年，已有 231 个国家和地区与北京有贸易往来，来京投资的国家和地区超过 165 个，在京设立总部的政府间国际组织有 8 个[③]。北京的世界商贸往来规模巨大，能够为其承担政务保障与国际交往职能提供广阔的市场基础。

在技术交流方面，北京汇集了大量高等院校与科研机构，多次举办世界级技术交流会议。在全国乃至世界范围内，北京均是技术交流较为频繁的城市之一。《北京市“十三五”时期加强全国科技创新中心建设规划》提出，要更加注重增强原始创新能力，更加注重推动科技创新与经济社会发展紧密结合，更加注重服务全国和国际开放合作[④]。北京努力打造全球科技创新引领者和创新网络重要节点，为世界各国提供更加广阔的技术交流平台，这使

---

① 北京市缔结第 56 个外国友好城市 [EB/OL]. http://wb.beijing.gov.cn/zwxx/gzdt/wshd/104140.htm [2019-08-20].

② 500 强总部企业北京全球最多[EB/OL]. http://tjtb.mofcom.gov.cn/article/y/ab/201806/20180602754992.shtml[2019-10-30].

③ 北京市外商投资发展报告在京发布[EB/OL]. http://tjtb.mofcom.gov.cn/article/y/ab/201906/20190602870163.shtml[2019-10-30].

④《北京市“十三五”时期加强全国科技创新中心建设规划》解读[EB/OL]. http://kw.beijing.gov.cn/art/2016/9/26/art_302_30641.html[2019-08-20].

得北京的政务保障与国际交往活动具备必要的技术支撑。

在文化联系方面，北京是世界闻名的历史文化名城，依托其丰富的文化资源开展全球范围内的文化交流活动。北京新年音乐会、北京国际音乐节等大型文化活动产生了一定的品牌影响力。2017 年 10 月，日本森纪念财团城市战略研究所发布 2017 年“全球城市实力指数”（Global Power City Index，GPCI）报告，评估了世界城市的经济、研究、文化、居住、环境、交通竞争力，其中北京在文化交流方面的得分为 155 分，位居全国第一名、全球第七名。卓越的文化交流水平为北京开展政务和国际交往活动奠定了深厚的文化积淀。

（四）大型活动接待能力强，配套服务设施建设完善

北京之所以成为重要政务活动与国际交往活动的承办地，与其较强的接待能力和高品质的配套服务设施密切相关。其轨道交通运营规模和星级饭店数量均在全国主要城市中位于前列，因此能够满足大型活动举办期间的接待需求。例如，2019 年 4 月在北京举办的第二届“一带一路”国际合作高峰论坛，共接待 38 位国家元首和政府首脑，合计有 150 多个国家和 90 多个国际组织的近 5000 位外国嘉宾出席会议[①]，这充分显示出了首都北京强大的大型活动接待能力。

1. 拥有较为发达的轨道交通网络，运营能力居全国首位

城市轨道交通是市域范围内的主要出行方式之一，在大型政务与国际交往活动期间扮演着重要角色。2018 年，北京轨道交通线路长度为 713 公里，在国内主要城市中仅次于上海（图 2-4），累计客运量 38.5 亿人次，位居全国首位[②]。《北京市“十三五”轨道交通建设计划》提出，到“十三五”末北京轨道交通将形成“三环四横八纵十二放射”轨道交通网，总里程提高到 900 公里以上[③]。北京市城市轨道交通第二期建设规划（2015—2021）示意图显示，到 2021 年北京轨道交通在建线路数量为 20 条（段），在建线路总长

---

① “登高赋新诗”——写在第二届“一带一路”国际合作高峰论坛闭幕之际[EB/OL]. http://www.xinhuanet.com/world/2019-04/28/c_1124425298.htm[2019-08-20].

② 中国城市轨道交通协会：2018 年中国城市轨道交通年度统计分析报告[EB/OL]. http://www.199it.com/archives/858568.html?weixin_user_id=2eo6ETQjlauQyFSkg4DTYsHVSH3Ke8[2019-10-30].

③ 北京计划“十三五”末实现区区通轨道交通[EB/OL]. http://www.xinhuanet.com/politics/2017-03/24/c_1120691028.htm[2019-08-20].

达 338 公里。届时，随着市内交通运行里程和交通网络密度的增加，北京将具有更强大的交通保障能力来满足大型活动期间的出行需求。

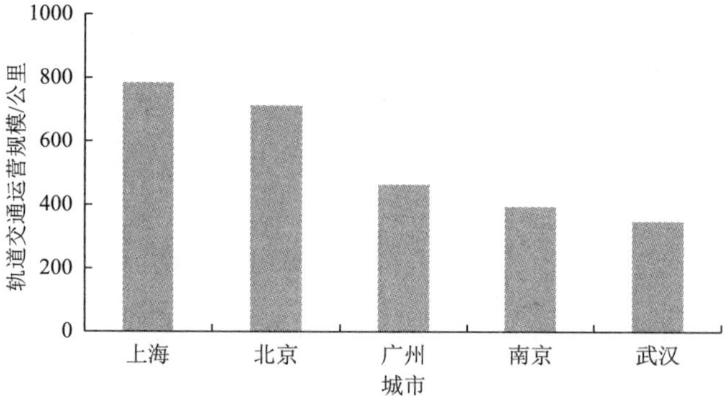

图 2-4　2018 年全国主要城市轨道交通运营规模

资料来源：中国城市轨道交通协会：2018 年中国城市轨道交通年度统计分析报告[EB/OL]. http://www.199it.com/archives/858568.html?weixin_user_id=2eo6ETQjlauQyFSkg4DTYsHVSH3Ke8[2019-10-30]

2. 高品质星级酒店数量居全国首位

重要政务活动与国际交往活动的顺利进行离不开星级酒店的服务保障。北京的高品质星级酒店数量居全国首位,因此具有较强的高端人群接待能力。截至 2018 年第四季度，北京共拥有星级酒店（一星级至五星级）496 家，占全国星级酒店总数的 5.6%，在全国 50 个重点旅游城市中位居首位（图 2-5）。高品质住宿及餐饮配套设施的集聚使得北京能够满足大型活动期间激增的高端需求。

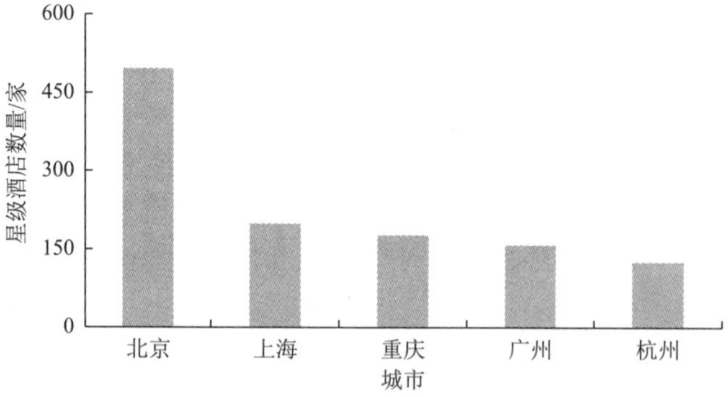

图 2-5　2018 年第四季度全国重点旅游城市（部分）的星级酒店数量

资料来源：2018 年第四季度全国星级饭店统计公报[EB/OL]. http://zwgk.mct.gov.cn/auto255/201907/t20190726_845334.html?keywords=[2019-10-30]

（五）大型活动组织经验丰富，政府统筹协调能力较强

北京具有较强的大型活动组织能力，这依赖于政府强大的统筹协调能力与丰富的组织经验。首都北京特殊的政府机构设置，使其比其他城市具备更强的组织协调、安保和动员宣传推广能力。尤其是在2018年机构改革后，北京市人民政府共设置46个机构[①]，各部门职能分工更为细化，协调能力更强。以2014年APEC会议为例，会议期间北京普遍启动社会面一级超常防控等级，5万民警全警出动，并动员组织社会面防控专群力量973万余人次，日均投入力量81万余人次[②]。

1. 北京曾多次举办重要政务与国际交往活动，具备丰富的大型活动组织经验

北京作为首都城市，承担着向世界展示我国大国形象的光荣使命。北京在为国家承办大型国际活动赛事中也不负重托，向世界展现出中国智慧和中国力量（表2-4）。1990年，举行第11届亚洲运动会，这是中国第一次承办综合性国际体育大赛；2001年，第21届世界大学生运动会创下参赛国家和地区以及参赛人数的历史纪录；2008年，第13届夏季残疾人奥林匹克运动会和第29届夏季奥林匹克运动会分别被残疾人奥林匹克运动会主席克雷文和奥林匹克运动会主席罗格称为“有史以来最伟大的一届残奥会”和“一场无与伦比的奥运会”。奥运期间北京以其现代化的场馆、畅通无阻的交通与较强的组织能力，获得了国外媒体的一致赞誉。

表2-4　近30年来北京承办的重大国际赛事和国际会议情况

活动名称	时间	规模
第11届亚洲运动会	1990年9～10月	来自亚洲奥林匹克理事会成员的37个国家和地区体育代表团的6578位运动员参加，现场观众达7万多人
第21届世界大学生运动会	2001年8月	来自168个国家和地区的6757名运动员参加，参赛国家和地区及参赛人数创下大学生运动会历史纪录
第13届夏季残疾人奥林匹克运动会	2008年9月	在19个场馆举行比赛，共设置20个比赛项目，有147个代表团参加

① 北京10个新组建机构挂牌 市政府设46个机构[EB/OL]. http://www.xinhuanet.com//politics/2018-11/09/c_1123686238.htm[2019-10-30].

② 北京警方解密APEC安保工作：5万民警全警出动[EB/OL]. http://news.youth.cn/gn/201411/t20141120_6083505.htm[2019-10-30].

续表

活动名称	时间	规模
第 29 届夏季奥林匹克运动会	2008 年 8 月	来自 204 个国家和地区的 11 438 名运动员参加，共设置 302 项（28 种）运动，总观众人数接近 750 万人次，总电视观看人数达 45 亿人次
APEC 会议	2014 年 11 月	全市累计动员组织社会面防控专群力量 973 万余人次，日均投入力量 81 万余人次
“一带一路”国际合作高峰论坛	2017 年 5 月	29 位外国元首与政府首脑、联合国秘书长等 3 位重要国际组织负责人参加；来自 130 多个国家和地区的 1500 名各界贵宾参加，全球 4000 余名记者参与报道
中非合作论坛北京峰会	2018 年 9 月	中非合作论坛非方成员国国家元首、政府首脑、代表团团长、国际和地区组织负责人等中非各界人士约 3200 人出席开幕式
第二届“一带一路”国际合作高峰论坛	2019 年 4 月	共有 150 多个国家和地区以及 90 多个国际组织出席；37 个国家的元首、政府首脑等领导人莅临，较上届增加两成半；上届论坛有中外嘉宾 1500 人，本届仅外宾近 5000 人
2019 北京世界园艺博览会	2019 年 4～10 月	共有 110 个国家和地区及国际组织参加，合计举办 3284 场活动，接待参观人数 934 万人次

近年来，北京、上海、大连是我国举办国际会议等大型活动较多的城市，其中北京平均每三天就有一个国际会议。北京在 APEC 会议、“一带一路”国际合作高峰论坛等国际会议的举办中，积累了丰富的组织经验。以 2019 年 4 月第二届“一带一路”国际合作高峰论坛为例，为做好论坛的服务保障工作，国家会议中心相继开展了会议服务、餐饮服务、客房服务、安全管理等 141 场专项培训，制定服务保障方案与应急预案 100 余项，开展内部桌面推演、分场景演练、应急预案演练 50 余次[①]。

2. 北京拥有庞大的志愿者群体，具有丰富的志愿者组织经验

大型政务与国际交往活动的举办，不仅需要政府的大力支持，还需要民众的广泛参与，尤其是代表城市形象的志愿者队伍。北京的高校数量、在校生人数和志愿者人数在全国居于领先地位，拥有良好的群众基础和高素质的志愿者队伍。2017 年，北京的志愿者人数在全国主要城市中位居前列，达到 428 万人（表 2-5）。北京具有丰富的志愿者组织经验，以 2008 年第 29 届夏

---

① 国家会议中心为“一带一路”高峰论坛提供“行云流水”的“中国服务”[EB/OL]. http://expo.ce.cn/gd/201904/26/t20190426_31949973.shtml[2019-08-20].

季奥林匹克运动会为例，奥运会前期的志愿者工作于 2004 年 3 月启动，志愿者总人数多达 7 万人。为做好志愿者的组织管理工作，第 29 届夏季奥林匹克运动会组织委员会设立协调小组，负责建立志愿者管理的组织领导体系，同时设立社会动员、组织指挥、教育培训、联络协调、新闻宣传、后勤保障等领域的具体部门，建立日常工作机制，分阶段落实奥运会志愿者行动的各项工作。奥运会志愿者组织的成功经验，为以后北京承办大型政务与国际交往活动打下了良好基础。

表 2-5　2017 年全国主要城市的高校数量与志愿者人数

项目	北京	上海	南京	重庆	杭州	广州	武汉
普通高校/所	92	64	53	65	46	83	84
普通本科/所	55	29	22	25	27	20	21
在校学生/万人	88	77	84	92	49	114	106
志愿者人数/万人	428	409	281	569	200	175	121

资料来源：《志愿服务蓝皮书：中国志愿服务发展报告（2017）》

2019 年 4 月，北京举办第二届“一带一路”国际合作高峰论坛，论坛的 2000 余名志愿者来自清华大学、北京大学等 34 所高校以及北京公共交通控股（集团）有限公司、北京市地铁运营有限公司等 12 家企业。志愿者队伍覆盖会务、礼宾、接待、新闻宣传、交通保障、治安保障、活动保障 7 大类 117 个岗位，上岗前全部接受了大型活动志愿服务、中国传统文化与北京文化、志愿服务礼仪在内的多项培训。为了保障城市有序运行，还有 1.2 万名城市运行志愿者在公交地铁站台、旅游景点、电力、燃气保障等方面为第二届“一带一路”国际合作高峰论坛助力。由此可见，北京在大型活动中的志愿者组织方面积累了丰富的经验，能够对会场、住宿、餐饮、交通等所有环节进行完善的组织安排。

（六）城市功能格局不断优化，具备开展政务与国际交往活动的空间保障

北京发展政务保障与国际交往功能，离不开必要的空间支撑，且应当与新一轮的城市功能布局调整相适应。《北京城市总体规划（2016 年—2035 年）》提出，要在北京市域范围内形成“一核一主一副、两轴多点一区”的城市空间结构，改变单中心集聚的发展模式。这意味着，要重构北京城市发

展格局，并结合京津冀协同发展与非首都功能疏解的具体要求，推动落实城市战略定位。由此，北京的政治中心与国际交往中心建设具备了必要的空间保障。

在政务保障方面，首都功能核心区是北京政务保障功能的集中承载区，已形成传统中轴线与长安街的两轴格局，其中天安门广场、中南海地区为落实政务保障功能的重点区域。北京基于这一空间保障条件，为中央党政军领导机关提供优质的政务保障服务，维护首都的政治安全，保障国家政务活动能够安全、高效、有序运行。因此，不仅要做好重点区域的专项规划，治理安全隐患；还要有序推动核心区内非首都功能疏解，带动其他功能向外围地区疏解，为履行中央政务功能释放更加充裕的空间。

在国际交往方面，《北京城市总体规划（2016 年—2035 年）》提出，要优化 9 类国际交往功能的空间布局，规划建设好重大外交外事活动区、国际会议会展区、国际体育文化交流区、国际交通枢纽、外国驻华使馆区、国际商务金融功能区、国际科技文化交流区、国际旅游区、国际组织集聚区等。2019 年 9 月 3 日，北京推进国际交往中心功能建设领导小组第一次全体会议首次阐述了“一核两轴四区域”空间布局：“一核”即首都功能核心区，“两轴”即中轴线和长安街及其延长线，“四区域”分别为东部、北部、西部、南部地区。北京的中轴线及其延长线是国际交往功能的集中承载区，北中轴要完善奥林匹克中心区的国际交往、国家体育文化功能；南中轴要结合北京大兴国际机场，建设城市南部国际交往新门户。此外，奥林匹克中心区与南苑-大红门地区、北京大兴国际机场分居中轴线两端，进一步扩大了国际交往功能的空间格局。

第二节　政务保障的现状与未来发展方向

一、政务保障的发展现状

首都北京作为全国政治中心，承担着重大国事政务活动的保障职能。在不断完善自身城市政务服务与管理工作的基础上，北京着力优化提升辖区范围内中央单位与驻京部队的政务环境，切实做好政务保障工作。近年来，北京围绕“四个服务”，积极推进功能疏解与布局优化，在“放管服”、城市治理精细化等方面均取得了积极成效，实现了首都政治功能与政务保障能力的持续优化提升。

（一）疏解核心区的非首都功能，为履行中央政务功能释放了更宽裕的空间

北京市辖区范围内有众多的中央单位和驻京部队，作为我国首都，北京有责任为中央单位和驻京部队提供优质的服务和便捷的工作环境。在核心区非首都功能疏解的背景下，北京市级机关的35个部门、165家单位向通州区城市副中心疏解，为履行中央政务功能释放了更宽裕的空间。同时，这带动其他非首都功能向外疏解，实现了全市功能布局与产业结构优化，从而更好地服务党和国家工作大局，为中央单位提供更高质量的服务与保障。

由此，北京为履行中央政务功能释放了更宽裕的空间，中央政务环境进一步优化，并由此带来北京服务中央范围的逐步扩大，以及服务中央体制机制的不断完善。在北京服务中央的范围方面，北京通过"折子工程"、召开座谈会等工作方式促进中央单位和驻京部队提出的重点事项得到解决与落实，服务内容涉及周边环境治理、教育服务、卫生、规划建设、资金支持等多个方面。可见，北京服务中央单位和驻京部队的工作范围已涵盖多个部门及辖区，并进一步向乡镇及街道延伸，且北京市人民政府外联服务办等服务机构的影响力逐渐提升，在资源供给、服务质量与范围、工作效率等方面均取得了较为显著的成效。

在北京服务中央的体制机制方面，为了向中央单位和驻京部队提供更优质的服务，北京市人民政府与各区相关部门已形成规范、高效的服务机制。首先，全市部分区与委办局成立了专门的服务机构，设立"区级领导联系驻区中央单位制度"，并将服务对象落实到个人，通过走访等方式了解服务需求。其次，区出台联系中央、市属单位的指导意见及沟通协调、主动服务等工作机制来完善工作制度，提高服务质量，初步形成了较为完善的工作体系。此外，北京建立了"服务中央单位和驻京部队综合服务平台"，解决资金落实、人才落户、成果转化等方面的难题。

（二）围绕"四个服务"，政务服务能力有所提升

北京作为我国首都，是全国的政治中心，为中央党政军领导机关提供优质的政务服务，从而保障国家政务活动能够安全、高效、有序运行。党的十

八大以来，习近平总书记四次到北京考察，五次对北京发表重要讲话，要求北京围绕“四个中心”功能建设，不断提高“四个服务”水平，在更好服务党和国家工作大局的同时，让百姓更有获得感。《北京城市总体规划（2016年—2035年）》进一步明确了要履行“四个服务”的基本职责，即为中央党政军领导机关工作服务、为国家国际交往服务、为科技和教育发展服务、为改善人民群众生活服务。

“四个服务”是党中央赋予北京的重大政治使命，也是落实以人民为中心的发展思想的具体体现，将引导提升北京行政管理效率和为中央政务服务的职能水平。2018年，北京专门成立北京市政务服务管理局，着力提升“四个服务”水平。16个区全部成立政务服务管理专门机构，形成市、区、乡镇街道、村和社区四级行政服务体系，服务窗口达到2.5万个。2019年1～4月，市级政务服务中心为中央单位和驻京部队办理服务事项2000多件①。尽管北京各部门在服务中央单位和驻京部队的工作中取得了显著成效，但当前北京的“四个服务”能力与党中央和人民群众的期待尚有差距。

首先，缺乏长效的沟通机制。北京的服务工作需要频繁地与中央单位和驻京部队进行沟通以了解需求、进行工作，需要在沟通的过程中寻找双方合作互动的契合点，加强有效对接与资源共享，挖掘合作潜力。但目前各单位之间的主要沟通方式为公函，公函的使用频率与效率较低，这造成各单位之间缺乏长效的沟通机制与对接途径，进而产生信息不对称，影响工作效率。各部门在实际工作中出现了一定的困难与不必要的弯路，因此需要进一步加强互相沟通。

其次，部分服务事项超出部门的实际工作能力。在服务工作过程中，中央单位和驻京部队的部分要求超出了职能部门与区人民政府的服务能力。由于服务工作需在现有的工作政策与框架中进行，而在目前的政策框架与制度中，还需要进一步考虑资源约束和环境保护等问题，这导致目前的政务服务工作难以完全满足中央单位和驻京部队的实际需求。因此，需要在体制与政策方面进行进一步改革与创新，合理配置北京现有的资源为中央单位和驻京部队提供更加完善的服务。

---

① 【在习近平新时代中国特色社会主义思想指引下——新时代 新作为 新篇章】北京立足“四个中心”提升“四个服务”[EB/OL]. http://news.cctv.com/2019/03/31/ARTIjHcCA3nx47kdcQUu21mC190331.shtml [2019-08-20].

最后，工作效率及服务意识仍有待提升。由于各职能部门与各区之间的机构设置差异较大，市职能部门与各区在机构设置、职能分配、人员编制等方面的不统一导致需要跨区、跨部门协作时无法找到对应的部门，工作效率低下。此外，各部门在主动服务意识方面也有待进一步加强。据调查研究，在服务中央单位和驻京部队工作中，主动服务征求对象的单位仅占全部调查单位的35.4%[①]，来函、上门服务、电话咨询、窗口办理为主要服务方式。

（三）持续深化“放管服”改革，政务管理水平得到提高

党中央、国务院高度重视深化“放管服”改革，加快转变政府职能，推动简政放权、创新监管、优化服务，并已经取得了积极成效。北京全面贯彻落实党中央、国务院部署，持续深化“放管服”改革，部署出台了一系列有针对性的政策措施，旨在为首都高质量发展提供有力支撑。2016年出台的《北京市人民政府关于加强政务服务体系建设的意见》提出，2019年建成集行政审批和公共服务功能于一体，市、区、乡镇（街道）、村（社区）四级贯通、协同联动、一网办理、运行高效的政务服务体系[②]。2019年4月出台的《关于坚持以人民为中心推进一体化网上政府建设的工作方案》提出，以政府信息“一网通查”、政务服务“一网通办”、互动交流“一网通答”为目标，建设利企便民、精准服务、整体协同、透明高效的一体化网上政府[③]。

为了进一步提高政务管理水平、建设符合首都特点的政务服务体系，北京全面推进权责清单两单融合，健全完善审批服务标准，深入推进审批服务便民化。通过创新实施“双随机、一公开”的智能监管方式，持续推动市场监管领域的综合执法。为了全方位提升政务服务水平，北京于2018年11月成立北京市政务服务管理局，通过出台“一网通办”事项清单，努力实现政务服务“一口对外”、审批事项“一窗办理”、群众诉求“一号响应”、创新创业“一网通办”。在“互联网+政务服务”的探索中，北京推出北京通APP，集合网上政务大厅、畅游公园、非紧急求助12345、公积金查询等功能于一体，极大地方便了市民的个人出行和业务办理。

---

①《关于北京市完善服务中央单位和驻京部队工作机制的研究报告》。

② 北京市人民政府关于加强政务服务体系建设的意见[EB/OL]. http://www.echinagov.com/policy/219391.htm[2019-08-20].

③ 北京市人民政府办公厅印发《关于坚持以人民为中心推进一体化网上政府建设的工作方案》的通知[EB/OL]. http://www.gov.cn/xinwen/2019-04/28/content_5387054.htm[2019-08-20].

（四）构建超大城市治理体系，城市精细化治理取得成效

2017 年习近平总书记视察北京时提出，城市管理要像绣花一样精细。越是超大城市，管理越要精细。北京城市大，要解决的问题有很多，要探索构建超大城市治理体系，这也是国家治理体系和治理能力现代化对北京提出的要求[①]。为深入贯彻习近平总书记对北京的重要讲话精神，认真落实《北京城市总体规划（2016 年—2035 年）》，北京积极推进治理能力现代化，全面提高城市精细化管理水平。2019 年出台的《关于加强城市精细化管理工作的意见》提出了未来 3 年北京城市精细化治理要实现的目标，即到 2022 年，城市精细化管理体系初步形成，城市精治、共治、法治保持在较高水平，城市管理领域突出问题得到有效解决，市民对城市管理的满意度明显提高[②]。

事实上，党的十八大以来，北京在城市精细化治理方面已经开始了卓有成效的探索。2014 年，为配合非首都功能疏解、创造良好居住环境，“开墙打洞”治理在 16 区全面展开，仅城市核心区就封堵 1 万余处。经过几年来一系列的整治措施，街区生态得以重塑，老街区焕发出新光彩。2017 年，北京启动背街小巷治理，计划用 3 年时间完成核心区 2336 条背街小巷环境整治提升工作，并出台《核心区背街小巷环境整治提升设计管理导则》，对背街小巷建筑立面、交通设施等十大类 36 项元素进行了规范，实现了城市管理向胡同延伸[③]。2018 年印发的《关于党建引领街乡管理体制机制创新 实现“街乡吹哨、部门报到”的实施方案》提出，赋予街道乡镇更多自主权，破解城市基层治理“最后一公里”难题[④]。

《优化提升回龙观天通苑地区公共服务和基础设施三年行动计划（2018—2020 年）》的正式发布，是北京城市治理精细化工作中的一大亮点，也是里程碑式的事件，标志着北京找到了一条完善基层社区治理体系、提升基层社

---

① “城市管理要像绣花一样精细” [EB/OL]. http://bj.people.com.cn/n2/2017/1016/c82837-30831887.html [2019-10-16].

② 北京市关于加强城市精细化管理工作的意见[EB/OL]. http://www.gov.cn/xinwen/2019-01/31/content_5362783.htm[2019-08-20].

③ 首都核心区背街小巷环境整治提升专题[EB/OL]. http://csglw.beijing.gov.cn/sy/syztzl/bjxxhjzz/ [2019-08-20].

④ 北京市出台“街乡吹哨、部门报到”实施方案[EB/OL]. http://www.xinhuanet.com//city/2018-03/19/c_129831817.htm[2019-08-20].

会治理能力的行之有效的道路[①]。2019 年 8 月，北京举办《回天三年行动计划》实施一周年新闻发布会，公布了回天地区经过一年精细化治理所取得的成绩，涉及市政基础设施、交通、教育、医疗卫生、文化体育、养老、园林绿化、社会管理八大领域，共有 108 个项目落地。回龙观、天通苑地区发生的巨大变化，正是北京治理能力现代化与城市治理精细化的具体实践。

二、政务保障的未来发展方向

党的十八大以来，我国的服务型政府建设已经日渐完善，公共服务和行政审批各方面工作进入一个全新的阶段。北京作为首善之区，肩负着建设“四个中心”的神圣使命，在先行先试的政策体系内大胆探索行政管理体制改革的途径，努力探索出一条符合北京实际情况的服务型政府建设的新路。

北京各级部门适应新时代的发展要求，积极强化自身改革和建设，持续提升公共服务能力。从发展趋势来看，其政务保障工作不断深入，并呈现出以下发展趋势：一是智能化，借助新兴的科技手段，推进“互联网+政务服务”建设，精简行政审批流程；二是公开化，加大政务信息公开力度，提升政府公信力，增强公众参与；三是精细化，完善社会保障体系，实现政务服务向城市基层“最后一公里”的制度化供给。

（一）智能化：以科技手段推进“互联网+政务服务”

互联网等新一代信息技术的迅猛发展，必然推动政务服务智能化。越来越多的政府部门在政务实践中加大科技手段应用，积极推进“互联网+政务服务”建设，这不仅能够提升政务服务工作的效率和质量，还能有效解决长期以来行政审批流程繁复的难题。智能化将在未来的很长一段时间内，成为政务保障的重要发展趋势。

一是政务服务智能化。2017 年出台的《北京市加快推进“互联网+政务服务”工作方案》提出，建设全市统一的公共数据开放平台，开展政务服务大数据分析，引入社会力量开展预约查询、证照寄送、在线支付等服务，鼓励公众、企业和社会机构开发利用政务服务数据，为企业和群众提供多样化、创新性的便民服务；同时，还对推进政务信息共享等基础设施做出规定，即

①《优化提升回龙观天通苑地区公共服务和基础设施三年行动计划（2018—2020 年）》[EB/OL]. http://www.bjchp.gov.cn/cpqzf/xxgk2671/ghjh/4962895/index.html[2019-08-20].

建立政务信息资源共享机制，实现政务服务“一号申请、一窗受理、一网通办”[①]。这种线上线下融合的一体化政务服务供给方式，能够有效地克服传统服务方式的时间和空间制约，使得线上的便捷性与线下的专业性形成互补。由此，政务服务资源连接所有部门，政务服务群体覆盖所有居民。智能化现代技术的应用，显著增强了政务保障的建设水平。

二是行政审批智能化。智能技术在政务保障领域的应用，有助于优化行政审批流程。行政审批流程的运作效率，不仅关乎政府机构自身的运转效率，而且与社会经济各主体紧密相关，直接影响各项社会经济建设工作。《北京市加快推进“互联网+政务服务”工作方案》提出，优化简化网上服务事项，梳理网上办理事项的复用共享材料，建立在线填报、提交、及时推送预审结果的网上预审机制，精简办事程序、缩短办理时限、避免重复提交，从而降低企业和群众办事成本。可见，创新运用现代信息技术，能够有效厘清各审批事项，动态调整审批事项目录，从而提升审批服务的智能化水平。

（二）公开化：实现政务信息的公开透明

让权力在阳光下运行、与群众充分互动沟通，是建设现代政府的必要手段，也是联系群众、转变政风的内在要求。2013年出台的《国务院办公厅关于进一步加强政府信息公开回应社会关切提升政府公信力的意见》要求，各地区、各部门把做好政府信息公开、提高信息发布实效摆上重要工作日程，不断把人民群众的期盼融入政府决策和工作之中，努力增强提升政府公信力、社会凝聚力的“软实力”[②]。

北京作为我国首都，在政务公开方面一直走在全国前列，不仅制定并完善各项条例规章，而且将重大决策听证、开门立法、征求意见等重大举措常态化。首都之窗、各类网上办公平台、手机端办公APP等新技术的开发运用，使得其为民服务的公开程度和便捷程度都大幅提升。根据中国社会科学院法学研究所发布的《法治蓝皮书（2019）》，在31家省级政府透明度排名中，北京居第二位。值得一提的是，北京在打赢蓝天保卫战、优化营商环境、防控金融风险等多个政策发布、解读专栏中，都有针对性地设置了政策解读、

① 北京市加快推进“互联网+政务服务”工作方案[EB/OL]. http://www.gov.cn/zhengce/2017-06/20/content_5203958.htm[2019-08-20].

② 国务院办公厅关于进一步加强政府信息公开回应社会关切提升政府公信力的意见[EB/OL]. http://www.gov.cn/zhengce/content/2013-10/18/content_1219.htm[2019-08-20].

图示解读、视频解读等专题，这充分体现了政务信息公开的规范性意识，有助于提升政府公信力。

北京高度重视回应民众关切，2014 年专门通过了《北京市人民政府办公厅关于进一步加强政府信息公开回应社会关切提升政府公信力的通知》。一方面，主动出击，打造新媒体的政务信息发布和与公众互动交流新渠道，组建由部门官方微博、新闻发言人微博组成的政务微博群“北京微博发布厅”，进一步扩大覆盖面，建立政府信息第一时间向公众推送机制；另一方面，加强手机客户端软件建设，面向市民提供个性化、主动式在线服务，实现互动沟通功能。通过领导信箱、公众问答、网上调查等方式，接受公众建言献策和情况反映，有序引导公众参与。同时，各级政府及部门要利用电视广播、报纸报刊等多种载体公开政府信息，及时回应公众关切①。

（三）精细化：完善社会保障与公共服务供给

当前的社会保障与公共服务工作已经取得了一定的成效，但在精细化建设方面亟待深化，这不仅符合城市精细化治理的客观要求，也是政务保障工作未来的重要发展趋势。这里的精细化，一方面是指社会保障精细化，要让各项社会保障举措更好地落实到被忽视的弱势群体和特殊人群，深化传统的社会保障理念；另一方面是指公共服务精细化，通过增强公共服务的制度化建设，实现向城市基层“最后一公里”的精细化服务供给，从而为人民群众提供公平、可及的高质量服务。

一是社会保障精细化。《北京城市总体规划（2016 年—2035 年）》进一步明确了城市战略定位与空间布局，这必将联动带来各区域、各领域的巨大变化，基于此，完善社会保障服务、维持社会良性运转成为优化政务保障的重要举措。社会保障与公共服务不是简单地以经济补偿方式帮助居民渡过难关，而是帮助弱势群体和特殊人群解决其日常生活中的一些问题，因此亟须提升社会保障服务理念，从“输血”转变为“造血”。与德国、日本等社会保障体系相对完善的发达国家相比，我国在进行社会保障与公共服务的过程中，几乎所有的工作都由政府来完成，并没有利用好其他社会主体和社会力量，因此应当调动企事业单位、社会团体等其他非营利性组织的积极性，更

---

① 北京市人民政府办公厅关于进一步加强政府信息公开回应社会关切提升政府公信力的通知[EB/OL]. http://www.beijing.gov.cn/zfxxgk/test/xxgkzl/2017-04/03/content_d7762e7db68d4571813a41c67cb2a56a.shtml[2019-08-20].

好地扩大服务范围，保障政府职能的顺利实施。

二是公共服务精细化。公共服务的精细化，离不开完善的制度设计与保障措施。供给侧结构性改革的重要内容，就是改革政府公共政策的供给方式，强化政务服务的制度化供给。这样的改革成果才能让人民群众有获得感，并激发市场主体的活力。我国当前的公共服务制度适用于大部分居民，但是缺少一定的针对性，无法解决特殊人群的需求。不同地区之间的公共服务资金投入存在较大差异，缺乏严格的管理与监督。因此，在进行公共服务的精细化制度设计时，需要充分考虑目前国家的现状与居民的实际需求，并进行多方协调。政府应充分运用公共服务平台，在更大范围内整合公共服务资源，尽可能提供更多有价值的公共服务，如关乎群众切身利益的医疗保险、社会保障、法律援助等。

第三节　国际交往中心建设的现状与未来发展方向

一、国际交往中心建设的现状

党的十八大以来，北京圆满完成2014年APEC会议、2015年纪念中国人民抗日战争暨世界反法西斯战争胜利70周年、2017年和2019年两届“一带一路”国际合作高峰论坛、2019年首届亚洲文明对话大会等重大活动服务保障任务，并携手张家口获得2022年冬季奥林匹克运动会举办权，在国际交往中心建设中取得积极进展。

（一）全方位对外开放水平提升，国际交往活力进一步释放

在国际交往中心建设中，开放型经济是释放国际交往活力的重要驱动力。2013年以来，北京坚持“引进来”和“走出去”并重，对外投资规模超过390亿美元，其中北京企业在“一带一路”沿线31个国家直接投资累计约16.6亿美元[①]，其对外开放水平显著提升。北京聚集了3.5万家外国常驻机构、4000多家地区总部和研发中心，2018年超过165个国家和地区、累计超过4.3万

① 北京企业五年来在“一带一路”沿线国家投资约16.6亿美元[EB/OL]. https://www.sohu.com/a/271058605_123753[2019-10-30].

家外商投资企业在北京设立，累计实际利用外资超过 1550 亿美元[①]。2007～2017 年，北京进出口总额由 1930 亿美元增加到 3237 亿美元，对外经济贸易规模持续扩大。到 2017 年，北京出口总额达到 585 亿美元，进口总额达到 2652 亿美元（表 2-6）。2018 年，北京海关进出口总额 7756 亿美元，实际利用外资 167.4 亿美元，同比增长近 40%[②]。2019 年，中国（北京）国际服务贸易交易会共实现意向签约项目 440 个，意向签约额 1050.6 亿美元，超过 40 万人次客商参加各项活动[③]。

表 2-6 2007～2017 年北京对外经济贸易情况 （单位：亿美元）

年份	进出口总额	出口总额	进口总额
2007	1930	489	1441
2008	2717	575	2142
2009	2148	484	1664
2010	3016	554	2462
2011	3896	590	3306
2012	4081	596	3485
2013	4299	631	3668
2014	4155	623	3532
2015	3195	547	2648
2016	2824	520	2304
2017	3237	585	2652

资料来源：《北京统计年鉴 2018》

（二）国际交往机构与国际组织集聚，稳步吸引国际高端要素

现代化国际大都市作为全球化网络的节点，在全球治理中的作用日益凸显，而国际交往则是城市作为地方非国家行为主体参与国际事务的重要形式。国际交往中心普遍拥有较多的国际交往机构与国际组织，能够在地区或全球发挥重要作用。作为我国的国际交往中心，北京国际机构集聚，拥有外交部、中央外事办公室等多个国家外交机构及所有建交国家的领事馆，正在稳步吸

---

① 北京市外商投资发展报告在京发布[EB/OL]. http://tjtb.mofcom.gov.cn/article/y/ab/201906/20190602870163.shtml[2019-10-30].

② 去年北京实际利用外资 167.4 亿美元 同比增近四成[EB/OL]. http://economy.gmw.cn/2019-01/25/content_32406772.htm[2019-10-30].

③ 2019 年中国国际服务贸易交易会成果丰硕 意向签约金额超千亿美元[EB/OL]. http://www.xinhuanet.com/2019-06/01/c_1124571962.htm[2019-10-30].

引国际高端要素集聚。在国际组织方面，尽管相继有亚洲基础设施投资银行、丝路基金有限责任公司等国际组织总部落户北京，但总体来说北京的国际组织数量较少，国际角色地位不够突出。

截至2018年，世界上共有超过6万个国际组织[①]。北京作为具有全球影响力的大国首都，长期以来缺少国际组织总部，1997年国际竹藤组织总部的落户才填补了这一空白。到2018年，在北京设立总部的政府间国际组织共有8个[②]，包括国际竹藤组织、亚太空间合作组织、联合国亚太农业工程与机械中心、上海合作组织（秘书处设于北京）、国际马铃薯中心亚太中心、世界旅游城市联合会、国际海事卫星组织、亚洲基础设施投资银行。

据不完全统计，世界上具有影响力的重要国际组织只有90多个[③]。其中，总部位于日内瓦的有8个，位于巴黎的有8个，位于布鲁塞尔的有6个，位于华盛顿的有4个，位于伦敦的有4个，而北京仅有1个（表2-7）。

表2-7　国际交往中心城市的重要国际组织分布数量

城市	重要国际组织总部数量	重要国际组织总部名称
日内瓦	8	国际移民组织、联合国协会世界联合会、国际劳工组织、世界贸易组织、欧洲自由贸易联盟、世界卫生组织、世界基督教会联合会、国际信息处理联合会
巴黎	8	经济合作与发展组织、国际展览局、国际能源机构、反洗钱金融行动特别工作组、国际交流发展计划、世界盲人联盟、国际音乐理事会、国际大学协会
布鲁塞尔	6	欧洲联盟、北大西洋公约组织、比荷卢经济联盟、国际军事体育理事会、国际新闻工作者联合会、无国界医生组织
华盛顿	4	美洲国家组织、世界银行、美洲开发银行、国际货币基金组织
伦敦	4	自由进步党国际、欧洲复兴开发银行、世界能源理事会、国际战略研究所
纽约	1	联合国
北京	1	上海合作组织

① 关于海南如何发展总部经济 看这里就都懂了[EB/OL]. http://hi.people.com.cn/n2/2018/0520/c231190-31601865.html[2019-10-30].

② 北京市外商投资发展报告在京发布[EB/OL]. http://tjtb.mofcom.gov.cn/article/y/ab/201906/20190602870163.shtml[2019-10-30].

③ 中国境内的国际组织总部已达7个，但依然缺少重量级国际组织！[EB/OL]. http://www.sohu.com/a/203342920_100028279[2019-10-30].

国际组织总部集中分布的这些城市都是目前重要的国际交往中心。虽然纽约的国际组织总部绝对数量不多，但由于是联合国总部所在地，在国际事务中影响很大。反观北京，仅上海合作组织秘书处设于此。与其他国际交往中心城市相比，北京在国际组织的数量和层次上都有明显差距，非常缺少像联合国、世界贸易组织、世界银行等具有世界级影响力的国际组织总部。《北京城市总体规划(2016 年—2035 年)》虽然对建设国际交往中心有较多阐述，但在附表“建设国际一流的和谐宜居之都评价指标体系”中仍缺乏对国际组织的量化评价要求。因此，北京亟须创建与吸引有影响力的国际组织，以提升其在国际交往中的影响力。

（三）多次举办国际重大活动，深入开展对外交流

举办国际重大活动是国际交往中心的重要职能之一。党的十八大以来，在北京举办的重大外交外事活动不仅规格、规模提升，频次也从原来的几年一次增至一年一次、一年多次，服务国家总体外交能力显著提升。2017 年，北京举办了“一带一路”国际合作高峰论坛、中国共产党与世界政党高层对话会等有重大意义的主场国际活动，开展了亚信非政府论坛第二次会议、国际刑警组织第 86 届全体大会等一系列重要国际性会议。随着一系列重大国事外交活动的举办，北京不断向世界展示出我国扩大开放的姿态，大大提升了首都的国际城市形象和国际影响力。截至 2019 年 8 月 16 日，北京市人民政府外事办公室已协助 20 家中央单位接待访京团组 146 个，安排党宾、国宾到本市参观、考察等活动 234 场次，这一数据与去年同期相比增长近四成[①]。

丰富的国际活动与国际性会议使得北京具备了开展对外交流的有利条件，并在教育、卫生、旅游等多个领域持续深入进行国际交流，成为“一带一路”建设的重要枢纽。为了进一步提升对外交流的广度和深度，北京自 1979 年 3 月与日本东京都结为友好城市以来，其市级友好城市数量呈逐年增加的趋势（图 2-6），旨在强化文化、科技、体育、交通各领域的国际交流合作，进一步释放国际交往活力。截至 2018 年 5 月，北京已经与 56 个城市建立了市级友好城市关系[②]。这些友好城市遍布全球 6 个大洲，分布在美国、日本、

① 服务大国外交新格局，北京“双会客厅”布局背后有深意[EB/OL]. http://wb.beijing.gov.cn/zwxx/mtbd/108246.htm[2019-10-12].

② 北京市缔结第 56 个外国友好城市[EB/OL]. http://wb.beijing.gov.cn/zwxx/gzdt/wshd/104140.htm [2019-08-20].

澳大利亚、俄罗斯等51个国家。

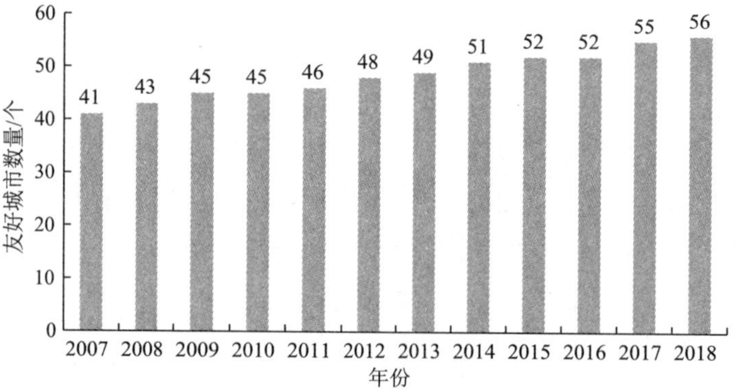

图 2-6　2007～2018 年北京市级友好城市数量

资料来源：根据北京市人民政府外事办公室官方网站（http://wb.beijing.gov.cn）相关公告整理得出
2018 年数据截至 5 月

（四）国际交往硬件设施水平提升，且具备高品质的配套服务

北京在国际交往中心建设中，持续优化提升其硬件设施水平与配套服务品质。在硬件设施方面，北京的基础设施建设为国际交往奠定了坚实的基础，而雁栖湖国际会都、国家会议中心二期、北京大兴国际机场等新工程的顺利推进，有效增强了国际交往的硬件设施水平。例如，国家会议中心先后承办2014年APEC会议、“一带一路”国际合作高峰论坛等一系列国际会议，二期建成后将形成130万平方米的会展综合体，更能满足大国外交和国务政务活动的需要。首个由中国倡议设立的多边金融机构——亚洲基础设施投资银行，其总部永久办公场所落户奥林匹克中心区，目前已通过竣工验收。品质升级的奥林匹克中心区，将与雁栖湖国际会都实现功能互补，为外事服务保障能力提升带来叠加效应。

与此同时，国际交往中心的配套服务品质在不断提高。北京不断优化其国际化服务环境，当前高品质的国际化住宿、餐饮与休闲服务配套，让每一位赴京参会的政务与外交人士都赞不绝口，为国际交往中心建设注入了新的动力。同时，北京着力提升国际化公共服务水平与涉外服务管理水平，不断完善国际交往中心建设的配套政策，通过推出APEC商务旅行卡，为符合条件的外籍人士办理永久居留证，简化来京签证手续，实施“144小时过境免签”。着眼提升对国际高端要素资源的吸引力，北京积极“筑巢引凤”，通过营造“类海外”环境，推进国际人才社区建设，提高外籍人士的生活便利化程度，从而稳步吸引国际活动在北京举办，广泛吸纳国际人才参与重大国际事务活动。

二、国际交往中心建设的未来发展方向

中国特色大国外交步入新时代，而北京作为中国外交的主战场，正在以更高品质的国际交往功能展现大国自信与独特魅力。国际交往中心的建设是深化落实首都城市战略定位的重要内容，新时代赋予了首都北京新的使命。北京作为我国国际交往中心，在世界舞台上具有较强的国际影响力，未来国际交往中心建设呈现出常态化、开放化、前瞻化的发展趋势。

（一）常态化：适应重大国事活动常态化

2019 年 9 月 3 日，北京推进国际交往中心功能建设领导小组召开第一次全体会议，市委书记、北京推进国际交往中心功能建设领导小组组长蔡奇强调，要立足迈向中华民族伟大复兴的大国首都实际，适应重大国事活动常态化，努力打造国际交往活跃、国际化服务完善、国际影响力凸显的国际交往中心。会议强调，要持续提升重大国事活动服务保障能力，着眼于服务国家总体外交，以常态化、少扰民为目标，进一步健全重大国事活动服务保障长效机制。结合中轴线申遗，努力培育优质、特色的国事活动新场所，持续拓展对外开放的广度和深度①。可见，在未来国际交往中心建设中，适应重大国事活动的常态化已经成为重要的发展趋势，将有效提升国际交往中心建设的质量与效率，更好地将北京建设成为世界网络中的全球枢纽城市。

随着我国综合国力与国际竞争力的不断增强，首都北京与世界的联系日益密切。可以看到，在北京举办的重大外交外事活动不仅规格、规模提升，频次也从原来的几年一次增至一年一次、一年多次。为此，有必要在发展理念上适应重大国事活动的常态化趋势，减少因大型活动“扰民”的频率和程度，以最高效的社会投入向世界展示大国首都形象。在具体实践中，应当以常态化、少扰民为目标，完善国家重大外交外事活动的常态化运行机制，尽

---

① 蔡奇在北京推进国际交往中心功能建设领导小组第一次全体会议上强调 努力打造国际交往活跃国际化服务完善国际影响力凸显的国际交往中心 陈吉宁宁吉喆出席[EB/OL]. http://www.beijing.gov.cn/gongkai/ldhd/t1598475.htm[2019-10-20].

快建立健全重大国事活动的服务保障长效机制，持续提升北京的重大国事活动服务保障能力。其中，至关重要的是建立一支具有国际一流水准的服务保障队伍，常态化地为赴京的各国政务与外交人士提供高品质的配套服务。

（二）开放化：优化提升空间布局与对外开放格局

中国特色外交事业正以更宏大的格局面向世界，随着国际交往中心建设的不断深化，北京的国际交往格局也逐渐扩大，呈现出开放化的发展态势。面对规模越来越大、频率越来越高的重大国事外交活动，首都北京需要在更大的空间范围内布局国际交往功能，切实提升国际交往中心的建设水平。在市域内国际交往功能空间布局方面，北京的中轴线及其延长线是国际交往功能的集中承载区，北中轴及其延长线要完善国际交往与国家体育文化功能，南中轴及其延长线要结合北京大兴国际机场建设南部国际交往新门户。在此基础上，奥林匹克中心区、南苑-大红门地区、北京大兴国际机场等重点项目的建设，进一步扩大了北京国际交往功能的空间格局。

除了市域内国际交往功能空间布局的持续扩大以外，开放化的发展态势还体现在更大范围的城市对外开放。北京推进国际交往中心功能建设领导小组第一次全体会议指出，要利用好北京对外交往宝贵资源，服务全市开放发展[①]。为此，在国际组织方面，可探索在地区发展、技术进步等前沿领域创建新的国际组织与分支机构，努力争取联合国粮食及农业组织、联合国经济和社会事务部、裁军谈判会议机构等有影响力的国际组织及其分支机构落地北京。在总部经济方面，通过加大对跨国公司地区总部、创新型总部企业的支持力度，鼓励总部企业进一步集聚国际化要素，不断突破创新，为国际交往中心的高质量发展聚力。在国际活动方面，办好中关村论坛、“北京周”等大型品牌性活动，争取更多的重大国际会议、国际会展、国际体育赛事在北京举办，提升北京的国际影响力。

（三）前瞻化：前瞻性谋划涉外设施和能力建设

加强国际交往中心建设，是落实首都城市战略定位的必然要求，是履行好“四个服务”的职责所在。北京作为承担重大外交外事活动的重要舞台，

---

① 蔡奇在北京推进国际交往中心功能建设领导小组第一次全体会议上强调 努力打造国际交往活跃国际化服务完善国际影响力凸显的国际交往中心 陈吉宁宁吉喆出席[EB/OL]. http://www.beijing.gov.cn/gongkai/ldhd/t1598475.htm[2019-10-20].

是向世界展示我国改革开放和现代化建设成就的首要窗口，其国际交往功能与政治中心建设直接关联。必须高度重视北京建设国际交往中心的重要意义，不仅要树立重大国事活动常态化的基本理念，还要在实践中超前谋划涉外设施建设，更好地服务党和国家发展大局。

为此，一方面，要持续优化提升国际交往中心的硬件设施水平，做好服务设施的扩容、完善和提升工作。规划设计要体现超前性，留出发展空间，通过制定前瞻性的国际交往中心建设专项规划，在北京全市范围统筹服务设施能力建设。以雁栖湖国际会都与国家会议中心为重点，实现二者的错位发展和功能互补。另一方面，要着力提升国际交往的服务保障水平。认真总结“一带一路”国际合作高峰论坛等重大国事外交活动的服务保障经验，重新整理服务流程，形成一支具有国际一流水准的服务保障队伍，前瞻性地为未来的国事外交活动储备保障力量。同时，积极“筑巢引凤”，加紧推进国际人才社区建设，完善国际化配套设施①，提升北京对国际高端要素资源的吸引力。

① 蔡奇在北京推进国际交往中心功能建设领导小组第一次全体会议上强调 努力打造国际交往活跃国际化服务完善国际影响力凸显的国际交往中心 陈吉宁宁吉喆出席[EB/OL]. http://www.beijing.gov.cn/gongkai/ldhd/t1598475.htm[2019-10-20].

3 第三章 经济发展与科技创新

第一节　现状与发展成效

一、经济发展总量与结构概况

“十三五”期间，北京经济运行平稳、稳中提质。北京始终坚持牢固树立新发展理念，以稳中求进为总基调，以供给侧结构性改革为主线，紧紧围绕首都战略定位，不断优化经济结构，实现经济社会的高质量发展。

（一）经济总量稳中有升

在新常态下，我国经济增速从高速转为中高速增长，根据 2019 年政府工作报告，经济发展速度预期稳定在 6%～6.5%；经济结构不断调整优化，发展动能转向创新驱动。北京发展坚持以习近平新时代中国特色社会主义思想为指导，坚持稳中求进的工作基调，推动经济社会保持平稳健康发展。

1. GDP 稳定增长

（1）GDP 总量稳定增长

2015～2018 年，GDP 总量呈现稳定增长趋势，增速略有下降，基本完成了预期目标。如图 3-1 所示，2018 年 GDP 为 30 319.98 亿元，较 2015 年增加 7305.39 亿元，平均增长率为 6.76%，在合理范围之内，经济运行总体平稳。

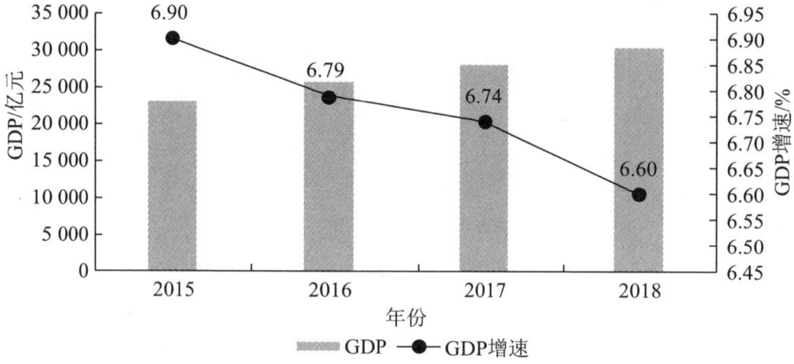

图 3-1　2015～2018 年北京 GDP 总量及增速

资料来源：根据中经网统计数据库网站（http://tjk.cei.cn/）发布数据整理得出

（2）人均 GDP 保持稳定增长

按常住人口计算，2015～2018 年北京人均 GDP 分别为 10.65 万元、11.82 万元、12.90 万元、14.02 万元，人均经济发展水平不断提高。

2. 通货膨胀较为稳定

（1）居民消费价格指数涨势温和

2015～2018 年，居民消费价格指数涨幅始终保持在 2.50%以内，4 年平均上涨 1.91%（图 3-2）。分类来看，服务项目价格 4 年平均上涨 3.78%，消费品价格 4 年平均上涨 0.65%，食品价格平均上涨 1.80%，非食品价格平均上涨 1.93%①。

（2）工业生产者出厂价格指数相对下降

2015～2018 年，生产资料出厂价格平均下降 2.33%（图 3-2）。其中，采掘类平均下降 2.33%，原材料类平均下降 0.97%，加工类平均下降 1.25%。2015～2018 年，生活资料出厂价格同比下降 0.77%，其中耐用消费品类平均

① 《北京市国民经济和社会发展统计公报》（2015～2018 年）。

下降 1.94%，衣着类平均下降 1.31%，一般日用品类平均上涨 0.12%，食品类平均上涨 1.20%。总体来看，通货膨胀较为稳定[①]。

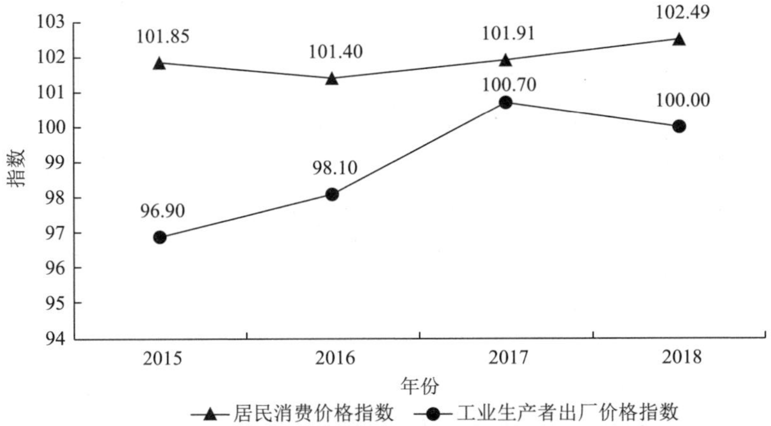

图 3-2　2015～2018 年北京居民消费价格指数和工业生产者出厂价格指数

资料来源：根据中经网统计数据库网站（http://tjk.cei.cn/）发布数据整理得出

3. 财政收入稳定增加

财政收入稳步增加，为北京发展提供了充足的财力支持。2018 年，北京一般公共预算收入为 5785.90 亿元,较 2015 年的 4723.86 亿元增长了 1062.04 亿元，平均增长率为 8.28%，地方财力进一步增强（图 3-3）。2018 年，北京全年减税降费规模约 400.00 亿元[②]，有利于减轻企业负担、优化税收营商环境，促进财政收入的可持续增长。

4. 对外贸易进一步发展

进出口规模扩大，对外贸易进一步发展。2015 年以来，北京进出口规模呈现波动上升趋势。2018 年，北京进出口总额为 27 200 亿元，较 2015 年增加 7400 亿元，平均增长率为 3.32%，其中出口平均增长 6.84%，进口平均增长 2.45%（图 3-4）。虽受中美贸易战等国际不确定因素影响，但北京进出口

---

① 《价格指数年度统计资料发布计划》(2017-2018 年)[EB/OL]. http://tjj.beijing.gov.cn/tjsj/ndtjzl/2018ndtjzl_6949/jgzs_6686/201902/t20190220_417103.html[2019-11-28]；《价格指数年度统计资料发布计划》（2015-2016 年）[EB/OL]. http://tjj.beijing.gov.cn/tjsj/ndtjzl/2017ndtjzl/jgsj/201701/t20170119_367268.html [2019-11-28].

② 2018 年市级决算草案和 2019 年上半年预算执行情况[EB/OL]. http://www.beijing.gov.cn/gongkai/caizheng/czbg/jsbg/201907/t20190726_102447.html[2019-10-20].

总额仍稳步提升，体现出强大的稳定性。

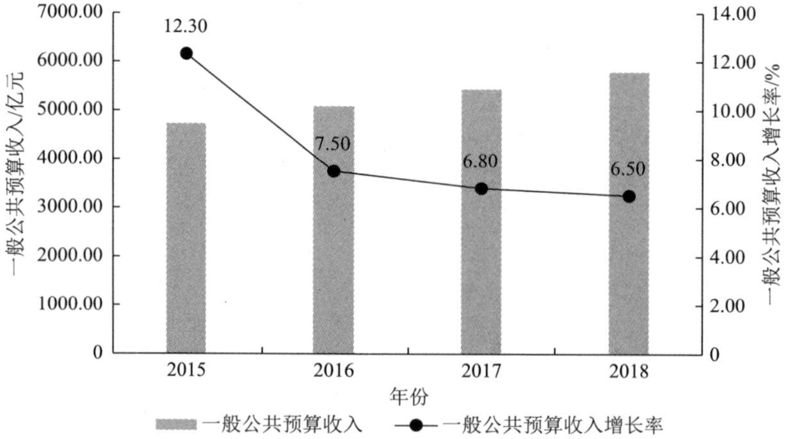

图 3-3　2015～2018 年北京一般公共预算收入及增长率

资料来源：《北京市国民经济和社会发展统计公报》（2015～2018 年）

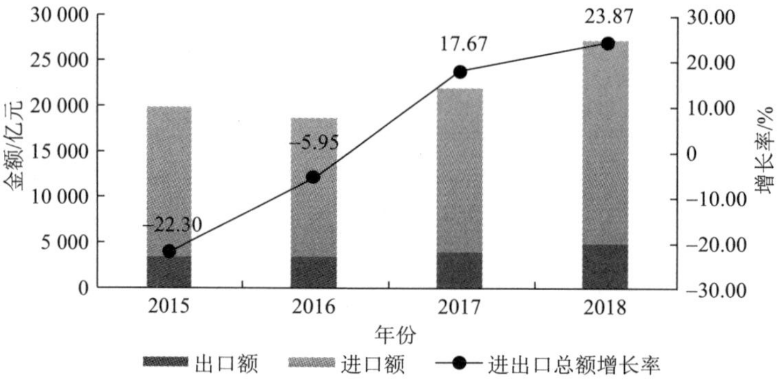

图 3-4　2015～2018 年北京进出口总额及增长率

资料来源：根据中经网统计数据库网站（http://tjk.cei.cn/）发布数据整理得出

（二）经济结构深度优化

“十三五”以来，随着经济进入新常态，经济发展方式发生转变，经济结构不断优化。产业结构不断调整升级，第三产业比重不断上升；需求结构持续改善，外需增长强劲，内需结构持续优化；城乡差距逐渐缩小。

1. 产业结构不断调整升级

产业结构不断调整升级，第三产业增加值比重稳中向好，始终呈现上升趋势。如表 3-1 所示，第一产业增加值占 GDP 比重较小且逐年下降，至 2018

年已降至 0.39%。第二产业增加值占 GDP 比重同样缓慢下降，由 2015 年的 19.71%逐年下降到 2018 年的 18.63%。第三产业增加值占 GDP 比重持续上升，至 2018 年已提高至 80.98%（图 3-5）。服务拉动经济增长趋势愈发明显，成为带动北京经济发展的主引擎。2015～2018 年，北京第三产业增加值增速为 7.45%，高于 GDP 平均增速（6.76%）0.69 个百分点①。

表 3-1　2015～2018 年北京三次产业增加值发展情况

指标	2015 年		2016 年		2017 年		2018 年	
	金额/亿元	比重/%	金额/亿元	比重/%	金额/亿元	比重/%	金额/亿元	比重/%
第一产业增加值	140.20	0.61	129.60	0.52	120.50	0.43	118.70	0.39
第二产业增加值	4 526.40	19.71	4 774.40	19.18	5 310.60	18.97	5 647.70	18.63
第三产业增加值	18 302.00	79.68	19 995.30	80.30	22 569.30	80.60	24 553.60	80.98
GDP	22 968.60	100.00	24 899.30	100.00	28 000.40	100.00	30 320.00	100.00

资料来源：《北京市国民经济和社会发展统计公报》（2015～2018 年）

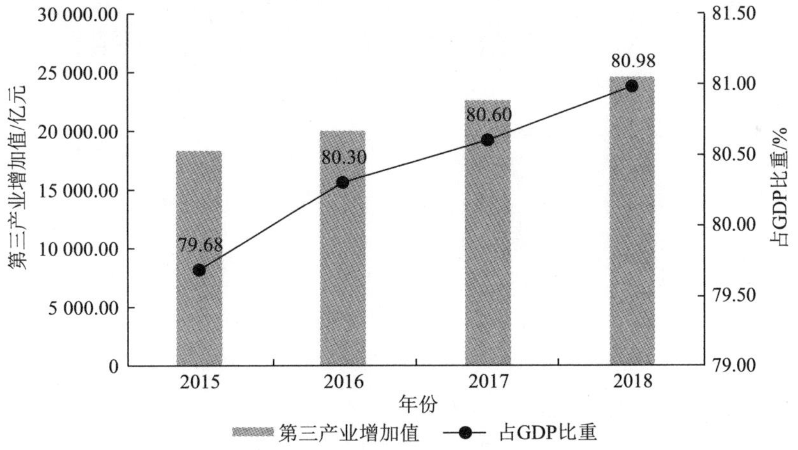

图 3-5　2015～2018 年北京第三产业增加值及其占 GDP 比重
资料来源：《北京市国民经济和社会发展统计公报》（2015～2018 年）

在经济发展新阶段，北京贯彻新型发展理念，更加重视稳速提质，在结构调整中聚焦高端产业，新旧动能加速转换。2018 年，北京金融、科技服务、

① 《北京市国民经济和社会发展统计公报》（2015～2018 年）。

信息服务等优势行业占全市 GDP 比重为 40.10%，这些行业对 GDP 的贡献率为 67.00%，相比 2017 年的 54.10%提高了 12.90 个百分点①；医药健康、人工智能、大数据等高精尖产业已成为北京经济增长的“领头羊”，2018 年北京高技术产业实现增加值 6976.00 亿元，同比增加 9.40%，高于其他领域②。

2015～2018 年，北京规模以上工业增加值不断提高。其中，高技术制造业与战略性新兴产业增长势头强劲（图 3-6）。2018 年，北京规模以上工业增加值增长率为 4.60%。其中，高技术制造业增加值增长率为 13.90%，战略性新兴产业增加值增长率为 7.80%，均高于规模以上工业增加值增长率，高技术制造业对规模以上工业增长的贡献率高达 66.30%，战略性新兴产业对规模以上工业增长的贡献率为 43.90%（高技术制造业与战略性新兴产业存在交叉）。

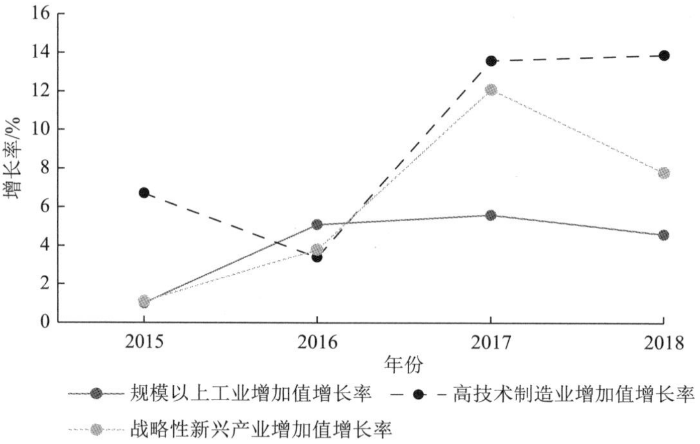

图 3-6　2015～2018 年北京规模以上工业、高技术制造业、战略性新兴产业增加值增长率

资料来源：《北京市国民经济和社会发展统计公报》（2015～2018 年）

2. 需求结构持续改善

需求结构持续改善，外需增长强劲，内需结构持续优化。服务性消费引领首都消费转型升级，消费主导格局进一步巩固。如图 3-7 所示，2018 年北

① 2018 年北京经济总体平稳 稳中提质[EB/OL]. http://tjj.beijing.gov.cn/bwtt/201901/t20190125_415889.html[2019-09-29].

② 高精尖产业领跑北京经济增长[EB/OL]. http://www.gov.cn/xinwen/2019-05/24/content_5394273.htm [2019-09-29].

京实现市场总消费额 25 405.90 亿元，相较于 2017 年增长 7.40%。其中，服务性消费额 13 658.20 亿元，增长率为 11.80%，占市场消费总额比重为 53.76%，贡献了市场总消费增长的 89.30%，成为带动消费增长的主要力量。社会消费品零售总额 11 747.70 亿元，相较于 2017 年增长 2.70%。其中，线上零售增长较快，2018 年限额以上批发和零售企业实现网上零售额 2632.90 亿元，相较于 2017 年增长 10.30%，高于社会消费品零售增速，占社会消费品零售总额比重达到 22.40%[①]。

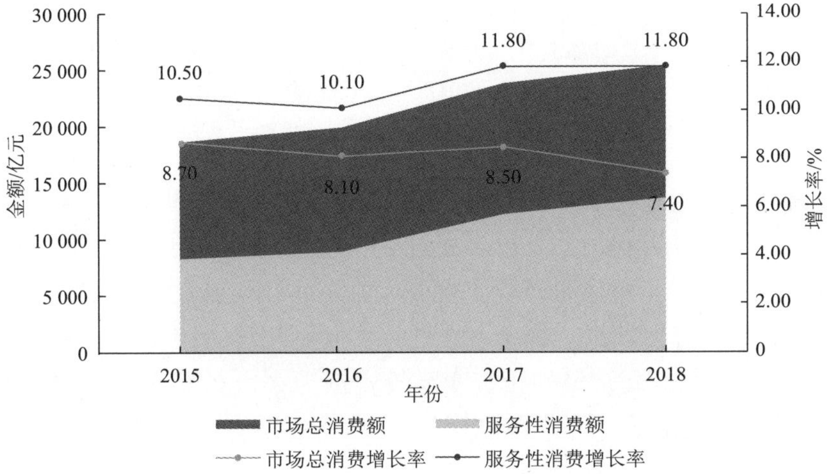

图 3-7 2015～2018 年北京消费结构变化

资料来源：《北京市国民经济和社会发展统计公报》（2015～2018 年）

固定资产投资结构不断优化。如图 3-8 所示，2015～2017 年全社会固定资产投资稳定增加。其中，基础设施投资更是增长迅猛，2017 年增长率达到 24.40%。虽然 2018 年投资创近十年来最大降幅，下降 9.90%，但投资更加注重优供给、补短板。与 2017 年相比，2018 年信息传输、软件和信息技术服务业投资平均增长 31.20%，文化、体育和娱乐业投资平均增长 11.80%，科学研究和技术服务业投资平均增长 7.70%，保障性住房投资平均增长 44.10%[②]。

---

① 北京市 2018 年国民经济和社会发展统计公报[EB/OL]. http://tjj.beijing.gov.cn/zxfb/201903/t20190320_418991.html[2019-07-20].

② 北京市 2018 年国民经济和社会发展统计公报[EB/OL]. http://tjj.beijing.gov.cn/zxfb/201903/t20190320_418991.html[2019-07-20].

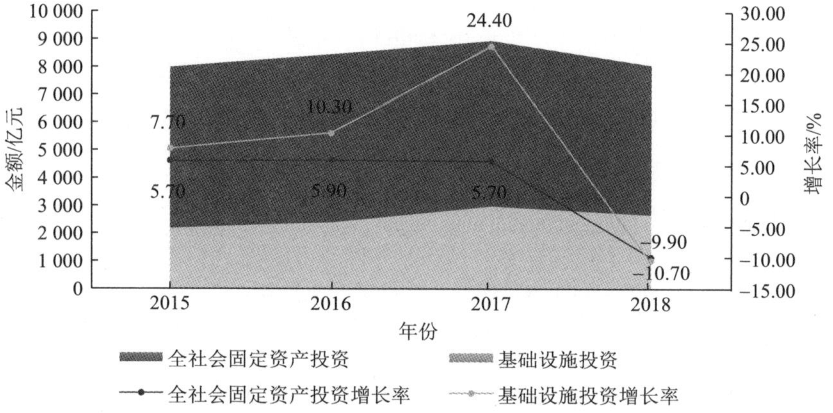

图 3-8　2015～2018 年北京投资结构变化

资料来源：《北京市国民经济和社会发展统计公报》（2015～2018 年）

进出口持续稳定增长。2015～2018 年进出口总额分别为 1.98 万亿元、1.86 万亿元、2.19 万亿元、2.72 万亿元，呈现稳定增长态势。同时，出口保持相对稳定，进口相对增长较快。此外，在资本国际流动中，北京境外资本流入增加，资本流出减少。2018 年，北京实际利用外资为 243.30 亿美元，比上年增长 86.70%；北京境外投资实际投资额为 61.00 亿美元，比上年下降 60.70%。值得注意的是，在实际利用外资中，信息传输、计算机服务和软件业比重高达 26.12%，科学研究、技术服务和地质勘查业比重为 13.89%（图 3-9）。

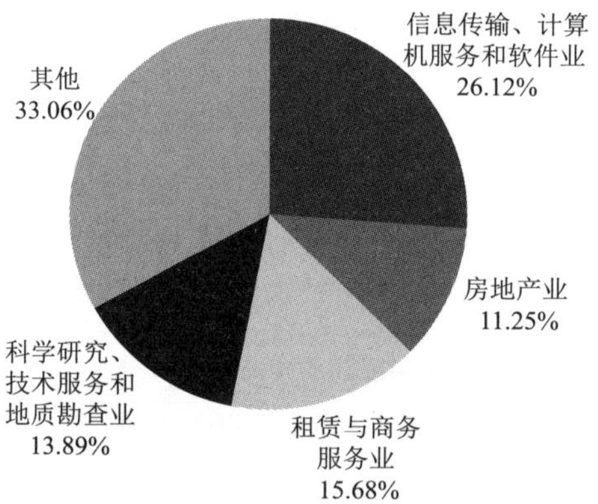

图 3-9　2018 年北京实际利用外资情况

资料来源：《北京市 2018 年国民经济和社会发展统计公报》

3. 城乡差距逐渐缩小

居民收入增加，城乡差距逐步缩小，人民生活水平普遍提高。2018 年，北京居民人均可支配收入为 62 361 元，比上年实际增长 9.00%，快于经济增长速度，发展成果惠及人民。除 2017 年，农村居民可支配收入增速均大于城镇居民可支配收入增速，城乡居民收入差距减小（图 3-10）。与此同时，城乡居民消费水平差异平稳，2015～2018 年农村居民与城市居民消费水平之比连续 4 年保持 2.2 不变（农村居民=1）[①]。

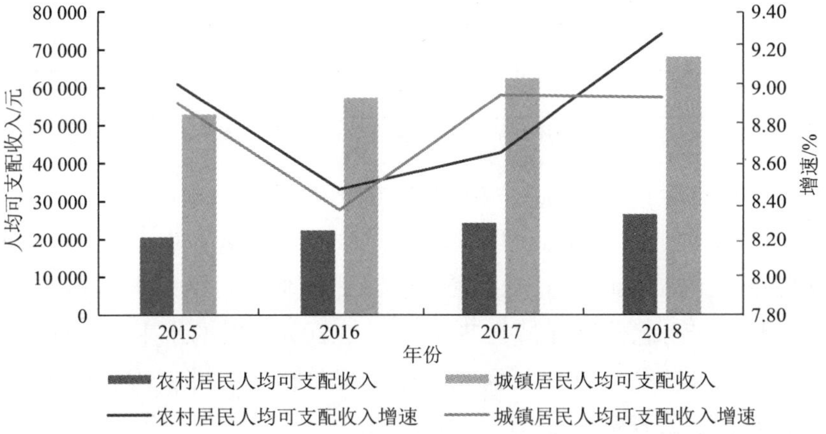

图 3-10　2015～2018 年北京城乡居民可支配收入及增速

资料来源：根据中经网统计数据库网站（http://tjk.cei.cn/）发布数据整理得出

（三）京津冀合作继续推进

“十三五”期间，京津冀三地都将立足“一核两翼”联动发展，将推进京津冀协同发展作为工作重点。

1. 经济运行总体平稳

京津冀三地 GDP 平稳增长，占全国比重略有下降。如表 3-2 所示，2018 年京津冀 GDP 合计为 85 139.89 亿元，较 2015 年增长 15 781.00 亿元，GDP 持续稳定增长，自 2017 年起占全国比重略有下降，低于 10.00%。按可比价格计算，2018 年京津冀三地 GDP 分别比上年增长 6.60%、3.60%和 6.60%。与 2015 年相比，天津增长率下降 5.70%，北京、河北分别回落 0.30 个和 0.20 个百分点，走势总体平稳。

① 根据北京市统计局网站（http://43.254.24.2/query/mapsearch/searchRSDataMap.action）发布数据整理得出。

表 3-2　2015～2018 年京津冀 GDP 合计及占全国比重

地区	GDP/亿元			
	2015 年	2016 年	2017 年	2018 年
北京	23 014.59	25 669.13	28 014.94	30 319.98
天津	16 538.19	17 885.39	18 549.19	18 809.64
河北	29 806.11	32 070.45	34 016.32	36 010.27
京津冀合计	69 358.89	75 624.97	80 580.45	85 139.89
占全国比重/%	10.11	10.22	9.82	9.46

资料来源：根据中经网统计数据库网站（http://tjk.cei.cn/）发布数据整理得出

北京 GDP 占京津冀地区 GDP 比重相对稳定，略有上升，2015 年为 33.18%，2018 年为 35.61%。从就业形式和价格变化来看，北京保持着较为稳定的态势。2015～2018 年，北京城镇登记失业率始终处于 1.50%以内的较低水平；天津和河北分别保持在 3.50%和 3.70%以内的水平，就业形势较为稳定。2015～2018 年，北京、河北居民消费价格平均涨幅均保持在 2.00%以内，天津涨幅为 2.07%[①]。

2. 产业结构优化调整

京津冀地区产业结构不断优化调整，第三产业比重继续提高。如图 3-11 所示，2018 年，京津冀三次产业构成为 4.26∶34.41∶61.33。与 2015 年相比，第三产业比重提高 5.19 个百分点，第一产业比重和第二产业比重分别下降 1.20 个和 3.99 个百分点。2018 年，北京第三产业比重为 80.98%，比 2015 年提高 1.25 个百分点，对京津冀第三产业贡献率达 47.00%；天津、河北第三产业比重分别为 58.60%和 46.20%，分别比 2015 年提高 6.45 个和 6.01 个百分点[②]。

北京文化中心和科技创新中心建设稳步推进。2017 年，北京文化创意产业资产总计 37 577.10 亿元，相比于 2015 年的 31 893.90 亿元增长 17.82%[③]；2018 年，北京高技术产业增加值为 6976.80 亿元，按现价计算，增长 9.40%[④]；中关村科技园区六大高新技术领域实现收入占园区总收入的七成以上。北京

① 根据中经网统计数据库网站（http://tjk.cei.cn/）发布数据整理得出。

② 根据中经网统计数据库网站（http://tjk.cei.cn/）发布数据整理得出。

③《北京统计年鉴》（2016～2018 年）。

④ 北京市 2018 年国民经济和社会发展统计公报[EB/OL]. http://tjj.beijing.gov.cn/zxfb/201903/t20190320_418991.html[2019-07-20].

金融、科技、信息等优势服务业对经济增长的贡献率达到 60.00%以上[①]。

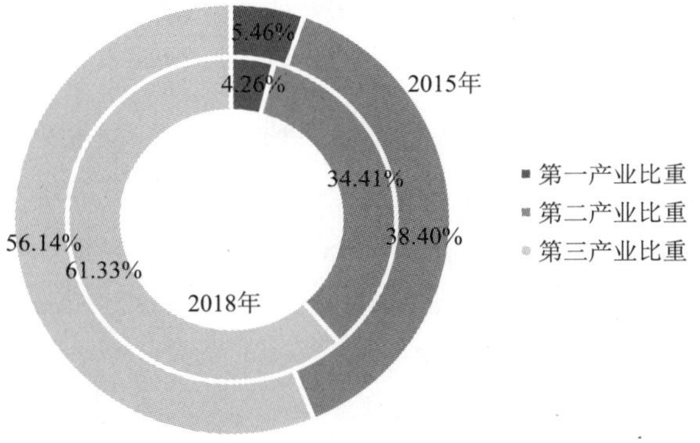

图 3-11　2015 年和 2018 年京津冀三大产业比重

资料来源：根据中经网统计数据库网站（http://tjk.cei.cn/）发布数据整理得出

3. 科技投入不断增加

京津冀科技协同投入不断增加。2018 年，北京推动 12 家中关村企业入驻雄安新区，输出到津冀的技术合同成交额为 227.40 亿元[②]。2015～2018 年，北京与津冀的技术合同成交额近 470.00 亿元[③]。

在社会研发方面，2015～2017 年，北京全社会研发经费内部支出规模和强度不断提高，并连续 3 年高于天津、河北。2017 年，北京全社会研发经费内部支出 1579.65 亿元，分别比天津、河北高出 1120.93 亿元、1127.62 亿元[④]；在企业研发方面，2015～2017 年北京有研发活动的企业数占比明显上升，至 2017 年已达 36.93%，企业创新活力不断激发（表 3-3）。

表 3-3　2015～2017 年北京科技投入情况

指标	2015 年	2016 年	2017 年
企业数/个	3 548	3 340	3 228
有研发活动的企业数/个	1 141	1 155	1 192
有研发活动的企业数占比/%	32.16	34.58	36.93

① 2019 年政府工作报告[EB/OL]. http://www.beijing.gov.cn/gongkai/jihua/zfgzbg/t1581233.htm[2019-07-19].

② 2019 年政府工作报告[EB/OL]. http://www.beijing.gov.cn/gongkai/jihua/zfgzbg/t1581233.htm[2019-07-19].

③ 2018 年政府工作报告[EB/OL]. http://www.beijing.gov.cn/gongkai/jihua/zfgzbg/t1581232.htm[2019-07-19].

④《中国科技统计年鉴 2018》。

续表

指标	2015年	2016年	2017年
规模以上工业企业研发经费内部支出/万元	2 440 875	2 548 433	2 690 851
研发人员/人	72 802	70 658	73 416
研发人员折合全时当量/人年	50 773	51 143	52 719
专利申请数/件	20 024	20 065	19 653

资料来源：《北京统计年鉴》（2016～2018年）

二、科技创新的发展现状

创新是引领发展的第一动力，坚持科技创新发展，是贯彻首都当前发展的重大战略思想。“十三五”期间，北京牢牢把握全球经济和科技进步的良好发展态势，将科技创新摆在优先发展的战略位置，加大科技投入，优化创新环境，通过科技创新增强发展新动能、引领经济发展新常态、释放经济发展新活力，打造京津冀科技协同发展，以世界视野推动科技创新，建设世界顶级科技城市。

（一）科技创新的总体情况

首都重视科技创新，科技创新投入大幅度增加，政策支持力度持续增强，创新环境不断改善，产生了一系列创新成果，促进了京津冀科技创新协同发展。

1. 科技创新资源丰富

（1）创新人才增加

北京高度重视科技创新人才的引进。近年来，北京各项科技创新政策不断落实、科技创新基础设施不断完善，越来越多的科技创新人才向北京聚集。2017年，北京在校本科以上学历学生503 054人，其中硕士以上学历学生312 354人[①]，占比高达62.10%。如图3-12所示，万名人口中本科学历以上人数达到231.74人，同比增长0.52%。

① 《北京统计年鉴2018》。

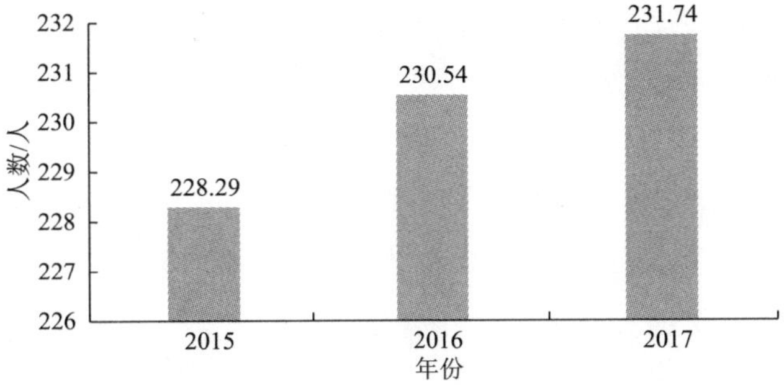

图 3-12　2015～2017 年北京万名人口中本科学历以上人数

资料来源：《北京统计年鉴》（2016～2018 年）

近年来，“海聚工程”“千人计划”等一批人才计划的进一步落实，促进了海内外科技创新人才向北京的聚集。同时，北京科技创新人才在各科研平台都有所发展，人才分布更加合理。除各大高校、科研机构的人才规模不断扩大之外，以市场为导向的企业科研平台也在快速发展。

（2）研发投入增加

在政府层面，北京在科技创新领域的研发投入强度始终保持着较高水平，地方财政科技投入占地方财政支出比重有所上升。2015～2017 年，北京研发经费内部支出占 GDP 比重平均为 5.75 %，波动幅度较小（图 3-13）。

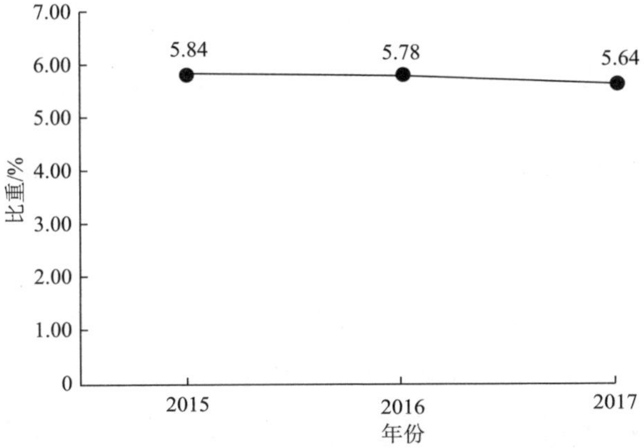

图 3-13　2015～2017 年北京研发经费内部支出占 GDP 比重

资料来源：《北京统计年鉴》（2016～2018 年）

在企业层面，研发投入占企业主营业务收入的比重也始终保持增长态势。2017 年，北京规模以上工业企业研发投入占企业主营业务收入比重为 1.30%，比2015年增长0.78%[①]，表明企业将科技创新置于更加重要的战略地位，重视程度不断增强，投入强度持续上升。

同时，基础研究投入占研发经费比重不断提高，更加有力地促进了北京科技创新的发展。校企合作进一步加强，2017年每万名高校和科研机构研究与试验发展人员使用的企业科技经费达44 810.61万元[②]。

2. 科技创新环境逐渐改善

（1）政策支持体系不断完善

北京始终坚持首都城市战略定位，积极推动“全国科技创新中心”建设，努力完善科技创新的政策环境。2014年颁布的《关于进一步创新体制机制加快全国科技创新中心建设的意见》，在科技成果、市场机制、财政支持等多方面提出指导意见[③]，为进一步完善北京科技创新政策体系巩固基础、指引方向。

2015年，北京出台了《市知识产权局等单位关于深入实施首都知识产权战略行动计划（2015—2020年）》，着力推进知识产权保护工作，维护科技创新的前提条件。《北京市科学技术奖励办法》《北京市人民政府关于大力推进大众创业万众创新的实施意见》《北京学者计划实施办法》等一系列激励政策有力地促进了新技术、新产品的研发。

北京积极推进科技创新在不同行业的发展，《北京市推进文化创意和设计服务与相关产业融合发展行动计划（2015—2020年）》《北京市人民政府关于加快首都科技服务业发展的实施意见》《北京市“十三五”时期现代产业发展和重点功能区建设规划》等政策文件的出台，指导不同行业通过科技创新进一步把握发展机遇，推动科技创新全面进步。在加快科技创新构建高精尖经济结构、优化营商环境、优化人才服务、促进科技成果转移转化、完善科研经费管理等方面，北京也出台了诸多相关政策。

（2）科学技术普及持续开展

近年来，北京积极推进科学技术普及工作，搭建各类科普平台。2017年，北京科技馆建筑面积达25万平方米，科普专职人员数量达8077人[④]。北京

---

①《北京统计年鉴2018》。

②《北京统计年鉴2018》《中国科技统计年鉴2018》。

③ 关于进一步创新体制机制加快全国科技创新中心建设的意见[EB/OL]. http://kw.beijing.gov.cn/art/2014/9/10/art_114_1514.html[2019-11-27].

④《北京统计年鉴2018》《中国科技统计年鉴2018》。

还出台了《北京市科学技术普及条例》《北京市科普基地管理办法》等文件，促进了科普工作的有效开展。2015 年，北京科普发展指数为 4.55，人均科普专项经费为 46.01 元，远高于同期全国平均水平 4.48 元[①]。2017 年，北京科普经费为 269 586 万元，占全国科普总经费的比重为 18.09%[②]，这意味着北京对科普的重视程度在全国名列前茅。

此外，北京还出台了各项政策引导高校和科研机构向社会公众开放资源，并发布了《关于加强首都科技条件平台建设，进一步促进重大科研基础设施和大型科研仪器向社会开放的实施意见》，指导北京重大科研基础设施和大型科研仪器向社会的开放，提高科技资源利用效率，努力将科技资源优势转化为创新发展优势。

3. 科技创新服务水平提高

（1）创新平台建设

2015 年以来，首都科技创新平台促成了北京大批知识产权和技术标准的产生，以及科研成果的转移转化，极大地推动了北京科技创新的发展。同时，平台实际价值稳步提升，科技条件平台开放的仪器资源价值一直保持较高增长率。

（2）科技孵化体系完善

2015～2017 年，孵化器在孵企业数量加速增长。截至 2017 年底，北京拥有在统孵化器 105 家，在孵企业 6717 家[③]。2015 年《北京市人民政府关于大力推进大众创业万众创新的实施意见》提出，积极构建有利于大众创业、万众创新的政策制度环境和公共服务体系，努力打造引领全国、辐射周边的创新发展战略高地和具有全球影响力的高端创新中心[④]。这意味着，将北京打造成全球原创思想的发源地和高科技创业者实现梦想的首选地，是北京打造科技创新中心的重要战略，极大地促进了科技孵化体系的完善。

（3）科技金融服务水平提高

为了营造促进科技创新的优良环境，北京不断提升科技金融服务，缓解

---

①《北京科普发展报告》（2017～2018）。

②《北京统计年鉴 2018》《中国科技统计年鉴 2018》。

③《中国科技统计年鉴 2018》。

④ 北京市人民政府关于大力推进大众创业万众创新的实施意见[EB/OL]. http://www.gov.cn/zhengce/2015-10/19/content_5058353.htm[2019-11-27].

科技创新融资瓶颈问题。2015年出台的《北京市关于推动科技金融创新支持科研机构科技成果转化和产业化的实施办法》，鼓励和引导金融资本和社会资本加强对科研事业单位、高等学校的科研机构、各类企业和社会组织中的科研机构在科技成果转化和产业化过程中的融资支持；鼓励金融机构、投资机构、专业性及综合性科技金融服务机构，在天使投资和创业投资、科技贷款、融资担保、融资租赁、科技保险、多层次资本市场和中介服务等方面开展创新，为科研机构科技成果转化和产业化提供服务和支持①。2017年，北京天使投资和风险投资、理财投资投资额为4868亿元，较2016年增长了95.20%，占全国近三成，居全国第一位②。依托中关村国家自主创新示范区的创新优势，以及金融街的总部金融机构优势，北京吸引聚集了大量人工智能、大数据、区块链等金融科技企业。截至2018年5月，已有1070家人工智能企业落地北京，约占全国总数的26.00%，其中431家获得了风险投资，约占全国总数的35.00%③。此外，在供应链金融、互联网保险、智能投顾、企业征信等应用领域也涌现出了一批领军金融科技企业。这些金融科技企业的发展进一步提高了金融服务保障能力，从而形成了良性循环。

4. 科技创新绩效突出

（1）科技成果取得重大成就

2015～2017年，北京产生了大批科技成果（表3-4）。2016年第五次国家技术预测显示，北京科技创新成果取得了重大成就，在领跑世界的技术成果中，北京占55.70%。在国家技术发明奖数量、国家科学技术进步奖数量、专利授权量和技术合同成交额等指标方面，北京的科技成果表现均十分突出。以2017年为例，北京上述四项指标占全国比重分别为34.80%、23.50%、6.20%和25.20%，均居全国前列④。2018年，北京每万人发明专利拥有量达111.20件，专利密度居全国首位。国家高新技术企业累计达2.5万家（同比增长25.00%）、技术合同成交额占全国三成以上、独角兽企业数量居全国首位⑤。

① 关于印发《北京市推动科技金融创新支持科研机构科技成果转化和产业化的实施办法》的通知[EB/OL]. http://www.beijing.gov.cn/zfxxgk/110004/gfxwj22/2015-08/25/content_584568.shtml[2019-11-10].

②《2017年度北京市双创统计监测报告》。

③《北京市促进金融科技发展规划（2018年—2022年）》。

④《北京统计年鉴2018》《中国科技统计年鉴2018》。

⑤ 北京市庆祝中华人民共和国成立70周年系列主题新闻发布会——“科技创新”专场[EB/OL]. http://www.beijing.gov.cn/shipin/Interviewlive/63.html[2019-07-20].

而且，一批重大自主创新成果取得重要突破，研制出首个商用的“深度学习”神经网络处理器芯片、具有国际领先水平的新型超低功耗晶体管、国际首个纳米药物输送机器人等[①]。2014 年以来，在历年中国科学十大进展评选中，北京主导和参与的科学成果累计 31 项，占比达 62.00%[②]。北京科技创新成果不断积累，自主创新水平显著提高，国家科技创新中心建设迈上新台阶。

表 3-4　2015～2017 年北京科技成果发展情况

年份	科技成果登记数量/项	国家技术发明奖数量/项	国家科学技术进步奖数量/项	专利授权量/项	技术合同成交额/亿元
2015	1 045	17	42	94 031	3 452.6
2016	728	10	47	102 323	3 940.8
2017	844	23	40	106 948	4 485.3

资料来源：《北京统计年鉴》（2016～2018 年）

（2）科技创新引领新动能发展

北京紧跟国家发展导向，不断强化创新在地区发展中的引领地位，充分利用先发优势，构建高精尖经济结构，加快推动全国科技创新中心建设，努力提升发展质量。2018 年，北京高技术产业实现增加值 6976.80 亿元[③]，比 2014 年增长 47.20%，占 GDP 比重达 23.00%；中关村国家自主创新示范区总收入达 58 841.9 亿元，是 2014 年的 1.60 倍。其中，实现技术收入 10 629.40 亿元，是 2014 年的 2.20 倍。持续的科技创新为绿色发展提供了强大动力。2014 年以来，北京绿色全要素生产率达 30.00%左右，居民出行方式中绿色出行比例提高 4 个百分点，达到 73%（关成华，2019），推广纯电动汽车累计达 20.38 万辆[④]。2018 年，北京技术合同成交额为 4957.8 亿元，比 2014 年增加 60%，向外省（市）输出及出口的比重约为 75.40%[⑤]（关成华，2019）。新创企业中科技型企业占比从 2014 年的 29.80%增长至 2018 年的 39.20%，为打造以创新驱动高质量发展的“北京样板”提供了坚实的基础（关成华，2019）。

---

① 中国领跑世界技术中 55.7%来自北京[EB/OL]. http://www.chinanews.com/cj/2019/08-23/8935205.shtml[2019-09-23].

②《中国城市科技创新发展报告 2018》。

③《北京市 2018 年国民经济和社会发展统计公报》。

④ 许强：北京实现多项“第一”，将全力打造具有全球影响力的科创中心[EB/OL]. http://kw.beijing.gov.cn/art/2018/11/22/art_362_75019.html[2019-07-20].

⑤《北京统计年鉴 2019》。

5. 京津冀区域科技创新协同不断发展

近年来，京津冀科技协同创新发展态势良好，北京在协同创新中发挥了核心引领作用，京津冀地区形成了良好的创新分工格局，但也存在技术市场不平衡、产业链基础薄弱等问题。

（1）区域创新协同发展成效显著

2014年以来，京津冀协同不断深入，三地建立相互衔接的创新政策，遴选三地753家实验室，支持企业跨区域开展创新活动，创新资源实现高效共享，北京创新主体对河北和天津的外溢效应较为显著。例如，高新技术类京企高管2016年在河北和天津的任职次数为5704人次，相较2015年增长171.88%；2018年底，北京企业累计在河北与天津设立了7600多家子公司；2017年，北京流向河北与天津的技术合同数量为4646项，成交额占北京流向外省（市）技术合同成交额的8.70%，年均增速稳定在29.00%左右（叶堂林和祝尔娟，2019）。同时，京津冀联合创新成果数量迅速增加。根据《京津冀蓝皮书：京津冀发展报告（2018）》，2014～2017年，京津和京冀企业联合创新产出量为14 863件，占三地联合创新产出总量（15 342件）的96.88%。京津冀三地联合发表论文数量年均增速达23.00%，联合申请专利的授权量年均增速为78.00%（叶堂林和祝尔娟，2019）。

（2）区域创新协同模式基本形成

根据目前的发展态势，北京侧重创新研究，而津冀偏重成果转化的协同发展模式已基本形成。以研发投入为例，2017年，北京用于基础研究和应用研究的研发经费占比达37.61%，比天津（22.37%）和河北（10.72%）分别高出15.24个、26.89个百分点。北京基础研究和应用研究的研究与试验发展人员全时当量占比为43.72%，比天津（22.91%）和河北（18.91%）分别高出20.81个、24.81个百分点。天津和河北用于试验发展环节的研发经费内部支出占比分别为77.63%和89.28%，均高于北京（62.39%）。天津和河北研究与试验发展人员全时当量占比分别为77.09%和81.09%，均高于北京（56.28%）①。

（3）不平衡问题仍然存在

虽然京津冀协同创新发展不断深入，但区域发展不平衡的问题仍然存在。2017年，京津冀地区技术市场成交额总量达51 272 528.00万元，占全国总

---

①《北京统计年鉴2018》《天津统计年鉴2018》《中国科技统计年鉴2018》。

量的 38.10%。其中，北京技术市场的成交额最大，为 44 868 872.00 万元，约占区域总量的 87.51%[①]。河北技术市场成交额则出现了下降趋势。这表明，在京津冀地区内部，科技创新的发展存在明显的不均衡现象。特别是河北目前已经成为京津冀发展的短板，在研发投入、技术市场、人才培养、产业融合等方面与其他两地均存在较大差距。在未来的发展过程中，实现区域的均衡发展是京津冀地区格外重要的努力方向。

（二）首都科技创新中心建设现状

2016 年，国务院发布的《北京加强全国科技创新中心建设总体方案》指出，首都要加强全国科技创新中心建设。近年来，北京充分发挥首都创新资源优势，坚持创新驱动，通过央地协同、重点工程、开放合作与协同发展等方式，持续优化资源配置，区域科技创新取得了较大进展，有效地推进了首都全国科技创新中心的建设，同时全国科技创新中心的影响力得到了不断提升。

1. 央地协同

近年来，北京不断加强央地协同，有力地推进了全国科技创新中心建设。北京与科学技术部等的部市会商机制不断得到深化，积极对接一系列国家重要科研项目，并构建央地协同创新平台。

近几年，随着央地合作机制的进一步完善，出现了一批水平高、对科技创新资源整合具有重大贡献的央地合作平台，这成为首都地区科技创新中心建设的重要特征。主要案例如下：北京与中国科学院合作共建“北京超级云计算中心”，该中心已开始对外提供超级云计算服务，计算效率提高数倍至数十倍；北京与中国保利集团联合共建首都科技条件平台军民融合领域中心，有效促进军民融合领域的企业加快转型升级；北京市人民政府与国务院国有资产监督管理委员会签署《国务院国有资产监督管理委员会、北京市人民政府共同推进创新发展战略合作协议》，发挥中央和地方各自发展优势，并不断深化合作；以北京低碳清洁能源研究院为代表的 25 家中央企业研发中心进驻北京未来科技城，进一步推进能源领域科技创新进程，打造首都能源科技创新基地；北京与中国科学院合作共建中国科学院研发实验服务基地，开启

---

①《中国科技统计年鉴 2018》。

首都科技条件平台的新征程；北京多家科研机构和企业共同参与建立“北京生命科学与健康协同创新联合体”，立足世界科技前沿，构建生命科学与健康研究领域新格局；北京市科学技术委员会、中国农业大学、北京市平谷区人民政府协同推进农业科技创新示范区建设，是全国科技创新中心农业板块建设的重大进步。

2. 科技创新的“三城一区”建设

“三城一区”是指中关村科学城、怀柔科学城、未来科学城和北京经济技术开发区。北京以“三城一区”作为建设全国科技创新中心的主要阵地，2017年“三城一区”GDP占北京GDP比重超过30.00%，中关村科学城在16区中排名第一[①]。

“三城一区”各自承载着不同的职能，即创新在“三城”，实践在“一区”，三个科学城又有着各自的重点方向——中关村科学城侧重前沿性的原始创新，怀柔科学城重点关注基础研究，未来科学城则是中央企业的创新活动集结地。这些科技创新成果在北京经济技术开发区进行转化，实现产业化应用实践。2018年，“三城一区”建设全面提速，平均每天新设创新型企业199家，规模以上高新技术制造业增加值实现两位数增长，金融、科技、信息等优势服务业对经济增长的贡献率达60.00%以上[②]。此外，科创企业和科创平台建设也取得了较大进展，截至2018年，中关村科学城独角兽企业已有80家，怀柔科学城的5个交叉研究平台项目土建工程已全部完工，未来科学城的陈清泉院士科创中心、中俄知识产权交易中心均已启动运营[③]。

3. 高精尖产业

2015～2018年，北京加快推进一批高新技术产业创新发展，重点发展新一代信息技术产业、集成电路产业、医药健康产业、智能装备产业、节能环保产业、新材料产业、软件和信息服务业、科技服务业、新能源智能汽车产业、人工智能产业十个高精尖产业。其中，新一代信息技术产业仍然保持支柱产业地位，着力打造以集成电路、大数据、人工智能、5G等为代表的高端

---

① 北京：“三城一区”为科创中心夯实地基[EB/OL]. http://www.ce.cn/xwzx/gnsz/gdxw/201804/11/t20180411_28781764.shtml[2019-07-20].

② 2019年政府工作报告[EB/OL]. http://www.beijing.gov.cn/gongkai/jihua/zfgzbg/t1581233.htm[2019-07-19].

③ 北京科技与文化创新双轮驱动 三城一区成科创中心主平台[EB/OL]. https://www.takefoto.cn/viewnews-1713104.html[2019-07-20].

特色产业集群。医药健康产业规模稳步增长，成为北京亿元级的产业集群，新药研发能力居全国领先地位，2017 年出台的《北京市加快科技创新发展医药健康产业的指导意见》要求，到 2020 年全行业研发投入占主营业务收入比重达到 6.00%以上。智能装备产业部分关键技术和装备实现突破，智能机器人、3D 打印和轨道交通等技术领域迅速发展。

2018 年上半年，北京高技术产业实现增加值为 3361.40 亿元，同比增长 15.20%，占全市 GDP 比重为 23.90%[①]。从服务业看，上半年规模以上互联网信息服务业、互联网数据服务业、软件开发服务业企业收入分别增长 32.80%、83.60%和 22.40%。从工业领域看，上半年智能电视和集成电路产量分别增长 3 倍和 26.50%。这表明，北京高精尖产业的创新驱动发展成效显著[②]。

4. 开放合作

近年来，北京积极构建国际科技合作平台，举办各类国际交流活动，不断推进先进技术“引进来”。截至 2018 年底，北京已认定 396 个国际科技合作基地[③]，这些合作基地在北京科技创新对外交流和技术转移方面发挥了重要作用。在人才引进方面，优越的创新环境和人才政策使得北京成为海外人才归国创业的首选之地，在全国科技创新建设中发挥了强有力的推动作用。

同时，北京科技创新“走出去”也在不断发展，大批国内企业对外进行技术投资。截至 2018 年底，中关村聚集了 300 多家跨国公司地区总部或研发中心，境外上市公司 100 余家，在海外设立研发中心或分支机构千余家[④]。

5. 区域协同

京津冀协同发展国家战略，为北京进一步建设全国科技创新中心提供了更广阔的发展平台。2015 年以来，北京一直大力推进京津冀协同创新共同体建设。2015 年颁布的《北京市科学技术委员会关于建设京津冀协同创新共同

---

① 高技术新产业引领北京新经济[EB/OL]. http://news.sciencenet.cn/sbhtmlnews/2018/8/338215.shtm [2019-07-20].

② 新经济稳健发展 引领北京经济转型升级[EB/OL]. http://tjj.beijing.gov.cn/zxfb/201808/t20180803_403372.html[2019-07-20].

③ 北京市国际科技合作基地名单[EB/OL]. http://kw.beijing.gov.cn/col/col300/index.html[2019-07-20].

④ 中关村培养世界级科技领军企业[EB/OL]. https://baijiahao.baidu.com/s?id=1623070751141026262&wfr=spider&for=pc[2019-11-28].

体的工作方案（2015—2017年）》提出，完善政策互动、资源共享、市场开放三个机制；建设创新资源、创新攻关、创新成果三个平台；开展高端产业培育、传统产业提升、生态安全、服务民生四项工程①。2018年，京津冀三地签署《关于共同推进京津冀协同创新共同体建设合作协议（2018—2020年）》和《关于共同推进京津冀基础研究的合作协议（2018—2020年）》，科技创新协同发展进入新阶段。

在传统的优势产业钢铁行业领域，京津冀三地共同促成建立了京津冀钢铁行业节能减排产业技术创新联盟，推动在津冀实施六项节能减排示范工程，工程投资总额6.70亿元；在农业领域，京津冀三地共建"农科城涿州园新品种科技服务平台建设与成果转化示范"重大项目，支持新品种、新技术的应用；以清华大学国家大学科技园、天津大学国家大学科技园、保定国家大学科技园等19家国家级大学科技园组成的京津冀大学科技园联盟，有效整合京津冀三地的高校资源，推动京津冀科技创新一体化建设。此外，在金融、高新技术、民生等不同领域，京津冀三地均开展高效合作，以建设全国科技创新中心为核心，积极发挥首都辐射作用，促进区域协同发展。2017年，北京输出津冀技术合同成交额达203.50亿元，同比增长31.54%②。同时，北京双创模式也在向津冀输出，进一步实现了科技创新资源共享。2018年7月起，京津冀三地"创新券"实现共享互认，鼓励企业加大研发投入，有力地推进了区域协同发展。

三、经济发展和科技创新取得的主要发展成效

（一）经济发展取得的主要成效

1. 产业结构不断调整，第三产业比重逐渐扩大

改革开放初期，在工业优先、第二产业优先发展的指导思想下，北京采取工业主导型发展模式，优先发展重工业和相关配套产业。由于对第三产业的发展不够重视，该产业发展比较缓慢。近年来，随着工业发展模式增效缓慢，工业产能的过剩和环境问题的出现，以第二产业为导向的发展模式的弊

① 关于印发《北京市科学技术委员会关于建设京津冀协同创新共同体的工作方案（2015—2017年）》的通知[EB/OL].http://kw.beijing.gov.cn/art/2015/9/10/art_112_300.html[2019-11-27].

②《北京统计年鉴2018》。

端逐渐显露。

“十三五”期间，北京提出建立高精尖产业结构，重点发展第三产业，优化产业结构，深化供给侧结构性改革。在京津冀一体化发展的背景下，大量污染型工业企业，如冶金、煤炭、化工等重工业企业退出北京市区或进行企业内部的产业优化转型。同时，大力扶持第三产业，尤其是文化创意产业和金融服务业的发展，取得了不错的成效。

2018 年，北京 GDP 中三次产业所占比重分别为 0.39%、18.63%、80.98%（图 3-14），形成了以第三产业为主导，第二、第三产业共同推动经济增长的发展模式，从前第二产业占 GDP 较大比重的情况有了根本性变化。2018 年，第三产业实现增加值 24 553.60 亿元，为进一步调整产业结构积累了必要的物质基础。

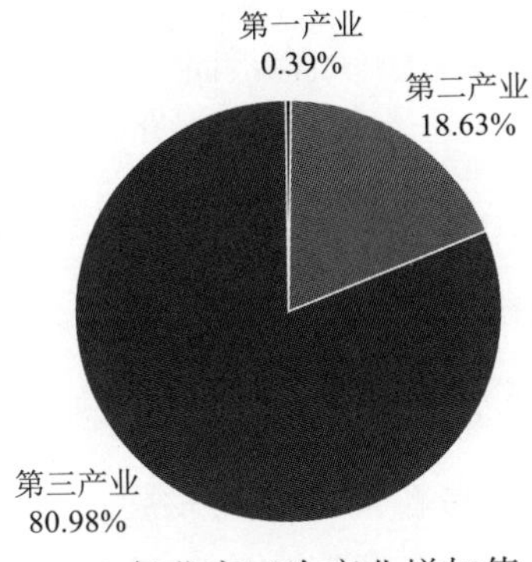

图 3-14　2018 年北京三次产业增加值占比情况

资料来源：《北京统计年鉴 2019》

同时，第三产业内部结构也逐步优化提升，由过去的经济附加值较小、技术含量较低、处于产业链末端的社会服务业逐渐转向以金融保险业、房地产业、计算机技术服务业、文化创意产业、科研和技术服务业为代表的现代服务体系。

截至 2018 年，北京规模以上金融机构总数多达 2262 家[①]，中国人民银行、中国证券监督管理委员会和中国银行保险监督管理委员会都设在北京。银行、保险、证券和其他非银行金融机构并存的组织体系已经形成，结构体系完善，金融服务领域广泛。首都经济的发展为北京金融业的快速

① 2018 年全市金融运行情况[EB/OL].http://jrj.beijing.gov.cn/gzdt/c12-a3250.html[2019-03-11].

发展提供了良好条件。如图 3-15 所示，2018 年，北京金融行业实现增加值 5084.6 亿元，占北京 GDP 比重为 16.8%，金融服务业日益成为首都经济的支柱产业。

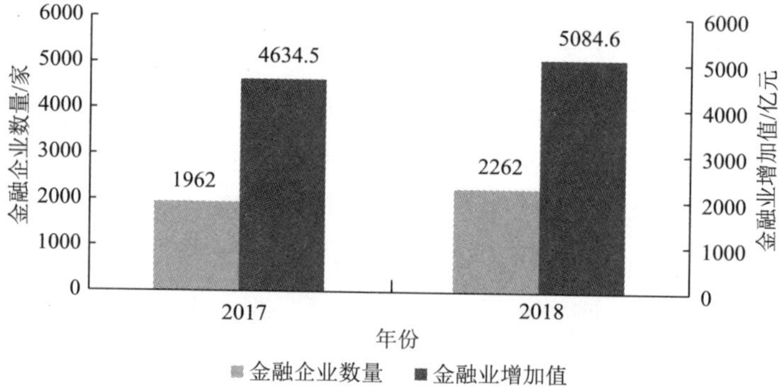

图 3-15　2017 年和 2018 年北京金融行业规模以上企业数量与增加值

资料来源：根据北京市地方金融监督管理局网站（http://jrj.beijing.gov.cn/gzdt/c12-a3250.html）发布数据整理得出

北京以第三产业为主体的现代产业结构已经基本形成。生产性服务业比重不断上升，成为首都经济的主导性产业。

2. 高新技术产业发展，科技含量稳步提高

近年来，北京大力推动高新技术产业发展，并带动了教育、技术研究服务业等上下游产业的发展。北京高等院校和科研机构比较集中，2018 年北京研究与试验发展人员 397 034 人，其中本科及以上学历 341 202 人；单位内部研发机构 2 389 个，项目课题数 156 681 项。2018 年，北京高等院校有研究生毕业生 67 881 人，在校研究生 230 555 人，为高新技术产业的发展提供了人才资源和重要基础①。

2018 年，北京研发经费内部支出为 18 707 701 万元（图 3-16），当年授权发明专利数量为 46 978 件，比 2017 年增长 1.9%。这意味着，北京研发投入与创新产出持续稳步增加，科技含量不断提升，为高新技术产业的进一步发展奠定了良好的基础。

重工业企业的退出和高新技术产业的发展，符合北京“高精尖”的产业结构定位，促进了经济发展的质量和可持续性。技术创新已经成为推动首都

①《北京统计年鉴 2019》。

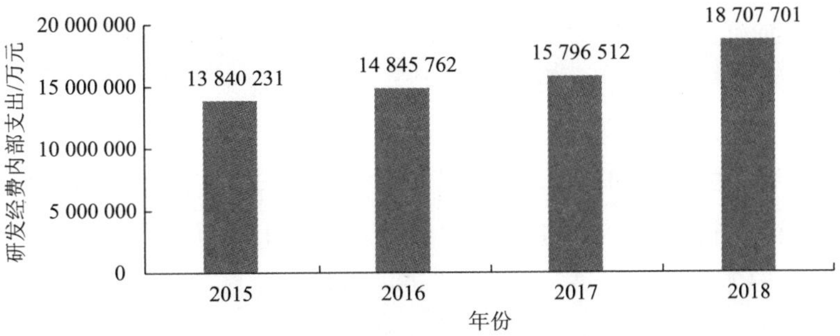

图 3-16　2015～2018 年北京企业研发经费内部支出变动情况

资料来源:《北京统计年鉴》(2016～2019 年)

经济社会发展的重要引擎，北京正在成为全国乃至国际上重要的人才聚集地和科技研发中心。在可以预见的将来，北京将逐步淘汰落后产能和低附加值产业，进一步向高端制造业、高端服务业等高附加值、低劳动密集度、环境友好的现代产业发展。

3. 绿色经济逐步建立，绿色发展成效显著

在过去以工业为主导的经济发展模式下，经济总量快速发展的同时，也付出了很高的环境代价。近年来，在“绿色发展”“五位一体”的指导思想下，北京大量淘汰或转型升级落后产能，严格环境执法，关停一批污染型低附加值企业，大力发展环境友好型的高新技术产业和现代服务业。同时，在京津冀一体化的发展趋势下，首都第二产业和污染型企业大量外迁，工业污染显著降低。首都经济成功实现了向绿色节能、环境友好型经济发展模式的转变。

（二）科技创新取得的主要成效

首都科技创新发展战略作为总体经济社会发展战略的重要组成部分，在促进北京经济发展中起着突出作用,成为促进北京经济发展的重要“增长极”。在此过程中，北京经济总量的持续增长、经济结构的持续优化，均与科技创新紧密相关。

1. 首都科技创新成为推动经济发展的重要“增长极”

北京确立了特色鲜明的城市发展战略，提出建设全国文化中心、国际交往中心、全国科技创新中心的战略定位，并且为实施这些定位出台了有效措

施，为科技创新营造了日益优良的环境。由于北京具有首都地位和独特的区位优势、资源基础，加之北京重视科技创新的制度顶层设计，“科技北京”行动计划的实施、中关村国家自主创新示范区的建立、《中关村国家自主创新示范区条例》的颁布实施、促进创新投资发展政策措施的出台等，形成了政策集聚效应，科技创新对经济发展的推动作用日益突显。从发展阶段看，北京已经进入创新驱动发展阶段，即发展的基点放在创新上，以科技创新为核心，以产业创新为基础，以制度创新为保障，形成了新知识、新技术、新产业、新业态、新模式、新生产组织方式等相互促进的发展模式，对全国的创新发展起到了积极的引领作用。

2. 首都科技创新在促进经济结构优化中发挥了积极作用

首都充分发挥大学、科研机构、科技人才集聚的优势，通过企业运作的市场化模式，以增加研发费用投入为重点，促进科技创新的市场化延伸，取得了突出成效。以中关村科技园为代表的多个科技园区，聚集了大量密集的科技创新活动。科技创新成果应用于各个产业，有效地推动了生产效率的提高，促进了产业结构的转型。如表 3-5 所示，2016 年和 2017 年北京研究与试验发展活动人员分别有 373 406 人和 397 281 人，其中 2016 年和 2017 年科研机构和高等院校人员总数分别为 191 072 人和 203 839 人，分别占 2016 年和 2017 年研究与试验发展人员总数的 51.17%和 51.31%。由此可见，科研机构和高等院校集中了过半的资源优势，形成了一种特定的提高科技投入水平的实施机制，走出一条独特的发展道路，为创新驱动发展注入了活力。

表 3-5　2016 年和 2017 年北京研究与试验发展活动主体构成情况

研究与试验发展活动主体	研究与试验发展人员/人		研究与试验发展人员折合全时当量/人年		研究与试验发展人员（分类）折合全时当量/人年					
					基础研究		应用研究		试验发展	
	2017 年	2016 年	2017 年	2016 年	2017 年	2016 年	2017 年	2016 年	2017 年	2016 年
企业	179 897	169 480	124 272	114 590	935	1 006	6 462	7 541	116 882	106 045
科研机构	119 429	113 675	102 538	99 099	29 915	30 397	40 819	34 534	31 804	34 168
高等院校	84 410	77 397	35 207	32 327	14 710	13 258	19 678	18 231	819	839
事业单位	13 545	12 854	7 818	7 320	1 869	1 676	3 580	3 389	2 369	2 255
合计	397 281	373 406	269 835	253 337	47 429	46 337	70 539	63 694	151 874	143 306

注：数据引自《北京统计年鉴 2018》，部分分类数据加和与合计数不同由四舍五入造成

3. 首都创新资源集聚水平很高

北京自2009年起进一步明确了首都发展定位，将科技创新作为重要的着力点，实施了“科技北京”行动，科技创新资源配置进一步优化，科技创新资源对经济发展的促进作用进一步增强。科技创新资源主要包括科技创新人才、研发投入强度和其他生产要素配置水平，在这些方面北京具有极佳的创新资源基础。北京人才优势日益突出，有大量的高端人才，中国科学院院士数量居全国首位，中国工程院院士数量名列前茅。其中，中关村创新人才集聚最为密集，初步形成了“高端引领、带动全局”的人才发展格局。北京的企业有着良好的研发投入意识，规模以上工业企业有效发明专利数在2011～2018年不断增加①，高技术产业研发经费投入强度在全国处于较高水平。

4. 科技成果转化为生产力的进程逐步加快

科技成果转化能力是衡量创新发展水平的重要方面。有学者对比研究了北京中关村、上海张江、武汉东湖三个国家自主创新示范区的创新能力（周洪宇，2015）。结果显示，在创新环境方面，北京中关村拥有数量众多的科技企业孵化器和大学科技园区，这是中关村所具有的创新孵化优势，中关村创新环境指数在三个示范区中排名第一，得益于其优质的孵化环境；特别是中关村在创新投入、人力资源、企业规模、高等院校及科研机构、中介机构等方面均具有明显优势。首都地区数字经济、共享经济等新型业态不断涌现，并与传统产业交融协同，激发了大量基于互联网应用的产品创新、应用模式创新、服务方式创新，促进了现代服务业的发展，这意味着北京科技创新取得了显著成效。例如，新兴互联网应用对消费群体的开发、共享单车对交通拥挤问题的疏解、快递服务对网购的支撑、移动互联网对闲置资源的调剂等，都有效促进了商业经营模式和人们生活方式的优化，这一轮的科技创新是最接地气的一轮，产生的效应立竿见影，形成了大量的独角兽企业乃至网络巨头，这些企业又协同传统产业发展，延伸了现代经济的产业链条。

5. 新兴科技成果对社会生活的促进作用无所不在

我国在改革开放后的短短四十余年时间，走过了西方国家几百年时间的工业化、后工业化历程，其中科技创新起到了积极的推动作用。我国科技创

---

① 根据中经网统计数据库网站（http://tjk.cei.cn/）发布数据整理得出。

新的跨越式发展是在贫困落后、人口众多、资源总量有余而资源结构不优的发展中大国实现的，科技创新取得的丰硕成果，促使我国走出了一条从“跟跑者”向“并行者”甚至“领跑者”迈进的跨越之路（申建军，2015）。创新发展的成果进一步优化了北京的城市空间发展格局，城市功能得以优化、环境得以保护、历史文化资源得以挖掘、交通拥堵逐步得到疏解、服务便利性得以提升等局面，为城市居民营造了更加良好的环境。新兴成果的应用无所不在，促进了北京居民生活的便利化，这对北京吸引优秀人才极为重要，使得北京在居住总人口疏解过程中，并未出现科技人才断崖式下降的局面，仍然保持着创新活力，形成了促进创新资源持续发展的良性循环。

6. 首都科技创新为未来经济社会发展打下了基础

首都科技创新取得的成绩，为其未来长远发展奠定了良好基础，主要体现在三个方面。一是为推进首都经济社会可持续发展打下了坚实基础。首都在推进科技创新的同时，融入全面发展、和谐发展、可持续发展理念，在智慧城市和未来城市建设、生态环境优化、营商环境改善等方面做了许多努力和制度安排，在科技产业与其他产业的协同发展领域开创了新的局面。二是为发挥首都作为全国科技创新中心的示范引领作用打下了坚实基础。北京的特殊地位决定了其创新发展具有更为特别的意义，代表中国经济发展的主流方向，首都的科技创新体现了理念新颖、规划引领、措施有效的特点，为整个中国的创新发展探索了全新的道路，引领了创新发展的未来方向。三是为推进区域协同创新打下了坚实基础。中央为促进京津冀协同发展、推进雄安新区建设、完善功能区域布局，进行了顶层设计与规划，推动建立了面向北京、天津与河北的首都科技条件平台，为科学研究、人才培养提供了基础性的物质保障，为促进科技成果的信息共享和成果转化、加快建立科技人才共享机制奠定了坚实的基础。这不仅有利于北京科技要素的流动、外溢，还有利于更充分地发挥科技创新的效益（陈诗波等，2015）。

第二节　经济发展与科技创新的问题分析

北京作为首都，拥有丰富的科技资源与良好的发展机遇，区位优势明显。但是，首都在经济发展与科技创新进程中仍然面临着问题与挑战，将首都科技创新与经济发展的区位优势有效地转化为城市综合竞争力，是首都经济提质增效的关键任务。

一、首都经济发展面临的问题

首都经济发展取得了显著成就，经济总量不断提高，人民生活水平不断提升，产业结构持续优化，高新技术产业不断发展。但是经济发展仍然存在一些问题，人口与资源的压力逐渐增大、人口红利逐渐消退、产业结构有待进一步优化、地区发展不平衡等都是首都经济发展面临的挑战。

（一）人口资源环境压力增大

北京作为特大城市，在社会资源、能源保障、环境保护等方面都面临着十分严峻的考验，经济发展受到资源禀赋的制约（邱灵和方创琳，2010）。近年来，随着首都经济的快速发展和外来人口的大量涌入，人均土地面积不断减少，生活费用不断提高，2015～2018 年北京住宅销售价格上升明显。2018 年，房地产开发企业商品房平均销售价格为 34 142.89 元/米^2，比 2015 年平均销售价格（22 633.00 元/米^2）高出了 50.85%[①]。随着人们生活水平的提高，居民对生活消费的需求也会增加，相应地，也会对社会发展、环境质量等方面产生新的需要，这都对首都经济未来的发展提出了更高的要求。

人口的过度集中抬高了北京的土地成本和房地产成本，使中小企业和新兴产业的生产成本大幅上升，给企业经营带来了困难。与天津、河北相比，北京已经难以提供价格低廉的工业用地和商业房产，无形中提高了企业的成本，并形成中小企业创业和发展的隐性门槛，不利于“大众创业、万众创新”和新兴产业的进一步发展。同时，高昂的搬迁成本和新征用地成本，使得有意搬迁的污染型企业面临高昂的机会成本，阻碍了产业的转型升级。

同时，随着人们生活水平和基本工资的提高，劳动力成本大幅上升，人口红利不再。在这种情况下，发展高耗能、高劳动密集型和低附加值的产业必然会带来成本的进一步上升，影响企业的产出和收益，不利于生产力和经济发展水平的进一步提高。劳动力成本的上升使得首都产业结构向资本密集型产业和新兴产业的转型变得尤为重要。

---

① 根据中经网统计数据库网站（http://tjk.cei.cn/）发布数据整理得出。

（二）行业结构调整缓慢，结构失衡问题突出

虽然北京的经济社会发展水平处于全国领先地位，但是从经济社会发展和城乡社会发展水平来看，北京经济仍然具有较大的发展空间。无论是从经济总量规模、人均 GDP 水平、产业结构来看，还是从人均劳动生产率来看，北京与发达国家城市仍存在较大差距。2018 年，北京 GDP 总量仅为纽约的 35.74%、东京的 28.45%（图 3-17）。而从人均 GDP 来看，仅为纽约、东京、伦敦等发达国家城市的 20%左右，仍然具有较大的发展空间。

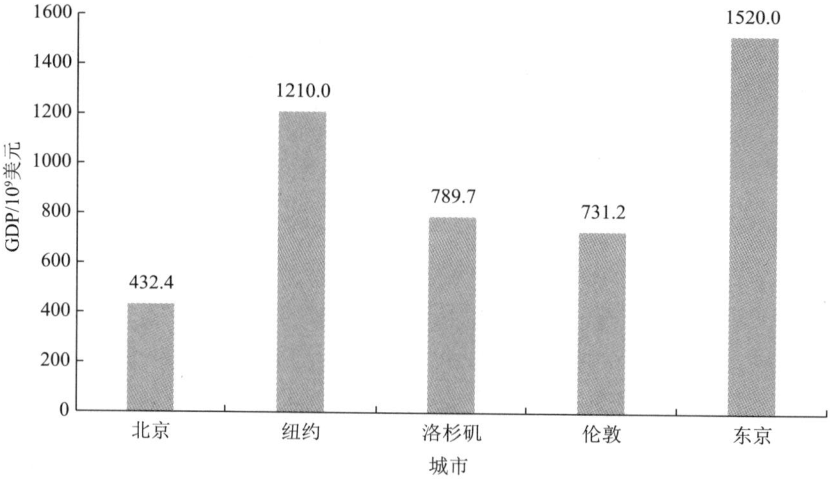

图 3-17　2018 年全球主要城市 GDP 比较

资料来源：纽约联邦储备银行网站（https://www.newyorkfed.org/）

10 wealthiest cities in the world：It's not New York or London at the top [EB/OL]. https://financesonline.com/10-wealthiest-cities-in-the-world-its-not-new-york-or-london-at-the-top/[2019-11-29]

从经济结构来看，北京产业结构从第二产业向第三产业的转型升级固然取得了显著成就，但从国际视角来看，与发达国家同等规模城市相差甚远。2018 年，北京第三产业比重为 80.98%，从横向来看，发达国家城市如纽约、伦敦的第三产业占比超过 90%[①]。由此可见，北京产业结构还有进一步优化的空间。同时，北京依然保留了一些低附加值、高污染、产出效率较低的工业企业，与北京“高精尖”的经济发展模式格格不入。

首都经济产业结构调整缓慢主要表现如下：北京依然存在一些产能过剩和重复建设的情况，第二产业增加值偏低，第三产业中生产性服务业增加值

① 根据 GlobalData 网站（https://www.globaldata.com/）发布数据整理得出。

偏低；占地面积大、消耗能源多、易产生大量污染的工业企业和低端服务业已不符合北京的城市定位，严重地制约了首都经济的可持续发展。随着国际服务业的激烈竞争和产业结构的进一步优化，北京必然面临更大的挑战。

从第三产业内部的结构来看，北京服务行业的劳动生产率虽然在国内处于领先地位，但从国际横向比较来看，仍然偏低。2012 年，北京的劳动生产率为 16.40 万元/人，德国为 50.80 万元/人，日本为 57.50 万元/人，美国为 64.50 万元/人，北京的劳动生产率仍大幅落后于发达国家的平均水平（李国平和张杰斐，2016）。同时，北京的金融服务、文化创意产业、信息技术服务等优势产业已经接近发达国家同等规模城市的平均水平，但行业的体量较小，辐射范围与世界同级别城市还存在较大差距，产业发展的质量和效益也有待提高。此外，与伦敦、东京等世界性城市和地区金融中心相比，北京的现代服务业还存在较大差距。

当前，北京金融业稳健发展，已成为北京第一大支柱产业。科技和金融紧密结合、联动发展，是变革生产生活方式的强大动力，也是促进科技成果转化、催化创新经济、培育战略性新兴产业的重要举措。北京是我国科技与金融融合发展的“排头兵”和“领头羊”。近年来，北京紧抓首批国家产融合作试点城市建设，建立市、区两级科技金融服务体系，基本形成以天使投资、创业投资、产业投资等多种方式相结合的投融资服务格局，力图拓宽融资渠道，满足不同发展阶段不同层次的科技型企业的投融资需求。但是，仍然存在科技金融政策体系不完善、科技金融相关工作机制不健全等问题。特别是科技型企业与金融机构之间未能建立有效可靠的信息传递机制，信息不对称与道德风险问题导致金融机构在筛选优质科技型企业时面临信息失真，科技金融发展环境不容乐观，已成为制约北京金融融合发展的一大瓶颈。北京作为金融中心的功能还不完善，将影响首都经济的持续稳定发展及其辐射能力。

（三）经济发展的科技含量有待提高

近年来，北京经济的快速发展多得益于庞大的人口基数和面向大众的初级服务业发展，第三产业虽然在国民经济中占较大比重，但产业结构的质量并不高，如高端服务业发展较缓慢。同时，北京经济的科技发展水平与发达国家特大城市存在明显差距，虽然坐拥优质的教育资源和科研机构，但是科研成果并未有效转化为生产力。

北京的新兴产业和高端制造业发展取得了一定的成绩，在过去低端服务业和初级加工工业的基础上实现了有效的转型和提质，但是与发达国家经济附加值较高的服务业相比，北京经济产业结构仍然停留在原料加工和出口的“微笑曲线”中间环节。研发和科技含量虽然较以前大幅上升，但科技创新的质量不高。

随着国际竞争中对科技和经济制高点争夺的加剧，以及传统产业的衰落，科技创新在经济发展中的推动作用必然越发突出，加上国内相关市场和科技资源的竞争，北京若想实现产业结构转型和创新驱动发展，大力发展科技产业势在必行。目前，国内各大城市都相继出台了科技创新发展战略，并大力吸引创新型企业和创新型人才落户。在北京高昂的生活成本或创业成本下，创新型企业和创新型人才流向其他城市的可能性增大，国内经济发展的多极化趋势也给北京的创新产业发展带来压力，从而给首都经济高质量发展带来了挑战。

实现从“北京制造”向“北京创造”的转变，核心就是要实现自主创造。北京作为国家科技创新中心，拥有中关村等多个国家级自主创新示范区，在“大众创业、万众创新”的浪潮下，成立了大量中小型科技创新企业，涉足多个新兴行业，部分在国际上处于领先地位。这些新兴行业和中小型科技创新企业，是首都经济科技创新水平提升的重要支柱和保障。目前，在经济形势严峻、中小企业发展困难的大环境下，北京中小企业发展受到了严重的资源环境制约，融资和生存困难，从长期来看，给首都经济的创新驱动发展将带来不利影响。

（四）区域城乡不平衡问题仍然存在

近年来，高端制造业和高端服务业的兴起为首都经济的快速发展提供了动力，北京城乡居民收入差距有了明显缩小。但从整体来看，北京城乡发展水平差距仍然较大。北京人口和经济产业分布呈现出极端化的趋势，过于密集和过于稀疏并存。在居住、就业和产业空间结构方面存在明显的空间错位，空间关系呈现出向外扩展的趋势。

北京中心城区人口过度集聚造成的资源禀赋稀缺，在短时间内仍将严重制约首都经济的发展。同时，北京近郊区域和县（市）也面临严重的经济产业滞后和人才不足的压力，经济社会发展和中心城区存在较大差距。外来企业和人口主要向中心城区聚集，而北京郊区则走向另一个极端。在中心城区经济快速发展，甚至产能过剩、人口过剩的情况下，北京郊区却存在大量发展滞后地区甚至贫困村，这显然不是长期可持续的发展模式。

首都经济的转型不能仅依靠中心城区产业的转移，还应从优化区域功能布局的角度出发，带动周边郊区产业结构的升级，在强化首都核心功能的同时，有重点地推进和引导非首都功能的疏解，带动整个区域功能结构的优化。同时，还可以解决中心城区人口和经济资源过密带来的弊端，加强各区之间分工合作，带动周边地区在资源、科技、产业、能源等方面的经济发展，形成区域协同发展的一股合力。

二、首都科技创新面临的问题

首都将科技创新摆在发展的重要位置，大力推进科技创新，取得了巨大的成就。近年来，首都科技对经济增长的贡献度有了很大提高，经济总量中科技含量大幅提高，科技创新在第二、第三产业均以不同形式予以体现，涌现了诸多新业态、新模式、独角兽企业、颠覆性技术。首都科技创新发展，不仅是首都的城市发展战略，也承担着国家自主创新示范的重任，同时还在建设具有全球影响力的科技创新中心的宏伟事业中发挥着引领作用（邓丽姝，2018）。与这一相当高的目标相比，首都目前的科技创新发展中还存在不少问题和挑战。

（一）距高质量发展仍有较大差距

当前，首都科技创新具备强劲的经济基础，但尚未从根本上改变经济增长方式粗放、经济增长质量不高的问题。其中的一个表现是，科研创新覆盖产业类型过多，无法突出支柱产业和优势产业，不可避免地造成亟须创新发展的产业反而缺乏创新和突破，而众多竞争性行业却大搞创新的局面。这一问题也表现为科研成果转化过程较慢。一些大学、科研机构与企业之间缺乏充分的信息交流，一些科研成果难以满足实际生产的需要，进而造成科研成果转化效率低，阻碍了企业创新发展能力的进一步提升。因此，虽然科技创新成果卓著，但距离高质量发展仍然存在较大差距，许多产业仍处于传统技术发展阶段，成为首都科技创新发展的短板。

（二）首都科技创新的内在不均衡性仍然比较突出

科技创新在各个方面都取得了突出成效，但是仍未能改善在某些领域、诸多方面存在的短板和不足，进而造成产业结构无法实现总体性的高质量发展。从创新政策体系建设来看，关键问题在于创新政策的内部构成不够均衡，具体表现如下：一是创新政策的供求结构不均衡。特别是供给面和环境面政策较完备而需求面政策制定力度不够，创新政策群还未形成整体合力。二是创新政策的区域结构不均衡，政策的协同效应并未达到最佳状态。从首都内部不同区域来看，一些区域如中关村开展先行先试取得了良好的效果，但还需更好地平衡试点政策与普惠性政策之间的关系，仍存在许多政策尚未覆盖非北京市属单位和非中关村地区的单位，企业对创新技术的消化吸收能力不足，产学研联系仍不够紧密等问题（杜红亮，2016）。即使在北京，科技创新也仍然面临区域不均衡、主体不均衡、行业不均衡、领域不均衡、政策不均衡、主体不均衡等诸多问题，还需要在发展中解决。

（三）首都科技创新发展存在区域不均衡

从带动科技创新的增长极来看，首都科技创新要素分布很不均衡。从地域分布上看，科技创新所必需的高科技人才（人力资本要素）、创新投资（资本要素）等生产要素主要集中在海淀区中关村、西城区金融街、东城区银街、朝阳区、丰台区、大兴区北京经济技术开发区的部分地区，在区域分布上并不均衡。由此可见，科技创新要素的形成、发展并不是随着市场经济的发展而自然形成的，而是特定的历史、文化、教育、经济因素综合作用的结果，进而形成了首都各个功能区中科技创新能力的差异化分布。与此同时，从科技产业与其他产业的结合来看，创新要素与其他生产要素，特别是与创新资本要素的结合不够紧密，资本推动创新的作用没有得到充分发挥。

（四）原始创新能力不足，企业尚未成为科技创新主体

作为全国科技创新资源最为密集的地区，北京建设全国科技创新中心，仍然存在原始创新能力不足、部分难点亟待破解等问题。当前，我国国际科技论文数量连续八年排在世界第二位，但高质量学术论文数量和影响力远低于国际主要创新型城市。基础设施布局较分散，互相关联不强，部分设施相对落后。尖端科技领域的研究机构数量不多，原始创新和对高端技术发展的支撑明显不足。企业尚未成为科技创新主体。2016 年，471 家在京上市公司的研发投入强度仅为 0.97%，与北京全社会研发投入强度（6%）不相匹配，远远低于高新技术企业研发投入强度（7.9%）（陆园园，2018）。从企业研

发经费占全社会研发经费比重来看，2016 年北京企业研发经费占全社会比重为 37.75%，低于科研机构研发经费占全社会比重（49.18%）[①]。与美国硅谷和中国深圳相比，北京科技型企业的研发投入强度和规模发展水平存在一定的差距。首都承接科技成果转化的产业链相对有限，特别是随着非首都核心功能的疏解，这一趋势更加明显。首都科技成果转化创新链有待完善，科技服务业发展相对滞后，首都与国家科技资源的产学研合作模式有待进一步创新。

（五）应对外部竞争和挑战的能力不强

近年来，在技术更新、市场自然选择、国际经贸摩擦、科技人才流失等因素的综合作用下，首都科技创新发展内在竞争力不足、应对风险能力不强的问题逐渐突显，在一些传统领域一直难以实现技术突破，在一些关键领域存在明显短板。从全球科技创新能力来看，北京科技创新水平与发达国家城市相比还相距甚远；从国内情况来看，上海、广州、深圳分别提出了建设世界科技创新中心、建设创新型城市的发展目标，与这几座科技创新前沿城市相比，北京并不占绝对优势；从首都周边情况来看，北京区域协同创新能力较强，特别是在知识创造和获取、技术创新和应用、创新配置与技术合作、创新环境支撑、创新经济溢出能力等方面，北京均优于天津和河北（鲁继通，2015）。然而，从推进京津冀一体化建设的目标来看，北京与天津、河北之间的协同度仍然较低，可能会制约北京科技创新发展的后劲。

（六）引领未来发展的战略性新兴产业支撑不足

从动态发展的角度看，高科技是在特定时期的高科技。随着技术的迭代发展，原有的高科技势必会被新的高科技代替，原有高科技的科技含量将会相对下降。创新能力特别是消化吸收再创新能力势必以递增的趋势下降。在现行科技管理体制下，对高科技企业的认定方式缺乏退出机制，一经认定冠以“高科技企业”称号，长期享受税收及科技费用补贴优惠政策，即使有主管部门定期审查评估，仍然存在把关不严等问题，造成高科技企业的持续创新动力不足、创新发展速度递减等现象。现代科技迭代周期日益缩短，原有高技术沦为普通技术，甚至淘汰技术的现象普遍存在，而现有的科技管理体制仍然无法有效解决递进式创新发展问题，难以形成科技创新独立业态，科

---

① 根据《北京统计年鉴 2017》计算得到。

技对战略性新兴产业的支撑作用仍显不足。

第三节 发展思路与政策建议

一、进一步提升发展水平的思路和框架

（一）更高水平的改革开放，推动经济发展的提质增效

在新常态下市场竞争愈发激烈的大背景下，经济发展的核心竞争力逐渐向科技创新能力转变。科技进步与创新对首都经济健康平稳发展有着至关重要的作用。充分把握我国发展的重要战略机遇，坚持以习近平新时代中国特色社会主义思想为指导，贯彻习近平总书记对北京重要讲话精神，坚持新发展理念，深化市场化改革，为全面建成小康社会打下决定性基础，推动首都高质量新发展。

坚持更高水平的改革开放，深化供给侧结构性改革，打造首都经济高质量发展。积极学习国外先进经验，对标国外先进标准，进一步扩大服务业开放，开展服务业扩大开放试点，打造产业园区，扩大行业开放规模。推进国际贸易建设发展，充分发挥保税区的作用和北京口岸在贸易交往中的作用，提升便利化程度，促进服务贸易产业化发展，提高国际竞争力。扩大金融业开放水平，改善外汇管理、促进人民币国际化，推进北京金融业发展，增强北京对国际金融机构的吸引力，提高首都金融国际化程度，为首都经济高质量发展奠定良好的基础。

高质量规划建设管理好城市副中心。精心规划，完善城市规划设计；精致建设，注重城市空间的精细建设，提升建设品质；精细管理，创新城市副中心管理体制；精准服务，因地制宜配置公共服务设施，提升群众满足感与获得感。处理好城市副中心和中心城区的关系。坚持“四个统一”，强化城市副中心与河北廊坊交界地区规划建设管控，推动交通基础设施、公共服务和产业向北三县延伸布局。强化城市建设质量，制定新的规划建设标准，构建衡量城市规划建设的指标体系，建设高质量的评估体系，促进城市副中心高质量建设。

持续优化营商环境，深化“放管服”改革，落实优化营商环境三年行动计划，激发市场活力和社会创造力，提高政府服务效率。推动政府机构改革，

提高政务服务的网络化信息水平，推动网上办事便利化，建设电子税务办税平台，提高税收征管效率。制定北京市政务服务规范，在全市范围内提高政务服务水平。完善相关法制体系建设，充分发挥社会信用的作用，在市场监管中引入社会信用，加快推进社会信用体系建设。

坚定支持民营企业发展，充分发挥民营企业的积极性。深入贯彻减税降费政策，推动社保缴费制度改革，减轻企业的税收负担。深化行政体制改革，持续改善营商环境。调整银行结构体系，创新融资方式，重视风险控制，加强政策支持，改善小微企业融资难问题，降低小微企业融资成本，为小微企业的发展提供良好的条件。深化国有企业改革，推进混合所有制改革，充分发挥各种市场主体的活力。

（二）坚持创新驱动，打造首都“创新之都”

实施创新驱动发展战略，坚持创新引领发展，提升科技创新能力。把握产业革命大趋势，促进科技成果顺利转化，将科技创新转化为经济动力，让科技创新成为经济新的增长点，使北京成为“创新之都”。

强化科技创新战略布局，坚持科技首都，打造首都“创新之都”。加大对首都基础研究的投入，建立基础研究的保障机制。重视北京市自然科学基金等重大项目建设，改革创新项目培育机制，充分发挥重大科研项目的引领带动作用，实现从基础研究到示范应用的推进，在社会中形成创新的良好环境与氛围，激励引导高等院校、科研机构及科研人员进行科技创新，使首都成为“创新之都”。

科技创新的重点要有的放矢，在主要行业实现重点突破。优先发展、着力推进重点领域与行业的科技创新，投资实施一大批重点科技项目，在重点领域解决对外国技术的依赖、实现弯道跨越，开辟新的产业发展方向和重点领域，培育新的经济增长点。瞄准世界科技前沿领域和顶尖水平，对标具有全球影响力的行业产业，培育高端产业，在关键核心技术领域取得更大突破。培育高端产业，融入全球竞争。充分利用国际科技资源，发挥北京作为首都的区位优势，增强自身的吸引力，引进高端产业与创新人才，培育自身行业产业发展。

创新驱动战略引领经济发展，正确处理政府和市场的关系，营造良好的科技创新环境，加快创新政策的整体规划与顶层设计，实现整体协调，推动科技创新由研发到应用全链条整体转化。注重科技创新政策落地，强调人才激励政策，吸引人才回流。重视科研机构对创新的引领作用，大力扶持科研机构创新，为科研人员创造更加完善、和谐的科研环境；重视科研成果转化，建立比较完善的科研成果转化机制，包括创建专为科研机构服务的商业化“产学研”协同创新平台等，实现科研成果的良好转化，使科技创新得以充分发挥其价值。切实提升北京科技创新水平，打造科技北京。

二、政策建议

（一）加快首都经济发展的政策建议

1. 加快经济结构调整，提升服务产业层级

第三产业比重的增加对经济增长具有较大的拉动作用，第二产业的影响作用次之，第一产业的影响作用最小（李薇等，2011）。因此，优化升级产业结构，持续发展新兴的第三产业，尤其是现代服务业，是实现首都经济可持续发展的重要路径和有效措施。

首都经济转型的升级重点在于巩固提升优势主导产业，充分发挥北京科技资源丰富的优势，对金融服务、信息服务、科技服务等给予重点关注，并提出明确的发展目标：金融服务业要发展成为国际化货币清算结算中心，信息服务业要重点聚焦云计算、大数据、物联网、移动互联网等现代科技，促进经济社会发展；科技服务业要聚焦国家重点领域和前沿技术研究，加快北京重点科技商务区建设（何佳艳，2016）。经济产业的集聚效应有利于产业的快速发展，应优化资源配置，将分散的经济产业通过重点开发区和科技产业园实现产业集聚，促进首都经济的发展。

针对经济结构调整的现实情况，北京应重点打造面向国际竞争的企业集群（李柏峰，2016）。支持企业参与重大专项，在采购、供给等方面给予一定的支持。同时，提高重点产业的产业链条和产业整合能力，鼓励企业通过投资并购等方式，带动中小型科技企业成长，推动企业发展。

2. 加快区域布局和产业发展

促进首都经济的长期稳定发展，要处理好区域产业布局和区域分工的关系。北京加快经济结构调整和淘汰落后产能，必然会对周边省（市）的经济发展产生较大影响，从北京转移出的第二产业和相关产能，也必然需要周边省（市）的支持才能够妥善安置。因此，首都经济的发展需要重点关注和周

边省（市）之间的关系。

应推进京津冀区域经济中的一体化进程，具体分为基础设施一体化、市场一体化和区域一体化三个阶段（姚腾霄，2010）。区域一体化是指在同一区域内，政策、制度、经济、文化等相互协调，趋于一致，实现区域层面资源配置效率最大化的过程。基础设施一体化是区域一体化的基础，经济上的密切联系和协同分工需要建立在完善的交通网络上。经济结构的区域布局应当从京津冀一体化的角度考虑，通过加强区域间的基础设施建设，实现交通资源的配置，缩短城市之间的距离，使得人员、物流、资本可以更快和更加自由地流动，活跃京津冀地区的市场潜力，逐步实现一体化的交通网络。在市场一体化阶段，北京、天津、河北都应在一体化的环境下找到自己的经济发展方向和经济定位，承接不同的产业，并按照产业特点优化和完善经济结构。政府部门要着力消除阻碍区域资源、资金、技术等生产要素自由流动的不利因素，促进要素自由流动和资源合理配置，建立京津冀地区统一、开放的共同市场。在市场一体化的基础上加强政策协调，统筹安排京津冀地区整体发展规划，最终实现区域一体化的目标。

首都经济向“高精尖”增长模式转变的关键在于疏解非首都功能，北京应疏散部分产业，转移高能耗、高排放等与北京产业发展方向不相适合的产业，把发展高端服务业、现代服务业放在首要地位（闫庆友和焦彦华，2019）。重视高新技术产业的引领作用，发展现代金融业、现代电子科技服务业和科学技术研究等。根据服务业发展的需要，适度发展现代制造业，并严格控制制造业的污染排放水平，着力提高现代制造业的科技含量，运用现代科技对制造产业进行优化升级。

3. 提高自主创新能力，引领产业优化升级

创新带来的生产力提高日益成为首都经济发展的强大推动力，创新驱动发展正在成为现代经济发展的新模式。提高自主创新能力，引领产业优化升级对首都经济的发展至关重要。

应通过政府部门的顶层设计，营造良好的创新、创业环境。高端制造业产业技术的创新及其推广应用需要良好的专利制度和专利保护体系，这是创新型企业关注的要点。因此，北京应重点关注创新型企业专利保护的问题（潘新胜和祝珺，2015）。在国际创新产业竞争方面，北京已经进入创新和新兴产业发展的加速时期，在广泛参与全球市场分工的同时，会面临知识产权保

护和服务业资源优化的巨大压力。因此，北京应加大培训力度，加快培养熟悉法律法规和国际知识产权规则，且具有一定专业素养和实务操作能力的高层次专门人才，服务于新兴的技术主导型产业。

北京市区聚集了大量高等院校和科研机构，开展了丰富的基础和前沿技术研究，这些研究成果可以应用于生产，从而转化为现实生产力，可对北京新兴产业和高端制造业的发展发挥重要的科技支撑作用（邱灵和方创琳，2010）。

4. 发展总部经济，提高投资效率

北京聚集了全国各大高端产业的总部，发展总部经济有利于发挥北京经济中心的地位，增强辐射能力和在经济区域网络中的控制能力。同时，总部经济也是提高城市影响力，向国际化经济中心发展的载体。总部资产总额占北京总资产的 46.9%，3/4 的中央企业总部集中在北京（张自然，2010），这对提升北京的经济辐射能力具有重要意义。

（二）首都科技创新的政策建议

1. 加速推进政府引导、企业创新的科技创新模式

要充分发挥企业在科技创新过程中的主体作用，促使其通过创新达成技术升级，进而带动整个产业结构的升级。政府、高等院校、科研机构也应与企业密切配合，协同构建创新产业链，共同开发创新成果转换市场，以更加有效地使创新成果惠及大众并推动经济结构转型升级。此外，政府还应注重发挥市场在经济活动中的主导作用，加强对重点产业创新创业的扶持，成立政府引导资金并推动社会资本的融入，以重点企业、重点行业和重点项目为切入点，全方位地支持企业的科技创新（申建军，2015）。

2. 推动京津冀科技创新协同发展

完善顶层设计，健全京津冀地区政府间协同创新对接机制。成立相关统筹协调机构，统筹协同发展事项，做好科技创新协同总体规划，明确京津冀三地的定位与分工。为良好应对区域科技协同创新的复杂性与长期持续性，建议成立跨省市、跨部门的统筹规划领导小组，完善工作协调机制，提高组织对接效率，全面高效地推动科技协同创新。建立区域科技协同发展制度，研究制定政策以解决三地在协同创新中存在的突出问题；完善政府层面的资金联合投入机制，设立共同的创新基金，三地政府从各自的科技研发资金中

安排专项资金用于支持京津冀协同创新建设，包括用于创新平台资助、创新环境建设、科技联合创新研发等；完善三地科技政策对接机制，包括资质认定制度、技术规范及管理制度、区域社会保障制度、科技合作成果奖励制度等。

目前，京津冀地区已发展成为科技创新能力最强，科技创新投入资金占比最高，技术和人才密集度最高的地理区位。然而，京津冀地区大部分科技创新资源集聚在北京，导致其科技创新能力极不协调，难以达成京津冀地区内部相互联系与协作的关系，降低了信息共商、资源共享的效率。因此，应适当疏解部分北京科技创新功能，在保证不影响首都科技创新中心地位的情况下，推动科技创新资源向天津、河北及其他周边城市转移，逐步扩大国家创新中心的范围，辐射带动周边区域共同发展（张可云和沈洁，2017）。京津冀三地应考虑资源禀赋差异、城市发展规划与定位的不同，因地制宜地制定发展策略。北京应着重关注文化产业等高端服务业的创新，以及机关研究中心、重点实验室等核心研究功能的创新（陈亚楠和董贺，2014），天津、河北则应在加强创新基础设施建设的前提下，优先发展基础科研及制造业的创新活动，加速科研成果转换过程，形成地方支柱型产业链。因此，只有京津冀三地共创共享，才能实现创新驱动型经济的协同发展。

3. 营造科技创新环境，完善基础设施建设

为营造首都科技创新环境，首先要推广科技创新政策的覆盖范围，逐步推进中关村国家自主创新示范区的先行试点政策向全市覆盖，促进科技创新氛围覆盖全市全行业。其次要完善科技创新的支持路径，吸引有利于科技创新发展的人才资源、金融资源和实物资源。在人才资源方面，首都应加强对海内外创新创业人才的吸引与扶持，通过政策引领、税收优惠、风险补偿等方式提升创新活动的人才参与度；在金融资源方面，应推动天使投资、私募基金、创业板、新三板等初创型投资活动进入快速发展轨道，解决中小企业及科技创新个人融资难、融资贵的问题，切实推动全民创新氛围的形成；在实物资源方面，应加速落实科技创新基础设施建设，完善科技创新的后勤支持与保障机制。同时，应注重科技创新成果平台的建设，推动科技成果的社会共享、应用与推广。此外，首都的发展策略还应与科技创新中心的发展定位相结合，其规划设计应满足科技创新发展需求，着眼于形成成本低廉、服务优越、资源集中的“大众创业、万众创新”的氛围与基础设施建设引导

路径。

4. 完善政策引导，着力打造引领未来的新兴产业

首都应注重提高科技创新质量和效率，促进高端科技创新研究和新型产业创新的快速发展，确保以战略眼光和全局视角引领科技创新发展势态与方向。具体而言，首都应及时设定科技创新引导政策，明确首都科技发展目标、发展策略、支持路径，综合利用财政、税收、金融等手段，推出创新型中小企业培养计划和夕阳行业技术改造升级计划。同时，还应格外注重科技管理改革政策的连续性、系统性和时效性（胡勇军，2015），避免政策频繁变更对市场经济行为产生扭曲。并且，首都在制定政策时还应考虑到与中央支持政策的一致性，既应积极响应国家号召，顺应国家宏观调控的政策目标，也要考虑到自身的定位与本地的战略需求，两者相结合，才能因地制宜地实现经济社会文化的全面发展，为国家科技创新的实践提供建设性的经验支持。

5. 加强政策保障，完善科技创新保障体系

科技创新带动经济发展离不开完善的科技创新政策保障。完善的科技创新政策有利于激发科技创新的动力，引导重点领域和关键环节的科技创新，提高科技创新的质量，进一步提升首都经济发展水平。充分发挥首都高等院校与科研机构密集的优势，领先开展政策研究，加强理论与实践的联系，为科技创新政策提供充分的理论支撑。加强科技数据基础建设，为科技政策提供数据支撑。利用大数据资源，建立科技成果信息数据库，整合各地区、各行业的科技信息资源，扩大数据库范围，建设科技实践经验库、科技创新政策收据库。针对收集的数据进行实际调查，推动数据更新升级，形成综合性数据库，为科技政策提供数据支撑。整合各地区、各行业的科技信息资源，实现信息共享。在科技创新政策的规划过程中，运用专业分析工具与方法，对政策实施效果及政策制定执行的成本等进行科学化评估分析。不断更新专业分析工具与方法，根据不同的问题，采用不同的研究方法，使分析手段更有针对性，提高分析效率，增强决策的科学化。加快科技创新服务体系的整体完善与内容细化，提升创新要素流动性与科技资源共享的可操作性，建立健全京津冀地区科技资源合作共享机制。破除限制资本、技术、产权、人才、劳动力等生产要素自由流动和优化配置的各种体制机制障碍，推动各种要素按照市场规律在区域内自由流动和优化配置。完善市场机制，促进资本、技

术、产权、人才、劳动力等要素自由流动和布局优化，依托区域内丰富的高等院校、科研机构和高技术企业优势，运用“互联网+”、大数据与云计算技术，完善区域协同创新的市场机制，实现创新要素自由流动、创新主体布局优化与创新成果高效对接。完善技术交易平台的组织框架与保障机制，交易平台应常设应急管理机制、网络服务保障机制、产权纠纷处理机制、信息反馈机制等，为平台的运行和创新主体技术交易提供完善的服务。

参考文献

白素霞，何弘毅，2016. 对北京市构建“高精尖”经济结构的思考——以海淀区为例[J]. 中国经贸导刊，（9）：74-75.

陈诗波，王书华，冶小梅，等，2015. 京津冀城市群科技协同创新研究[J]. 中国科技论坛，（7）：63-68.

陈亚楠，董贺，2014. 京津冀三地文化产业园区发展研究[J]. 人民论坛，（11）：230-231，256.

邓丽姝，2018. 以科技创新中心建设引领首都经济发展[J]. 前线，（2）：15-18.

邓丽姝，2019. 科技创新中心引领北京现代化经济体系建设的战略路径[J]. 城市发展研究，26（2）：117-124.

杜红亮，2016. 首都创新政策体系优化探讨[J]. 科技管理研究，（7）：49-53.

傅元海，叶祥松，王展祥，2016. 制造业结构变迁与经济增长效率提高[J]. 经济研究，56（8）：86-100.

关成华，2019-05-30. 为决胜进入创新型国家行列贡献“北京力量”[N]. 北京日报，第4版.

何佳艳，2016. 北京构建“高精尖”经济结构[J]. 投资北京，（8）：34-36.

胡勇军，2015. 国家科研经费管理改革及其对地方政府科技政策的影响——基于北京、上海、广州、深圳的案例分析[J]. 科技进步与对策，32（22）：93-99.

李柏峰，2016. 新常态下北京构建“高精尖”经济结构的对策建议[J]. 北京市经济管理干部学院学报，31（4）：22-25，31.

李国平，张杰斐，2016. 首都经济转型特征、动力机制及对策[J]. 中国流通经济，29（8）：40-46.

李薇，王超，徐伟双，2011. 北京产业结构演变与经济增长动态分析[J]. 北方工业大学学报，23（4）：4-10.

鲁继通，2015. 京津冀区域协同创新能力测度与评价——基于复合系统协同度模型[J]. 科技管理研究，35（24）：165-170，176.

陆园园，2018. 北京科技创新中心建设路径[J]. 前线，（10）：86-88.

潘新胜，祝珺，2015. 北京“高精尖”经济结构建设探讨——以专利制度为视角[J]. 北京政法职业学院学报，（3）：33-38.

邱灵，方创琳，2010. 城市产业结构优化的纵向测度与横向诊断模型及应用——以北京市为例[J]. 地理研究，29（2）：327-337.

申建军，2015. 关于建设国家科技创新中心的思考[J]. 前线，（1）：87-89.
宋涛，董冠鹏，唐志鹏，等，2017. 能源—环境—就业三重约束下的京津冀产业结构优化[J]. 地理研究，36（11）：2184-2196.
王德利，2018. 首都科技引领京津冀协同发展存在的问题及对策建议[J]. 科技管理研究，38（14）：81-86.
闫庆友，焦彦华，2019. 节能减排和经济增长导向下北京产业结构优化研究[J]. 区域金融研究，（1）：86-91.
姚腾霄，2010. 北京在环渤海区域经济中的产业结构调整问题研究[J]. 商场现代化，（31）：120-121.
叶堂林，祝尔娟，2019. 京津冀科技协同创新的基本态势[J]. 人民论坛，（12）：88-89.
张可云，沈洁，2017. 北京核心功能内涵、本质及其疏解可行性分析[J]. 城市规划，41（6）：42-49.
张自然，2010. 2010年北京经济转方式调结构部署已定[J]. 投资北京，（2）：31-33.
周洪宇，2015. 国家自主创新示范区创新能力比较研究——以北京中关村、武汉东湖、上海张江为例[J]. 科技进步与对策，32（22）：34-39.
祝合良，叶堂林，张贵祥，2018. 京津冀发展报告（2018）：协同发展的新机制与新模式[M]. 北京：社会科学文献出版社.
Fu Z H, Xie Y L, Li W, et al., 2017. An inexact multi-objective programming model for an economy-energy-environment system under uncertainty: a case study of Urumqi, China[J]. Energy, 126: 165-178.
Vaninsky A, 2018. Optimal environment-friendly economic restructuring: the United States-China cooperation case study[J]. Economic Change & Restructuring, 51: 1-32.

4 第四章 社会发展与公共服务

世界银行把社会发展定义为：促使社会规范与制度对全体社会成员更加公平和包容的变迁过程（Thomas，2011）。社会发展是一个普遍持续促进个人、家庭、社区、社会的福利的、有目的的社会变化过程（Midgley，1994）。杨开忠等（2005）指出，社会发展是一个与经济发展相联系、普遍持续增进人的福利的社会变化过程，通常包括社会保护和人文发展两大类型，前者也称社会保障，即我国的社会保险、社会救济、住房保障、就业保障和社区服务等；后者也称人类发展，包括人口、健康、文化、教育等。社会保障与人类发展最终都体现一个区域或者城市的社会包容性以及公共服务的供给能力与水平，体现在区域或者城市是否能够提高居民的生活福祉、促进人的全面发展。

党的十九大报告指出，中国特色社会主义进入新时代，我国社会主要矛盾已经转化为人民日益增长的美好生活需要和不平衡不充分的发展之间的矛盾。提高广大人民群众的幸福感和获得感成为社会发展与公共服务的根本出发点。随着经济社会发展水平的提高，一个国家、区域或者城市的公共服务所惠及的人群和提供的保障与服务也是不断变化的，但基本目标都是保证公民的基本生存权和发展权。通常情况下，经济社会发展水平越高的地区所能为公民提供的公共服务覆盖面越广，水平也越高。

北京是我国首都，是我国超大城市的代表，其经济社会发展水平处于领先地位。2010年，北京人均GDP超过1万美元，迈入了中等发达经济体行列（李国平和张杰斐，2015）。据《北京市2018年国民经济和社会发展统计公报》和2018年人民币对美元平均汇率计算得出，2018年北京人均GDP首次超过2万美元，达到高收入发达国家水平，这为促进首都社会发展和公共服务水平的提升奠定了良好的基础。新时代以来，首都的社会发展与公共服务水平都有了很大的提升，城乡居民收入水平、社会保障水平、健康、文体、科教等关乎民生福祉的各个领域均得到了持续改善。

第一节　公共服务和社会治理水平分析

截至“十三五”中期，无论是北京居民可支配收入，还是就业保障、健康、公共文化设施等民生指标，都达到或超过了“十三五”规划的预期，北京市民的获得感、幸福感和安全感不断增强，民生保障正向更高质量的方向迈进[①]。

一、居民收入与消费水平提升

（一）全市居民可支配收入持续增长

2010年以来，全市居民人均GDP与城乡居民可支配收入持续增加，到2018年，北京人均GDP接近14万元，约为21 148美元[②]，北京人均GDP首次超过2万美元；城乡居民可支配收入达62 361元，约为9420美元。尽管城乡居民可支配收入总量增加，但增速有所减缓，尤其是2014年以后。2015年，农村居民可支配收入增速由2014年的8.6%下降到7.1%，城镇居民可支配收入增速由2014年的7.2%下降到7.0%；之后，城乡居民可支配收

① 关于北京市国民经济和社会发展第十三个五年规划纲要实施情况的中期评估报告[EB/OL]. http://www.beijing.gov.cn/zfxxgk/110002/jqgh33/2018-12/29/content_2f1d99eaca5f45f6a6ee4134f7a4c84c.shtml [2018-12-29].

② 此处按照2018年人民币对美元平均汇率6.62计算。

入增速渐趋平稳，基本稳定在 7.0%左右，高于 2015 年全市 6.9%的经济增长速度（图 4-1）。在居民可支配收入中，工资性收入为主要收入来源，且 2015～2017 年呈持续增长态势，农民人均工资性收入增长速度总体快于城镇，但绝对值偏小（表 4-1）。

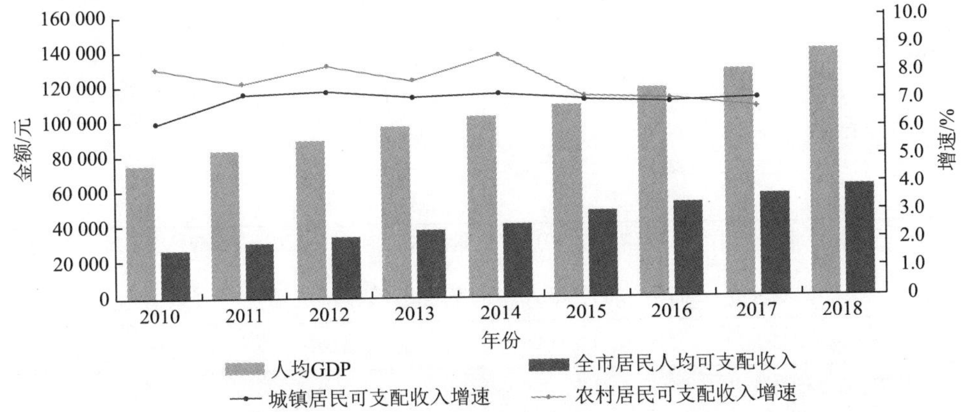

图 4-1　2010～2018 年全市居民人均 GDP 与可支配收入变化情况

资料来源：《北京统计年鉴》（2011～2018 年）和《北京市 2018 年国民经济和社会发展统计公报》

表 4-1　2015～2017 年工资性收入增长情况

年份	城镇居民人均工资性收入/元	城镇居民人均工资性收入比上年增长百分比/%	农村居民人均工资性收入/元	农村居民人均工资性收入比上年增长百分比/%
2015	32 568	−1.44	15 491	18.51
2016	35 701	9.62	16 637	7.40
2017	37 883	6.11	18 223	9.53

资料来源：《北京统计年鉴》（2016～2018 年）

（二）居民消费水平持续提升

2015 年以来，北京居民消费水平持续提高，从恩格尔系数来看，食品支出占城市居民消费支出比重逐年降低。以 2017 年为例，全市居民家庭恩格尔系数降到 20.2%，说明全市居民在食品上的支出仅占 1/5 左右，其中城镇居民家庭恩格尔系数为 19.8%（表 4-2）。恩格尔系数的持续下降，说明在收入增高的同时北京城乡居民消费更趋于多样化和品质化（表 4-3），2015～2017 年，北京居民居住支出和医疗保健支出有较为明显的上升，2017 年居住支出占比为 32.85%，医疗保健支出占比为 7.75%，而教育、文化和娱乐支出占比则稳定在 10.00%以上。

表 4-2 2010～2017 年全市居民恩格尔系数情况 （单位：%）

年份	全市居民	城镇居民	农村居民
2010	—	32.1	30.9
2011	—	31.4	32.4
2012	—	31.3	33.2
2013	—	31.1	34.6
2014	—	30.8	34.7
2015	22.4	22.1	27.7
2016	21.5	21.1	26.9
2017	20.2	19.8	24.7

资料来源：《北京统计年鉴》（2011～2018 年）和《北京市 2018 年国民经济和社会发展统计公报》

表 4-3 2015～2017 年人均消费支出项目构成情况 （单位：%）

项目	2015 年	2016 年	2017 年
食品烟酒支出	22.44	21.48	20.17
衣着支出	7.18	6.87	5.98
居住支出	30.62	31.59	32.85
生活用品及服务支出	6.21	6.57	6.66
交通和通信支出	13.28	13.28	13.45
教育、文化和娱乐支出	10.75	10.41	10.47
医疗保健支出	6.59	6.93	7.75
其他用品及服务支出	2.93	2.87	2.67

资料来源：《北京统计年鉴》（2016～2018 年）

二、社会保障体系日趋完善

社会保障是促进社会公平和谐发展的基础，是社会“安全网”和维护社会安全的“稳定器”，对社会发展有着极其重要和独特的作用，中国共产党第十四届中央委员会第三次全体会议通过的《中共中央关于建立社会主义市场经济体制若干问题的决定》要求，建立多层次的社会保障体系，包括社会保险、社会救济、社会福利、优抚安置和社会互助、个人储蓄积累保障①。

① 中共中央关于建立社会主义市场经济体制若干问题的决定[EB/OL]. http://www.china.com.cn/chinese/archive/131747.htm[2019-11-18].

社会保险制度历来是我国社会保障的核心内容，2014 年 2 月 7 日，国务院总理李克强主持召开国务院常务会议，听取关于 2013 年全国人大代表建议和全国政协委员提案办理工作汇报，决定合并新型农村社会养老保险和城镇居民社会养老保险，建立全国统一的城乡居民基本养老保险制度①。2016 年 1 月国务院发布《国务院关于整合城乡居民基本医疗保险制度的意见》，旨在整合城乡居民基本医疗保险制度，建立全国城乡统一的居民基本医疗保险制度。2017 年 10 月 18 日，习近平在十九大报告中指出，加强社会保障体系建设：全面建成覆盖全民、城乡统筹、权责清晰、保障适度、可持续的多层次社会保障体系；全面实施全民参保计划；完善城镇职工基本养老保险和城乡居民基本养老保险制度，尽快实现养老保险全国统筹；完善统一的城乡居民基本医疗保险制度和大病保险制度；完善失业、工伤保险制度；建立全国统一的社会保险公共服务平台②。2015 年，北京城乡一体的社会保障体系基本实现全覆盖，是全国率先形成城乡一体化保障体系的省市之一。

（一）社会保险基本实现城乡整合

社会保险是社会保障体系的核心部分，包括养老保险、医疗保险、失业保险、工伤保险和生育保险。近年来，北京社会保险的覆盖面逐步扩大，惠及的人群越来越多（表 4-4 和表 4-5）。

表 4-4　2010～2018 年北京参加社会保险情况　　（单位：万人）

年份	参加职工基本养老保险	参加职工基本医疗保险	参加失业保险	参加工伤保险	参加生育保险	参加城乡居民养老保险	参加城镇居民基本医疗保险	参加新型农村合作医疗保险
2010	982.5	1063.7	774.2	823.8	372.2	—	143.7	278.5
2011	1091.9	1188.0	881.0	862.4	395.3	—	159.8	276.8
2012	1206.4	1279.7	1006.7	897.2	844.7	—	151.9	267.5
2013	1311.3	1354.8	1025.1	920.3	883.2	—	160.1	254.4
2014	1392.6	1431.3	1057.1	961.0	915.6	—	173.0	242.6
2015	1424.2	1475.7	1082.3	1020.1	941.6	—	181.0	223.9

① 李克强主持召开国务院常务会议（2014 年 2 月 7 日）[EB/OL]. http://www.gov.cn/guowuyuan/2014-02/07/content_2591063.htm[2014-02-07].

② 习近平提出，提高保障和改善民生水平，加强和创新社会治理[EB/OL]. http://www.xinhuanet.com/politics/2017-10/18/c_1121820849.htm[2017-10-18].

续表

年份	参加职工基本养老保险	参加职工基本医疗保险	参加失业保险	参加工伤保险	参加生育保险	参加城乡居民养老保险	参加城镇居民基本医疗保险	参加新型农村合作医疗保险
2016	1459.1	1517.6	1117.5	1060.2	981.0	215.7	191.2	211.9
2017	1514.3	1569.2	1170.2	1117.9	1035.2	213.1	202.2	186.9
2018	1591.5	1628.9	1240.7	1187.0	1104.0	209.0	390.8*	—

资料来源：《北京统计年鉴》（2011～2018年）和《北京市2018年国民经济和社会发展统计公报》

*2016年1月发布的《国务院关于整合城乡居民基本医疗保险制度的意见》，对城镇居民基本医疗保险和新型农村合作医疗保险两项制度进行整合，建立了统一的城乡居民基本医疗保险制度。此处数据为城乡居民基本医疗保险人数的总和

表4-5　2010年和2017年北京社会保险参保人数占比变化情况（单位：%）

年份	基本养老保险占常住适龄人口比重	基本医疗保险占常住人口比重	失业保险占从业人口比重	工伤保险占从业人口比重	生育保险占从业人口比重
2010	58.29	75.74	75.05	79.86	36.08
2017	91.30	90.91	93.86	89.66	83.03

资料来源：《北京统计年鉴2018》《北京市2018年国民经济和社会发展统计公报》

2007年，北京正式启动城镇居民基本医疗保险试点工作，逐步将“一老一小”，即城镇无保障老人和在校学生及学龄前婴幼儿纳入基本医疗保险体系，惠及人群规模约为148万人（郑雨薇和吕英巧，2011），对基本医疗保险起到了很好的补充作用。2017年，北京企业职工和城乡居民基本养老保险参保人数占常住适龄人口[①]比重达91.30%（表4-5），比2010年的58.29%提高了33.01个百分点；职工和城乡居民基本医疗保险参保人数占常住人口比重达90.91%，比2010年的75.74%提高了15.17个百分点，加上北京“一老一小”医保制度覆盖的约148万人，北京基本医疗保险参保人数占常住人口比重达99%，基本实现城乡居民基本医疗保险全覆盖。城乡居民医疗保险制度实现整合，职工五项社会保险和社会救助实现扩面提标，推进社会福利适度普惠[②]。

此外，北京还积极鼓励商业健康保险作为社会保险的良好补充。2016年

① 这里适龄人口取19岁以上的常住人口总和。

② 关于北京市国民经济和社会发展第十三个五年规划纲要实施情况的中期评估报告[EB/OL]. http://www.beijing.gov.cn/zfxxgk/110002/jqgh33/2018-12/29/content_2f1d99eaca5f45f6a6ee4134f7a4c84c.shtml [2018-12-29].

3 月，北京市人民政府办公厅印发《北京市人民政府办公厅关于加快发展商业健康保险的实施意见》（京政办发〔2016〕16 号），鼓励发展与基本医疗保险相衔接的商业健康保险产品，为居民提供多样化的医疗保障服务。

（二）社会救助与社会福利扩面提标

2018 年 7 月，北京实施了《北京市社会救助实施办法》，北京社会救助制度进一步规范化和制度化。《北京市社会救助实施办法》明确了社会救助主要包括最低生活保障，特困人员供养，医疗、教育、住房、就业等专项救助，受灾人员救助，临时救助等，这从政策上弥补了过去北京社会救助面不够广、体系不够完善等问题。

2010 年以来，北京社会救助的标准逐年提升（表 4-6），救助标准处于全国前列，北京城乡居民最低生活保障人数逐年减少，2018 年为 10.4 万人，占常住人口比重为 0.48%（表 4-7）。2020 年，我国将全面建成小康社会，作为首善之区，北京有能力率先实现小康社会目标，消除绝对贫困人口。

表 4-6　北京最低保障金标准变化情况　　（单位：元/月）

年份	职工工资	失业保险金	城市居民生活保障
2010	960	632	430
2011	1160	782	500
2012	1260	842	520
2013	1400	892	580
2014	1560	1012	650
2015	1720	1122	710
2016	1890	1212	800
2017	2000	1292	900

资料来源：《北京统计年鉴 2018》

表 4-7　2010～2018 年北京城乡居民最低生活保障人数及占全市常住人口比重变化情况

年份	城市居民最低生活保障人数/万人	农村居民最低生活保障人数/万人	城市居民最低生活保障人数占比/%	农村居民最低生活保障人数占比/%
2010	13.7	7.7	0.70	0.39
2011	11.7	7.0	0.59	0.35
2012	11.0	6.3	0.53	0.30
2013	10.4	6.0	0.49	0.28

续表

年份	城市居民最低生活保障人数/万人	农村居民最低生活保障人数/万人	城市居民最低生活保障人数占比/%	农村居民最低生活保障人数占比/%
2014	8.9	5.1	0.41	0.24
2015	8.5	4.9	0.39	0.23
2016	8.2	4.7	0.38	0.22
2017	7.8	4.4	0.36	0.20
2018	6.7	3.7	0.31	0.17

资料来源：《北京统计年鉴2018》

三、公共服务逐步普适化和高质量化

公共服务是指政府为满足民众生存权和发展权，运用法定权力和公共资源，面向全体公民或某一类社会群体，组织协调或直接提供的以共同享有为特征的各种产品和服务。基本公共服务是指建立在一定的社会共识基础上，与经济社会发展水平和阶段相适应，由政府主导提供的，以公益性为主要特征、以公共资源为主要支撑、以公共管理为主要手段，旨在保障全体公民生存和发展基本需求的公共服务。基本公共服务范围一般包括保障基本民生需求的公共教育、公共卫生和基本医疗、社会保障、公共文化、公共体育、公共安全等[①]。公共服务范围十分广泛，这里主要指除社会保障以外的基本公共服务[②]。随着我国行政管理体制改革的逐步深入，政府已经从管制型政府向服务型政府转型，为居民提供优质的基本公共服务和配套设施成为地方政府的核心职责所在。近年来，北京在公共服务供给面上逐步扩大，基本公共服务实现人群全覆盖，公共服务供给质量逐步提高。

（一）市民健康水平和健康素养不断提升

2016年10月25日印发的《“健康中国2030”规划纲要》指出，未来15年，是推进健康中国建设的重要战略机遇期，健康服务业逐步成为我国发展重点关注的领域。2017年8月30日，国务院总理李克强在主持召开国务

① 北京市人民政府关于印发北京市“十二五”时期社会公共服务发展规划的通知[EB/OL]. http://www.beijing.gov.cn/zfxxgk/110001/szfwj/2011-10/30/content_7b1908ee9a9e4f16bd70ee56cbb140cd.shtml [2012-10-17].

② 由于社会保障已经单列出来，这里主要聚焦在公共服务中促进人全面发展的健康、教育、文化等基本公共服务领域。

院常务会议时指出，确定促进健康服务业发展的措施，满足群众需求、提高健康水平[①]。2017 年 10 月 18 日，习近平在党的十九大报告中提到“实施健康中国战略”，为人民群众提供全方位、全周期的健康服务。2017 年 3 月，北京出台了《中共北京市委 北京市人民政府关于促进卫生与健康事业改革发展的意见》，动员全市各方面的有效力量促进卫生与健康事业的改革与发展。2017 年 9 月，北京印发了《“健康北京 2030”规划纲要》，这标志着健康北京建设成为首都城市发展的重要战略（闫梅等，2018）。到“十二五”期末，北京居民健康素养水平达到 28.00%，人均期望寿命、婴儿死亡率、新生儿死亡率、孕产妇死亡率等主要健康指标已经达到或接近发达国家水平[②]。表 4-8 为 2010～2017 年北京主要健康指标情况及其与 2020 年发展目标对比情况。

表 4-8　2010～2017 年北京主要健康指标情况及其与 2020 年发展目标对比情况

年份	人均期望寿命/岁	婴儿死亡率/‰	新生儿死亡率/‰	孕产妇死亡率/（1/10 万）	甲乙类传染病发病率/（1/10 万）
2010	80.81	3.29	2.06	12.14	268.99
2011	—	2.84	1.88	9.09	226.76
2012	—	2.87	1.91	6.05	174.45
2013	81.50	2.33	1.52	9.45	155.87
2014	—	2.33	1.46	7.19	165.49
2015	81.95	2.42	1.52	8.69	150.86
2016	—	2.21	1.48	10.83	138.00
2017	82.15	2.29	1.45	8.17	139.60
2020	82.40	≤4.00	—	<11.00	—

资料来源：《北京统计年鉴 2018》、第六次全国人口普查、《北京市“十三五”时期卫生计生事业发展规划》、《北京市 2017 年度卫生与人群健康状况报告》和《“健康北京 2030”规划纲要》

由表 4-8 可知，随着北京对健康方面的政策支持力度和投入力度越来越大，城市居民健康情况持续向好。特别地，2017 年，北京婴儿死亡率、孕产妇死亡率等指标均提前达到并超过了 2020 年发展目标预期。

① 李克强：多措并举推动健康服务业规范有序加快发展[EB/OL]. http://health.china.com.cn/2017-08/31/content_39106762.htm[2017-08-31].

② “健康北京 2030”规划纲要(中共北京市委 北京市人民政府)2017 年 9 月 7 日[EB/OL]. http://www.beijing.gov.cn/zfxxgk/110088/zzqgh33/2017-09/14/content_5a0a51794dc347028b7069657d407c7c.shtml[2017-09-20].

1. 健康医疗卫生服务

依托拥有全国优质医疗卫生资源的优势，北京进一步优化医疗卫生资源全域配置，促进多格局办医，满足北京市民对医疗卫生服务的多层次需求，总体提高了北京市民健康医疗卫生服务水平。2013年，北京市卫生局、北京市发展和改革委员会、北京市人力资源和社会保障局、北京市中医管理局等共同出台的《北京市区域医疗联合体系建设试点指导意见》指出，2013～2016年，在北京市区域内，全面探索城区医联体服务模式和郊区医联体服务模式[①]。建立医联体制度是北京推动优质医疗资源下沉、优化医疗资源配置、提升区级医疗机构服务能力的重要举措。2018年，北京已建成58个医联体，包括核心医院55家[委（部）属、委（部）管医院9家，市属医院9家，厂矿企业办医院3家，部队医院1家，社会办医院2家，区域医疗中心16家，其他区医院15家]，合作医疗机构528家，覆盖北京16个区[②]。此外，北京推进了分级诊疗体系建设，一级医院及基层医疗卫生机构门诊急诊诊疗人次增长16.1%，部分社区卫生服务机构诊疗人次增长25%～30%；推进了以医联体为主体的远程医疗应用，53个医联体核心医院与下级医院建立了远程医疗业务服务，90%的社区卫生服务中心与上级医院建立了不同方式的远程医疗服务业务；鼓励了社会办医，社会医疗机构数量、床位数及服务量持续增长，截至2017年3月，全市共有社会办医疗机构4441家，占全市总量的42%，床位数占全市总量的21.1%，较上年增长0.2%，总诊疗人次占全市总量的13.1%，较上年增长0.7%[③]等。

2. 养老服务

十九大报告指出，要构建养老、孝老、敬老政策体系和社会环境，推进医养结合，加快老龄事业和产业发展。北京已经进入快速人口老龄化阶段，根据《北京统计年鉴2018》，截至2017年底，全市60岁及以上老年人口约358.2万人，占常住总人口的16.5%，其中户籍老龄人口336.5万人，约占户

① 北京市卫生局北京市发展与改革委员会北京市人力资源和社会保障局关于印发《北京市区域医疗联合体系建设试点指导意见》的通知[EB/OL]. http://www.beijing.gov.cn/zfxxgk/110088/yzygc23/2015-11/09/content_632816.shtml[2016-11-26].

② 北京16个区医联体全覆盖 转诊承上启下[EB/OL]. https://www.cn-healthcare.com/article/20180130/content-499836.html[2019-10-14].

③ 中共北京市委全面深化改革领导小组办公室，北京大学首都发展研究院. 2017.《北京市人民政府关于促进健康服务业发展的实施意见》落实情况和实施效果评估报告[R].

籍总人口的 24.8%。根据《北京市老龄事业和养老服务发展报告（2016 年—2017 年）》，2016 年底北京户籍人口中有 16.49 万老年人已确定为失能老年人。据预测，2030 年北京将达到重度老龄化，户籍老年人口占比超过 30%，这一高比例将持续 50 年以上[①]。

为了应对人口老龄化，为本市居民提供良好的养老服务，北京相继推出了多种养老服务政策，完善城乡居民基本养老保险制度。2016 年，北京印发了《关于推进医疗卫生与养老服务相结合的实施意见》，多部门协作推动医养结合和老年健康服务的体系框架基本形成。老年健康管理体系不断完善，建立了以市级老年健康服务指导中心为龙头、16 家区级老年健康服务指导中心为骨干、基层医疗服务机构为支撑的服务网络。截至 2016 年底，北京养老机构医疗服务覆盖率达 90%以上，全市已建设 7 个区级养老服务指导中心、172 个街乡镇养老照料中心和 498 个城乡社区养老服务驿站，“三边四级”的养老服务体系进一步完善[②]。

3. 公共体育服务

作为成功举办 2008 年夏季奥林匹克运动会，又将筹办 2022 年冬季奥林匹克运动会的双奥之城，北京已经成为国际知名的体育城市，市民公共体育服务发展十分迅速，全民健身服务体系基本形成。2017 年 1 月 20 日通过的《北京市全民健身条例》，将对全民健身有巨大的推动作用。

北京全民健身设施较为完善，品种齐全的立体化健身设施格局基本形成。据北京市人民代表大会常务委员会召开的《全民健身条例》和《北京市全民健身条例》执法检查组第一次全体会议，北京人均体育场地面积为 2.25 平方米，提前达到了 2030 年的规划标准。所有区都有全民健身体育中心，全市 100%的街道（乡镇）、有条件的社区和 100%的行政村建有体育设施。截至 2016 年底，有大型、中型多功能综合全民健身体育中心 28 个，城市街道小型健身中心 304 处，各类步道 1240 公里，骑行绿道 200 公里，室内外冰场

① 北京 2030 年进入重度老龄化社会 将有 80 万人超过 75 岁[EB/OL]. http://bj.people.com.cn/n2/2016/0505/c82840-28275153.html[2016-05-05].

② 关于北京市国民经济和社会发展第十三个五年规划纲要实施情况的中期评估报告[EB/OL]. http://www.beijing.gov.cn/zfxxgk/110002/jqgh33/2018-12/29/content_2f1d99eaca5f45f6a6ee4134f7a4c84c.shtml [2018-12-29].

53块，雪场22处[①]。

北京全民健身网络逐步完善，健身活动丰富多彩。目前，北京形成了包括市区街道体育行政管理网络体系，以及由市区体育总会和单项协会组成的体育社团网络体系。北京所有区都建立了体育总会，有市级体育社团87个，区级体育社团531个，经备案的健身团队7893个[②]。北京已经形成了以传统大型体育赛事活动为引导，以小型多样、因地制宜的经常性体育活动为主导的市区两级体育品牌活动体系。北京冰雪活动逐渐丰富和普适化，自冬季奥林匹克运动会申办成功以来，北京每年的冰雪活动吸引了上百万人次参与。

4. 公共安全服务

2015年以来，北京在公共安全服务方面总体有所提升，各类交通、火灾等安全事故造成的人员伤亡和财产损失有所下降（表4-9和表4-10）。2016～2017年，67大类食品安全监测抽检合格率由97.92%提升到98.65%，药品安全监测抽检合格率由99.85%提升到99.90%；亿元GDP生产安全事故死亡率由0.024人降到0.023人；道路交通万车死亡率由2.38人降到2.33人。

表4-9　2016～2017年北京安全生产情况

项目	2016年	2017年
亿元GDP生产安全事故死亡率/人	0.024	0.023
工矿商贸企业从业人员10万人生产安全事故死亡率/人	1.03	1.31
煤矿百万吨死亡率/人	0.63	0.78
道路交通万车死亡率/人	2.38	2.33
67大类食品安全监测抽检合格率/%	97.92	98.65
重点食品安全监测抽检合格率/%	98.50	99.16
药品安全监测抽检合格率/%	99.85	99.90

资料来源：《北京统计年鉴2018》

① 北京人均体育场地面积达2.25平方米[EB/OL]. http://sports.qianlong.com/2017/0419/1615416.shtml[2018-12-06].

② 2018年全国“全民健身日”活动主会场·北京2022年冬奥会和冬残奥会吉祥物全球征集启动暨北京奥运城市体育文化节开幕式隆重举行[EB/OL]. http://www.sport.gov.cn/n14471/n14472/n14509/c869023/content.html[2018-12-08].

表 4-10　2016～2017 年北京火灾及损失情况

项目	数量		直接经济损失/万元	
	2016 年	2017 年	2016 年	2017 年
火灾起数/起	4296	3917	5957.4	5941.4
特别重大火灾/起	0	0	0	0
重大火灾/起	0	0	0	0
较大火灾/起	3	1	42.1	1.0
一般火灾/起	4293	3916	5915.3	5940.4
电气/起	1246	1068	2979.3	2964.6
生产作业/起	109	118	256.6	330.3
生活用火不慎/起	506	409	327.3	307.0
吸烟/起	89	82	74.4	51.7
玩火/起	61	46	34.6	569.8
自燃/起	133	130	168.9	223.9
雷击/起	2	2	0.6	2.2
静电/起	3	1	0.2	4.0
放火/起	98	89	250.2	87.9
其他/起	2049	1972	1865.3	1400.0
受伤人数/人	21	17	—	—
死亡人数/人	56	50	—	—

资料来源：《北京统计年鉴 2018》

（二）教育优质均衡发展持续推进

“十三五”时期是首都实现教育现代化的关键阶段，《北京市国民经济和社会发展第十三个五年规划纲要》提出，要把教育始终摆在优先发展的战略位置，构建公平、优质、创新、开放的现代教育体系，为所有人提供适宜的教育[①]。“十三五”以来，北京持续推进教育优质均衡发展，教育服务供给能力大幅提升，积极推进优质教育资源均衡布局，稳步推进综合教育改革。

① 北京市国民经济和社会发展第十三个五年规划纲要[EB/OL]. http://www.beijing.gov.cn/gongkai/guihua/wngh/qtgh/201907/t20190701_100240.html[2019-07-28].

1. 教育服务供给能力增强

北京在教育公平与教育优先原则的基础上，形成了基本公共教育服务以政府为主导，企业、社会多元办教育的发展格局。整个社会教育兼顾效率与公平，通过深化教育改革，向社会力量购买教育服务，培育优质教育集团，引导社会力量一起办学，从规模上总体增加了教育服务的供给数量，优化了教师的数量、结构和专业化水平，推动优质、特色教育资源的覆盖面进一步扩大，为市民提供多样化、个性化的教育服务产品，增强了教育服务的供给能力。

近年来，除2015年北京各类学校[①]在校学生数有所下降以外，全市各类学校数、在校学生数和专任教师人数逐年增加，普通中学平均每一专任教师负担学生数逐步降低，由2010年的10.2人降到2017年的7.7人，小学平均每一专任教师负担学生数先升后降，2017年为13.6人，接近2010年13.2人的水平（表4-11）。幼儿园数、在园人数和专任教师数持续增长，2014年以后平均每一专任教师负担学生数基本稳定在12人以下（表4-12）。2011年以来，北京先后实施了第一期、第二期学前教育三年行动计划，共新增17万个学前教育学位和1.6万名专任教师[②]，其中"十三五"以来，北京累计新增幼儿园学位5.2万个[③]。北京积极支持推进集团化办学，"十三五"以来北京教育集团达158个[④]。

表4-11　2010～2017年北京教育基本情况

年份	全市各类学校数/个	全市各类学校在校学生数/人	专任教师数/人	平均每一专任教师负担学生数/人	
				普通中学	小学
2010	3 330	3 299 555	206 602	10.2	13.2
2011	3 367	3 426 025	199 789	9.8	13.4
2012	3 314	3 568 273	204 812	9.7	13.7
2013	3 439	3 736 003	216 463	9.5	14.4

① 此处各类学校包括除幼儿园以外，普通高等学校、普通中等学校、小学。

② 北京市人民政府办公厅关于印发《北京市第三期学前教育行动计划》的通知[EB/OL]. http://www.beijing.gov.cn/zhengce/zhengcefagui/201905/t20190522_60794.html[2019-10-25].

③ 北京市累计新增幼儿园学位5.2万个[EB/OL]. http://www.bj.xinhuanet.com/bjyw/2018-12/30/c_1123929209.htm[2019-10-25].

④ 关于北京市国民经济和社会发展第十三个五年规划纲要实施情况的中期评估报告[EB/OL]. http://www.beijing.gov.cn/zfxxgk/110002/jqgh33/2018-12/29/content_2f1d99eaca5f45f6a6ee4134f7a4c84c.shtml[2018-12-29].

续表

年份	全市各类学校数/个	全市各类学校在校学生数/人	专任教师数/人	平均每一专任教师负担学生数/人	
				普通中学	小学
2014	3 437	3 774 868	225 165	9.0	14.4
2015	3 454	3 734 245	226 043	8.4	14.3
2016	3 524	3 733 544	231 251	7.9	14.0
2017	3 556	3 861 492	236 346	7.7	13.6

资料来源：《北京统计年鉴 2018》

表 4-12　2010～2017 年北京幼儿园基本情况

年份	幼儿园数/所	在园人数/人	专任教师数/人	平均每一专任教师负担学生数/人
2010	1 245	276 994	21 677	12.8
2011	1 305	311 417	24 170	12.9
2012	1 266	331 524	26 330	12.6
2013	1 384	348 681	28 806	12.1
2014	1 426	364 954	31 692	11.5
2015	1 487	394 121	34 040	11.6
2016	1 570	416 982	36 071	11.6
2017	1 604	445 535	37 903	11.8

资料来源：《北京统计年鉴 2018》

2. 优质教育资源配置更加均衡

公平是基本公共教育服务的根本原则，在满足基本公共教育服务的前提下，促进优质教育资源的进一步均衡布局，有利于扩大社会教育的公平面，总体提高社会教育水平。“十三五”以来，北京的教育资源配置更加均衡，区域、校际差距进一步缩小。北京积极支持推进学区制改革，按照确保公平和就近入学原则，科学划定每所义务教育学校片区范围，“十三五”以来共划定中小学学区 131 个，2017 年北京公办小学、初中就近入学比例达 99%和 95%以上，城区跨区支持远郊区新增 23 所优质校①。

（三）公共文化服务水平较大提升

文化是国家的灵魂，中国文化中心则是中华民族优秀文化的展示窗口，

① 关于北京市国民经济和社会发展第十三个五年规划纲要实施情况的中期评估报告[EB/OL]. http://www.beijing.gov.cn/zfxxgk/110002/jqgh33/2018-12/29/content_2f1d99eaca5f45f6a6ee4134f7a4c84c.shtml [2018-12-29].

对外展示国家文明形象，对内增强文化自信，对全国的文化建设起着引领示范作用，是国家软实力的重要体现。全国文化中心的城市功能定位增强了首都文化自信，助推了北京公共文化服务水平的提升。《中华人民共和国公共文化服务保障法》第二条指出，公共文化服务是指由政府主导、社会力量参与，以满足公民基本文化需求为主要目的而提供的公共文化设施、文化产品、文化活动以及其他相关服务。

“十三五”以来，北京出台了多项政策和举措促进公共文化服务发展，基本形成了市—区—乡镇（街道）—行政村（社区）四级公共文化服务设施体系。2017年9月出台的《关于加快推进公共文化服务体系示范区建设的意见》指出，北京要建成均衡发展、供给丰富、服务高效、保障有力的现代公共文化服务体系。在全国首批设立习近平新时代中国特色社会主义思想研究机构；持续深化文明城区、文明村镇、文明单位、文明家庭和文明校园创建工作，推出“礼让斑马线”“空调调高一度”等群众性精神文明创建系列活动；加快推进公共文化服务体系示范区建设，已有东城区、朝阳区、海淀区入选国家公共文化服务体系示范区；实施文化精品工程，支持实体书店发展等。截至2016年末，北京四级公共文化设施6958个，平均覆盖率为98%[①]；2017年末，北京拥有公共图书馆25个，藏书数量逐年提升，由2010年的4613万册增加到2017年的6409万册（表4-13）。截至2018年1月，街道乡镇图书馆“一卡通”服务开通206家，服务农村的文化信息资源共享工程站点4295个，15分钟公共文化服务圈渐趋完善[②]。

表4-13　2010～2017年北京公共文化服务概况

年份	公共图书馆		群众艺术馆、文化馆		档案馆
	个数/个	总藏数/万册	个数/个	组织文艺活动次数/次	个数/个
2010	25	4613	20	3564	18
2011	25	5049	20	3401	18
2012	25	5556	20	3848	18
2013	25	5316	20	4769	18
2014	25	5601	20	2158	18

① 北京市文化局2016年工作总结[EB/OL]. http://www.beijing.gov.cn/zfxxgk/110021/ndgzzj53/2017-02/23/content_787506.shtml[2017-02-23].

② 北京15分钟公共文化服务圈渐趋完善 基层文化设施覆盖率超98%[EB/OL]. http://m.people.cn/n4/2018/0120/c1456-10428389.html[2018-12-23].

续表

年份	公共图书馆		群众艺术馆、文化馆		档案馆
	个数/个	总藏数/万册	个数/个	组织文艺活动次数/次	个数/个
2015	25	5943	20	2587	18
2016	25	6229	21	3417	18
2017	25	6409	21	—	18

资料来源：《北京统计年鉴 2017》和《北京市 2017 年国民经济和社会发展统计公报》

此外，2015 年以来，北京在保障市民就业与住房、为市民提供生活便利设施等方面取得了不小的成绩。北京城镇登记失业率基本保持在 1.5%以内，2018 年上半年比全国平均水平低 2.36 个百分点；围绕“住有所居”加强保障房建设，北京完成 10.8 万户棚户区改造任务，政策性住房新开工 17.2 万套、竣工 19.1 万套，市民居住条件进一步改善①。截至 2018 年 9 月底，北京累计建成 1560 个“一刻钟社区服务圈”②，覆盖 3034 个社区，覆盖率达到 90%以上，为广大居民提供了基本公共服务、志愿互助服务、便民利民服务和本地特色服务，已经成为全市社区服务的品牌③。

四、迈入全民共建共享的社会治理新阶段

与经济发展相比，社会发展一直是我国的短板，直到十七大报告提出坚持中国特色社会主义经济建设、政治建设、文化建设、社会建设的基本目标和基本政策构成的基本纲领④，至此中国特色社会主义事业的总体布局从经济建设、政治建设、文化建设三位一体明确地发展成为经济建设、政治建设、文化建设、社会建设四位一体，我国社会建设快速发展起来。2007 年 12 月 2 日，中共北京市委社会工作委员会、北京市社会建设工作办公室成立。北京

① 关于北京市国民经济和社会发展第十三个五年规划纲要实施情况的中期评估报告[EB/OL]. http://www.beijing.gov.cn/zfxxgk/110002/jqgh33/2018-12/29/content_2f1d99eaca5f45f6a6ee4134f7a4c84c.shtml [2018-12-29].

② “一刻钟社区服务圈”是指社区居民从家庭居住地出发，在步行 15 分钟范围内，享受到方便、快捷、舒适的社区服务，主要包括由政府提供的基本公共服务，由社会力量和居民个人提供的志愿互助服务，由市场机制提供的便民利民服务和特色服务等。

③ 北京“一刻钟社区服务圈”挂牌 覆盖率超 90%[EB/OL]. http://liuyan.people.com.cn/n1/2018/1024/c58278-30359836.html[2018-12-29].

④ 胡锦涛在中共第十七次全国代表大会上的报告全文[EB/OL]. http://www.gov.cn/ldhd/2007-10/24/content_785431.htm[2007-10-24].

在社会治理方面开展了许多有益的改革与探索，包括在全国首创网格化管理新模式，出台加强北京社会建设“1+4”文件[①]，加强志愿者工作，印发实施《关于深化北京市社会治理体制改革的意见》等，这些在全国社会建设领域都具有开创性意义，对北京社会建设起到了很好的促进作用。

社会治理是社会建设的根本手段，也是国家治理体系的重要组成部分。“十二五”期末，北京基本形成党委领导、政府负责、社会协同、公众参与的社会管理格局。2015年8月，北京发布《关于深化北京市社会治理体制改革的意见》，标志着北京社会治理从以往的以党和政府为主导打基础、抓覆盖、促发展时代，进入广泛动员社会深化改革、攻坚克难、多元共治阶段[②]。北京社会建设的快速发展和社会治理水平的提升，大大提升了北京公共服务水平的供给质量。《北京市“十三五”时期社会治理规划》提出，北京“十三五”社会治理的主要目标之一是完善社会服务、改善民生保障、提高公共服务水平，基本形成政府主导、覆盖城乡、持续发展、优质高效的基本公共服务体系；创新社会服务供给，基本形成政府主导、社会参与、多元供给的社会服务模式；增强社区服务功能，实现社区服务体系全面覆盖[③]。“十三五”以来，北京积极完善社会基层治理体系，完善街道乡镇实体化综合执法平台，健全街巷长、小巷管家长效机制，深入推进以背街小巷为重点的精细化管理。首都社会治理和社会服务取得重大成效，截至“十三五”中期，北京城乡居民基本公共服务，包括北京“一刻钟社区服务圈”和公共文化设施等基本实现全覆盖。

2019年7月24日，北京市十五届人大常委会第十四次会议审议了《北京市街道办事处条例（草案）》。长期以来，街道办事处的工作被形容为“上面千条线，下面一根针”，直接影响了街道办事处本身的社会服务与管理职能，《北京市街道办事处条例（草案）》征求意见稿提出，将破除街道办事处责任多、事务繁忙、缺少明确法律赋权的局面，对北京基层社会治理具有重大意义。

---

① 北京社会建设“1+4”文件是指《北京市加强社会建设实施纲要》《关于进一步加强和改进社会领域党建工作的意见》《关于加快推进社会组织改革与发展的意见》《北京市社区管理办法（试行）》《北京市社区工作者管理办法（试行）》。

② 北京社会治理进入2.0时代[J]. 领导决策信息，2015（43）：8-9.

③ 北京市“十三五”时期社会治理规划[EB/OL]. http://www.beijing.gov.cn/zfxxgk/110049/gzgh32/2016-11/22/content_758203.shtml[2019-11-28].

第二节　问题与挑战分析

“十三五”以来，北京在社会发展与公共服务水平方面持续改善，但是随着首都发展步入新时代，作为首善之区、中国超大城市的典型代表，北京社会发展与公共服务仍面临着诸多问题与挑战。

一、新时代给首都社会发展与公共服务带来更高要求

党的十九大指出，中国特色社会主义进入新时代，我国社会主要矛盾已经转化为人民日益增长的美好生活需要和不平衡不充分的发展之间的矛盾。作为大国首都、首善之区，如何满足人民群众对美好生活的新需求与新期待，增强人民群众的幸福感与获得感，是现在及今后相当长时期北京社会发展与公共服务的首要任务。《北京城市总体规划（2016 年—2035 年）》中关于首都社会发展与公共服务发展明确提出，至 2020 年，人民生活水平和质量普遍提高，公共服务体系更加健全，基本公共服务均等化水平稳步提升；至 2035 年，成为生活更方便、更舒心、更美好的和谐宜居城市。《北京城市总体规划（2016 年—2035 年）》给出了具体发展目标的答案（表 4-14）。从北京目前的发展情况和态势来看，涉及居民教育、医疗卫生、文体、生活便利性、食药安全等指标向好，有些 2020 年的发展目标甚至已经提前达到，如 2017 年北京重点食品安全检测抽检合格率已经达到 98.65%[①]。但是，根据《北京市 2018 年国民经济和社会发展统计公报》，有些重要指标，如居民收入弹性系数，扣除价格上涨因素之后，2018 年北京城乡居民可支配收入的实际增长速度为 6.3%，而经济增长速度为 6.6%，从《北京城市总体规划（2016 年—2035 年）》提出的未来居民收入增长与经济增长应该同步的要求来看，北京未来仍面临不小压力。

① 2018 年上半年北京市重点食品安全合格率 98.68%[EB/OL]. http://bj.people.com.cn/GB/n2/2018/0917/c82840-32065305.html[2019-10-14].

表 4-14 《北京城市总体规划（2016 年—2035 年）》社会发展与公共服务主要发展目标

项目	2015 年	2020 年	2035 年
居民收入弹性系数	1.01	居民收入增长与经济增长同步	
平均受教育年限/年	12.00	12.50	13.50
人均期望寿命/岁	81.95	82.40	83.50
千人医疗卫生机构床位数/张	5.14	6.10	7.00
千人养老机构床位数/张	5.70	7.00	9.50
人均公共文化服务设施建筑面积/平方米	0.14	0.36	0.45
人均公共体育用地面积/平方米	0.63	0.65	0.70
一刻钟社区服务圈覆盖率/%	80（城市社区）	基本实现城市社区全覆盖	基本实现城乡社区全覆盖
社会治安：十万人刑事案件判决生效犯罪率/人	109.20	108.70	106.50
交通安全：万车死亡率/人	2.38（2016 年）	2.10	1.80
重点食品安全检测抽检合格率/%	98.42	98.50	99.00

作为首善之区，北京以建设国际一流的和谐宜居之都为目标，不仅要以国内领先、国际先进的发展水平要求自己，还要持续地为人民群众谋福祉，持续提供优质公共服务。人类发展指数（human development index，HDI）是表征一个区域或者城市社会发展水平的关键指标，人类发展指数最早由联合国开发计划署（United Nations Development Programme，UNDP）在 1990 年创立。根据联合国开发计划署发布的《2016 年中国城市可持续发展报告：衡量生态投入与人类发展》报告（表 4-15），在人类发展指数排名中，广州以 0.869 居第 1 位，北京、南京、沈阳、深圳、上海居第 2～6 位。通过对中国人类发展指数排名前 10 的大中城市的比较可以发现，北京在收入指数排名方面并不十分靠前，尤其是人均 GDP 与深圳、广州等尚有一定差距，与世界城市相比较差距更大（表 4-16 和表 4-17），2017 年仅为纽约的 18.04%、伦敦的 32.85%、东京的 26.77%。可见，北京要顶住升级转型发展时期的阵痛，保持经济的高质量发展，促进人均 GDP 大幅提升，提高居民总体收入水平，为满足首都社会发展与公共服务高质量发展打下坚实基础。

表 4-15　2016 年中国人类发展指数排名前 10 的城市及分项指标排名

城市	人类发展指数		预期寿命指数		教育指数		收入指数	
	得分	排名	得分	排名	得分	排名	得分	排名
广州	0.869	1	0.944	6	0.779	3	0.892	2
北京	0.860	2	0.951	3	0.783	2	0.854	8
南京	0.859	3	0.956	2	0.765	5	0.865	5
沈阳	0.854	4	0.923	12	0.813	1	0.831	15
深圳	0.851	5	0.918	14	0.734	9	0.915	1
上海	0.848	6	0.958	1	0.749	7	0.850	11
天津	0.841	7	0.940	8	0.736	8	0.862	6
厦门	0.841	8	0.924	11	0.774	4	0.833	14
武汉	0.839	9	0.927	10	0.749	6	0.851	10
大连	0.839	10	0.945	5	0.720	13	0.868	3

表 4-16　2016 年人均 GDP 排名前 11 的城市人类发展细分指标比较

城市	预期教育年限/年	人均教育年限/年	人均预期寿命/年	人均 GDP/国际元
深圳	13.60	10.70	79.70	42 646
广州	15.40	10.55	81.34	36 650
大连	14.02	9.92	81.41	31 362
长沙	14.00	10.21	76.24	30 718
南京	14.56	10.82	82.17	30 679
天津	14.25	10.20	81.08	30 019
杭州	14.22	9.88	81.56	29 614
北京	14.37	11.50	81.81	28 535
宁波	14.36	8.91	81.24	28 059
武汉	13.90	10.90	80.27	27 956
上海	14.26	10.58	82.29	27 776

资料来源：《2016 年中国城市可持续发展报告：衡量生态投入与人类发展》

表 4-17　2017 年纽约、伦敦、东京和北京的人均 GDP 水平比较

指标	纽约	伦敦	东京	北京
人均 GDP/美元	105 840	58 135	71 335	19 095
北京与各城市人均 GDP 比值/%	18.04	32.85	26.77	100.00

资料来源：智研咨询集团发布的《2017—2023 年中国共享经济市场深度评估及投资前景评估报告》

二、公共服务品质与国际一流水平仍存在差距

拥有优良的城市公共服务品质是提升城市吸引力和竞争力的重要方面，北京建设国际一流和谐宜居之都，应瞄准一流世界城市公共服务的发展水平，为城市居民提供高品质、多样化的公共服务产品。但是，北京与目前公认的世界城市相比，在高品质公共服务供给方面仍存在不小差距，在公共文化服务设施方面表现得尤为明显。2013 年《全球城市公共文化服务发展报告》显示，全球 21 个主要城市中，巴黎、伦敦和东京获得公共文化总指数的前 3 名，而北京排名 10 名之后且得分低于平均分（国家图书馆研究院，2015）。以最具代表性的公共文化服务设施——公共图书馆为例，排名全球前三的城市分别为伦敦（383 个）、东京（226 个）、纽约（224 个）[①]，而 2017 年北京公共图书馆数量仅为 25 个[②]，每 10 万人平均拥有公共图书馆数量，北京为 0.1 个，伦敦为 4.7 个，巴黎为 3.5 个，纽约为 2.6 个，东京为 2.5 个[③]。与其他世界城市相比，北京公共图书馆在数量和人均拥有量方面均存在很大差距。在公共图书馆可及性方面，与首尔在“十分钟社区”项目中提出的在半径 800 米范围（步行 10 分钟距离）内保证有一个公共图书馆相比，北京在公共图书馆布局便利性方面仍存在不小差距。

三、城乡居民之间基本公共服务水平差距依然过大

城乡之间基本公共服务水平差距过大，仍是北京社会发展最突出的问题之一。北京城乡居民之间收入与消费仍存在较大差距。根据《北京市 2018 年国民经济和社会发展统计公报》，2017 年北京城镇居民人均可支配收入为 62 406 元，农村居民人均可支配收入为 24 240 元，农村居民人均可支配收入仅相当于城镇居民的 38.8%。根据《北京市 2018 年国民经济和社会发展统计公报》，北京农村居民人均可支配收入增速为 6.7%，低于城镇居民人均可支配收入增速（7.0%），这无疑将进一步加大城乡居民之间的收入差距。在消费方面，2017 年北京全市居民家庭恩格尔系数为 20.2%，农村居民家庭恩格

---

① 国际观察 039|图示世界大都市建设情况比较（6）：生活基础设施[EB/OL]. http://www.yidianzixun.com/article/0I7cXXQP[2018-01-12].

②《北京统计年鉴 2018》，此数据不包含市内各高校图书馆。

③ 国际观察 039|图示世界大都市建设情况比较（6）：生活基础设施[EB/OL]. http://www.yidianzixun.com/article/0I7cXXQP[2018-01-12].

尔系数为 24.7%，城镇居民家庭恩格尔系数为 19.8%。在社会保障方面，北京基本建立起全覆盖的城乡统一的居民基本养老保险制度、居民基本医疗保险制度，但北京城乡社会保障统筹层次仍较低，城乡居民社会保障标准的内部差异仍较大。

此外，优质公共服务资源布局不均衡，城乡差异大，远郊区优质资源配置不足也是北京城乡一体化发展面临的主要问题。在教育、医疗卫生资源、大型文体设施等方面，特别是在优质资源的空间分布上，北京呈现出明显的区域集中态势。以医疗卫生服务为例，北京城乡基本医疗服务四环以内区域的覆盖率接近 100%，四环至五环区域的覆盖率开始下降，五环至六环的覆盖率下降较快（徐高峰等，2017）。全市一半以上的三级甲等医院集中在东城、西城和朝阳三个区，尤其是如北京协和医院、北京医院等三级甲等医院更集中在三环以内的城市核心区，城市核心区之外的优质医疗资源较少。全市著名的优质中小学教育资源大多集中在东城、西城和海淀三个区。包括博物馆、图书馆、大型体育场馆在内的文化体育设施也集中在中心城区和城市功能拓展区，而在延庆区、门头沟区等远郊区相对较少，匹配不足。

值得一提的是，外来务工人员大多居住在城市远郊区。在一些低端行业外来务工者多生活在城乡接合部，其基本公共服务保障水平依然很低。根据《北京统计年鉴 2018》，2017 年北京义务教育阶段非京籍学生数量占学生总数的 32.8%。尽管社会力量兴办了一些打工子弟学校，但是学校的教学基础设施条件依然较差。例如，大兴区打工子弟小学在校生约占全区小学在校生的 10%，但校均占地 0.88 公顷，仅达到公办校均面积的 60%，教学设施条件等距离全市平均水平有较大差距（徐碧颖，2018）。

四、人口规模快速增长加大公共服务承载压力

北京聚集了大量医疗、教育公共文化等优质资源，这部分公共服务不仅服务于本地居民，还服务于全国。据统计，北京瞬间流动人口规模可达 4000 万人，大规模的人口对北京公共服务承载力产生了巨大压力，无法满足广大人民群众的需求，在一定程度上影响了公共服务产品的供给质量。以医疗资源为例，尽管近年来北京卫生机构与实有床位数有所增长（表 4-18），但每千常住人口拥有医院床位数却增长缓慢，甚至个别年份呈现负增长。北京市卫生局统计显示，2014 年全市三级医院门诊人次中约 25%、住院人次中约

40%为外省（市）来北京就医患者。在北京儿童医院、北京积水潭医院等特色专科医院外地就医患者占 70%，就医难成为北京居民公共服务的突出问题（徐碧颖，2018）。

表 4-18 2010～2017 年北京卫生资源情况

年份	卫生机构/个	实有床位数/张	每千户籍人口拥有医院床位数/张	每千常住人口拥有医院床位数/张
2010	6 539	92 871	6.83	4.38
2011	9 699	94 735	6.85	4.34
2012	9 974	100 167	7.14	4.48
2013	10 141	104 034	8.76	4.57
2014	10 265	109 789	7.71	4.78
2015	10 425	111 555	7.76	4.82
2016	10 637	116 963	8.58	5.06
2017	10 986	113 576	8.36	5.23

资料来源：《北京统计年鉴 2018》

第三节 对策建议

追求城市公平公正，更加关注居民的幸福感和获得感越来越成为全球城市关注的重点，纽约、伦敦、东京三大全球城市近年来相继发布的未来城市发展规划与愿景都体现了这一点。东京提出，2030 年要成为为居民提供最大幸福的世界一流大都市；伦敦提出，2036 年要建设成为一个顶级全球城市，为其公民和企业增加更多的发展机会，达到最高环境标准和生活质量；纽约提出，要规划一个强大而公正的城市。对于北京而言，注重公平公正，增强人民群众的获得感和幸福感是其社会发展与公共服务的根本出发点。在此前提下，本节对未来北京社会发展与公共服务的思路与对策进行探讨。

一、发展框架和思路

北京社会发展与公共服务要以满足人民群众日益增长的美好生活需要为根本目标，分类推进基本公共服务和社会保障的发展，实现对所有人群的全覆盖和均等化；在满足居民社会保障和公共服务基本需求的同时，通过供给侧改革，引导社会力量，为居民生活提供多样化、高品质的公共服务；通过创新社会治理，以社区为核心载体，完善基层公共服务体制，全面提升首都社会发展与公共服务水平。

北京应在持续增加城乡居民收入、引导消费升级的前提下，着力推动以下三个方面：一是加快统筹推进城乡公共服务一体化，构建覆盖城乡、优质均衡的公共服务体系；二是推动公共服务高品质化发展，扩大社会保障与公共服务惠及的人群，提高社会保障与服务标准，增加公共服务供给量，丰富供给方式；三是创新社会治理，提升基层社会治理水平，依托城乡社区促进公共服务的高质量发展，促进首都社会和谐稳定的发展。

二、推进城乡统筹，促进优质公共服务均衡布局

加快形成政府主导、覆盖城乡、可持续的北京基本公共服务体系，引导优质公共服务资源向城乡接合部和农村地区拓展延伸。

一是优先发展教育事业，在可能的情况下把基础教育向学前教育和高中教育延伸；促进优质教育均衡化发展，对于城乡接合部和远郊区，根据人员规模状况配套基础教育资源的供应，尽可能地通过名校到这些地区办分校等形式，提供优质的基础教育资源；同时，要更加注重流动人员、外来务工人员的子女教育公平性问题，疏导结合，助力提升这部分人员的子女受基础教育服务水平。此外，随着非首都功能疏解，部分教育功能，如学校、教育机构，尤其是高等教育、职业教育等在中心城区布局的部分，应结合疏解地情况统筹考虑，在疏解非首都核心功能的同时，实现提升疏解地总体教育水平的目标，进而促进整体社会效益的提升。

二是持续推进健康北京建设，促进医药卫生改革，加强医联体建设、大力支持社会办医、积极发展健康保险、支持发展多样化健康服务、加快与相关产业融合发展、培育相关支撑产业等，满足人民群众多层次、多样化的健康服务需求①。加大优质医疗卫生资源向城乡接合部和农村地区布局，优化医疗卫生基础设施建设，提升城镇基层和农村地区医疗卫生从业人员的待遇与总体素质；做好中心城区疏解的部分医疗卫生功能和疏解地的健康服务设施规划的对接工作，提升疏解地的医疗卫生服务水平。

三是积极做好就业和社会保障工作，处理好效率与公平的关系，加大就

① 北京市人民政府关于促进健康服务业发展的实施意见[EB/OL]. http://www.beijing.gov.cn/zfxxgk/110001/szfwj/2014-09/24/content_ff7f919a72484e40b2e727f5349a4c1f.shtml[2019-09-23].

业促进力度，稳定就业；在基本社会保障的基础上，促进养老、医疗等商业保险的补充性作用；应对首都老龄化社会的严峻形势，积极推进医养结合，健全“三边四级”养老服务体系等。

四是依托城市街道社区服务中心和社区服务站以及乡镇社区服务中心、村级社区服务站的平台作用，提高与居民生活息息相关的公共服务品质，优化服务站点的空间布局，推动城乡社区公益性服务和市场化服务相结合，提升生活便利设施、图书馆、文化馆、体育馆等城乡基层综合性公共服务设施建设水平；丰富城乡居民文体生活，打造居民喜闻乐见的文化体育精品活动，提升城乡公共文化、公共体育服务水平，促进全民素质提升。

三、加大公共服务资源供给，提升公共服务水平

公共服务可分为基本公共服务和非基本公共服务[①]，政府通常是基本公共服务和准基本公共服务的主要供给者。近年来，北京公共服务与社会保障方面的财政支出逐年增加（表 4-19），从公共服务细分各项占财政支出的比重来看，2015 年教育、医疗卫生与计划生育、文化体育与传媒占财政支出的比重有所下降（图 4-2），这与国家计划生育政策变化，以及这两类公共服务兼具公益性与经营性两种属性有一定的关系。

表 4-19　2010～2017 年北京财政支出情况　　（单位：亿元）

年份	一般公共预算支出	细分项目						
		一般公共服务	教育	科学技术	文化体育与传媒	社会保障和就业	医疗卫生与计划生育	城乡社区事务
2010	2717.32	239.57	450.22	178.92	79.36	275.90	186.82	294.30
2011	3245.23	261.38	520.08	183.07	87.01	354.88	225.49	339.27
2012	3685.31	286.57	628.65	199.94	141.37	424.31	256.06	430.76
2013	4173.66	297.12	681.18	234.67	154.71	469.13	276.13	510.67
2014	4524.67	272.23	742.05	282.71	163.90	509.01	322.29	567.40

① 非基本公共服务是指混合公共服务或政府为满足更高层次的社会公共需求而提供的公共服务和产品，一般包括准基本公共服务和经营性公共服务。准基本公共服务是指为保障社会整体福利水平所必需的、同时又可以引入市场机制提供或运营的，但由于政府定价等因素而没有盈利空间或盈利空间较小，尚需政府采取多种措施给予支持的公共服务。经营性公共服务是指完全可以通过市场配置资源、满足居民多样化需求的公共服务。政府不再直接提供这类服务，而是通过开放市场并加强监管，鼓励和引导社会力量举办和经营。

续表

年份	一般公共预算支出	细分项目						
		一般公共服务	教育	科学技术	文化体育与传媒	社会保障和就业	医疗卫生与计划生育	城乡社区事务
2015	5737.70	300.12	855.67	287.80	188.50	700.48	370.52	995.39
2016	6406.77	367.20	887.38	285.78	198.35	716.21	397.95	1120.37
2017	6824.53	493.24	964.62	361.76	208.96	795.38	427.87	1034.14

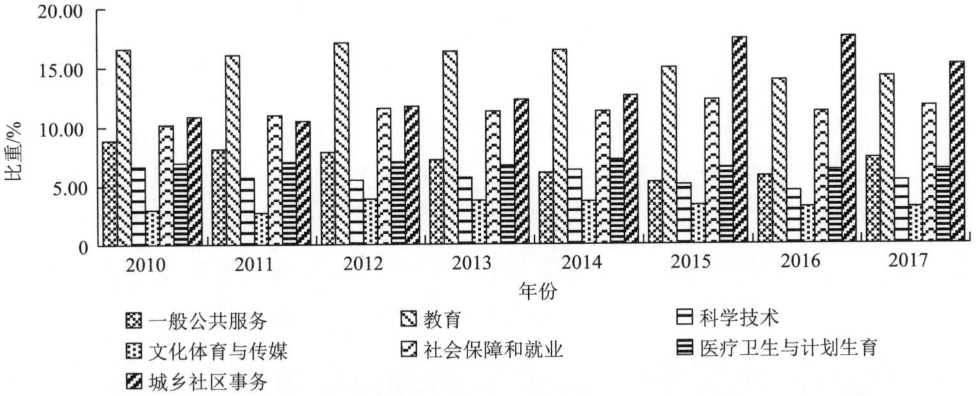

图 4-2 2010～2017 年北京公共服务细分项支出占公共财政支出的比重

未来，北京应进一步加大公共服务的投入力度。根据北京社会发展的阶段性特点，在基本公共服务与准基本公共服务领域，政府应有重点、有规划地持续增加财政支持力度，补足短板。对于经营性的非基本公共服务，鼓励社会资本进入，通过市场配置资源，为居民提供多样化的公共服务。此外，加大社会服务人才投入力度对北京公共服务总体水平的提升也至关重要，北京应加大公共服务与社会管理从业人员的培养力度，培育一批具有企业家才能的社会企业管理者，加强公共服务专业化人才队伍建设。

丰富公共服务供给方式。政府是基本公共服务与准基本公共服务的供给者，但并不意味着政府是直接的提供者。在通常情况下，政府可通过购买第三方公共服务的方式为居民提供更专业和优质的公共服务。北京应在以下三方面着力推进：一是要进一步建立健全政府购买公共服务制度，可通过实施购买公共服务指导清单、筹建公共服务购买信息平台等方式，优化购买流程，并通过社会监督评估，不断提升公共服务质量；二是要推动原有政府直接主办的公益类、经营性事业单位转变为社会企业[①]，引导具有公益性质的养老、助残、教育培训等机构转变为社会企业，通过政策帮扶培育一批具有良好社会信誉、专业化强的社会企业；三是要充分发挥社会组织、志愿者队伍优势，为居民提供多样化的公共服务。

利用物联网、大数据技术和人工智能等新技术手段，挖掘海量信息数据，及时迅捷地把握居民的公共服务需求，为居民提供全方位、全周期的、高品质的公共服务。

此外，在公共安全服务方面，北京应全面深化平安北京建设。健全党委领导、政府主导、综治协调、各部门齐抓共管、社会力量积极参与的社会治安防控体系和工作格局，依法防范和打击各类违法犯罪活动；建立统一、权威、高效的食品药品安全监管体制，确保食品药品安全；完善和落实安全生产责任和管理制度，严防特大事故发生；加强公共空间安全管理，着力提升地铁、火车站、公交车站、步行街、公园、商场、饭店等人流密集场所安全防范水平。进一步健全科学完善的公共突发事件处置和灾害应急管理体制，提高全社会应急管理能力、处置突发事件能力和防灾减灾救灾能力。

四、创新社会治理，促进首都社会和谐稳定发展

社会治理是城市治理的重要内容，是社会多元主体相互合作共同处理城市社会发展中的公共事物并解决其中的问题，实现社会发展目标的过程。良好的社会治理是社会公共服务高质量供给、公共安全服务、社会和谐的重要保障。经过十多年的发展，北京党委领导、政府主导、社会协同、公众参与的多元共治社会治理格局已经基本形成，相关制度建设逐步完善，未来北京社会治理应继续以完善基层治理、提升基层治理水平为核心，以社区作为公共服务全覆盖、高质量供给的主要载体，进一步推动社会治理重心下移，增强社区服务功能，夯实基层基础。下一步，首都社会治理应着力推动以下几

---

① 国内对社会企业的概念并没有清晰的界定，一般认为，社会企业是通过商业手法运作，赚取利润用以贡献社会的机构，其所得盈余用于扶助弱势群体、促进社区发展、社会企业本身的投资。英国社会企业联盟（Social Enterprise Coalition）对社会企业的定义为运用商业手段，实现社会目的，并具有如下共同特征：企业导向，直接参与为市场生产产品或提供服务。社会目标，有明确的社会或环境目标，如创造就业机会，培训或提供本地服务。其伦理价值包括对本地社会技能建设的承诺，为实现其社会目标，其收益主要用于再投资。社会所有制，治理结构和所有制结构通常建立在利益相关者团体（包括员工、用户、客户、地方社区团体和社会投资者等）或代表更广泛的利益相关者对企业实施控制的托管人或董事参与基础之上的自治组织。

个方面的工作。

一是进一步完善党委领导、政府主导、社会协同、公众参与的多元共治社会治理格局。作为国家首都、超大城市，由于首都的特殊职能定位，北京的社会治理主体较之其他城市更加多元和复杂，社会治理面临的问题更为多样化，公共服务供给需求日益繁多，社会治理涉及方方面面的利益主体。因此，应进一步在党委的领导下，以政府为主导，积极鼓励社会组织发挥作用，鼓励公众参与和监督，理顺渠道，激发社会多元主体参与社会治理的热情，弥补社会治理中政府、市场失灵，补足社会治理短板，促进首都社会和谐发展。其中，社会治理过程中需要处理中央与地方的关系是首都社会治理的突出特点，也是首都社会治理需要重点关注的地方。北京应以属地化为原则，增强中央单位工作人员的归属感，通过完善公众参与和社区自治，将中央党政机关、大院大所、家属区等纳入地方街道社区管理，鼓励驻地单位有序参与社区治理，共同提升社会治理水平。

二是完善社会治理领域法律法规体系，促进社会治理法制化。研究梳理社会治理领域相关法律法规政策，对缺失的重要法律法规政策进行研制；完善综合执法与专业执法的协同协作机制，推进城市管理网、社会服务管理网、社会治安网与城管综合执法网等多网融合发展，提升社会治理法制化水平。

三是夯实基层社会治理基础，促进社会治理精细化。街道、乡镇、社区作为城市社会组成的中、微观组成单元，是社会治理的根本基础。随着北京高质量发展转型，楼宇成为北京基层社会治理的重要组成部分。未来，北京应完善街道、乡镇、社区治理，探索楼宇治理，完善社会治理主体结构，理顺体制机制，丰富治理手段，以解决问题为导向，以提供优质公共服务为目标，将基层社会治理做实做细。充分总结归纳基层社会治理中的典型模式、好的工作机制，并将其应用推广到具体的社会治理中。例如，继续推进“街乡吹哨、部门报到”的工作机制，条专块统，完善相应的社会治理管理规范和流程。

四是善于利用“互联网+”、大数据等新技术手段和方式方法，促进社会治理创新，提升社会治理水平。通过信息平台建设整合社会治理流程，运用“两微一网一端”（微博、微信、官方网站、官方 APP 客户端），探索“社会微治理”模式，实现公众诉求、政府响应处置、公众监督程序的敏捷化和精细化；利用大数据技术充分挖掘分析海量数据，及时把握公众社会需求，提高政府的预测预警能力和应急响应能力，促进社会的安全稳定。

参 考 文 献

国家图书馆研究院，2015.《全球城市公共文化服务发展报告》发布[J]. 国家图书馆学刊，24（1）：27.

郑雨薇，吕英巧，2011. 北京市“一老一小”大病医保制度发展历程[J]. 东方企业文化，（8）：111，115.

李国平，张杰斐，2015. 首都经济转型特征、动力机制及对策[J]. 中国流通经济，29（8）：40-46.

牛伟坤，2018. 北京发布第三期学前教育行动计划 2020 年适龄儿童入园率超 85%[N]. 北京晚报，https://www.takefoto.cn/viewnews-1383919.html[2019-10-14].

徐碧颖，2018. 提高民生保障和服务水平，增强人民获得感——北京城市总体规划关于公共服务的价值导向与规划重点[J]. 北京规划建设，（1）：80-83.

徐高峰，王伟，冯羽，2017. 大数据支持下的北京城乡公共服务均等化评价探析[J]. 小城镇建设，（2）：32-37.

闫梅，刘翊，李国平，2018. 北京健康服务业发展态势及对策研究[J]. 前线，（12）：73-75.

杨开忠，邵志清，刘翊，等. 2005. 北京市社会建设理论与实践研究[R]. 北京：北京市 21 世纪议程工作办公室.

Midgley J, 1994. Defining social development: historical trends and conceptual formulations[J]. Social Development Issues, 16(3): 3-19.

Thomas K, 2011. Social development strategy mid-cycle implementation progress report (MCIPR)[R]. Washing D C: World Bank.

5 第五章 人口、资源、环境与和谐宜居之都建设

人口、资源、环境及其关系是衡量一个区域发展状态与潜力的重要要素。从全球来看，由于世界人口的增长，增加了对资源的压力，而随着经济社会的不断发展，生态环境的压力也逐渐增大，部分地区甚至出现资源负债与生态系统退化的现象，严重阻碍了人类社会的可持续发展进程。人口规模扩张给城市资源与环境带来了巨大压力，直接影响了国际一流和谐宜居之都的建设。如何促进人口、资源、环境的可持续发展，实现和谐宜居之都建设目标，是北京当前城市发展的重要问题之一。本章总结梳理 2015 年以来北京人口、资源与生态环境建设的现状与问题，以及当前和谐宜居之都建设面临的问题与挑战，并提出相应的对策建议。

第一节　人口规模与人口结构变化分析

一、人口规模及变化

近年来，随着北京人口规模持续增加，进而引发了资源紧缺、污染加剧、交通拥堵等一系列“大城市病”问题，严重影响了城市的良性发展，或将在一定程度上阻碍首都高质量发展。《北京城市总体规划（2016年—2035年）》明确提出，北京常住人口规模到2020年控制在2300万人以内，2020年以后长期稳定在这一水平，这为北京人口规模调控提供了政策依据。

2015年以来，北京常住人口为2100万人左右，总体呈下降趋势，由2015年的2170.5万人下降到2018年的2154.2万人，降幅为0.75%。常住外来人口由2015年的822.6万人下降到2018年的764.6万人，降幅为7.05%。2017年，常住人口规模自1997年以来首次实现负增长。2015～2018年，常住人口出生率呈现出先上升后下降的特征，由2015年的7.96‰上升到2016年的9.32‰，然后再下降到2018年的8.24‰；常住人口死亡率在总体上呈现出上升趋势，由2015年的4.95‰上升到2018年的5.58‰，常住人口自然增长率同样呈现出先上升后下降的趋势，由2015年的3.01‰上升到2016年的4.12‰，然后再下降到2018年的2.66‰（表5-1）。由此可见，北京人口调控工作取得了显著成效，常住人口规模得到了有效控制。

表5-1　2015～2018年北京人口变化情况

年份	常住人口/万人	常住外来人口/万人	常住人口出生率/‰	常住人口死亡率/‰	常住人口自然增长率/‰
2015	2170.5	822.6	7.96	4.95	3.01
2016	2172.9	807.5	9.32	5.20	4.12
2017	2170.7	794.3	9.06	5.30	3.76
2018	2154.2	764.6	8.24	5.58	2.66

资料来源：《北京统计年鉴2019》

二、人口结构及变化

人口结构可体现特定时段内区域人口内部构成情况，可分为自然构成、社会构成、地域构成等不同结构类型。自然构成主要包括性别构成和年龄构成，社会构成主要包括文化构成、家庭构成、民族构成等，地域构成主要包括城乡构成与区域构成。本部分主要从人口的性别构成、年龄构成、受教育程度、城乡结构、就业结构等方面阐述2015年以来北京人口结构及变化。

（一）性别构成

从人口的性别构成来看，男女人口比重逐渐趋近于均衡。2015～2018年，北京人口总体上男性多于女性，但男性人口占常住人口比重逐渐下降，由2015年的51.30%下降到2018年的50.90%，下降了0.4个百分点；女性人口占常住人口比重逐年提升，由2015年的48.70%上升到2018年的49.10%，提高了0.4个百分点，男女人口比重逐步接近1∶1，性别构成逐步呈现出均衡发展的趋势（表5-2）。

表5-2　2015～2018年北京人口性别构成

年份	常住人口/万人	男性占比/%	女性占比/%
2015	2170.5	51.30	48.70
2016	2172.9	51.21	48.79
2017	2170.7	51.02	48.98
2018	2154.2	50.90	49.10

资料来源：《北京统计年鉴2018》《北京市2018年国民经济和社会发展统计公报》

（二）年龄构成

从人口的年龄构成来看，2015～2018年，年龄分布的主要特征包括全市15～64岁的劳动人口数量有所下降，65岁及以上的老年人口数量有所增加等，户籍人口总体年龄结构分布呈现出“两头小、中间大”的纺锤形结构（图5-1）。

1. 劳动年龄人口数量有所下降

劳动年龄人口是指年龄在15～64岁的居民，该年龄段的人口是推动社会经济发展的主要力量。在2011～2015年劳动年龄人口数量上升之后，2015～2017年该年龄段人口数量及比重却呈现出逐年下降的发展态势，由2015年的1728.6万人下降到2018年的1686.2万人，降幅为2.45%，比重由2015年的79.64%下降到2018年的78.27%，降幅为1.37个百分点，人口增长带来的人口红利逐渐减弱。因此，劳动年龄人口数量的减少将对经济发展方式与发展质量提出更高的要求，倒逼经济发展由劳动密集型发展方式向技术密集型发展方式转变（表5-3）。

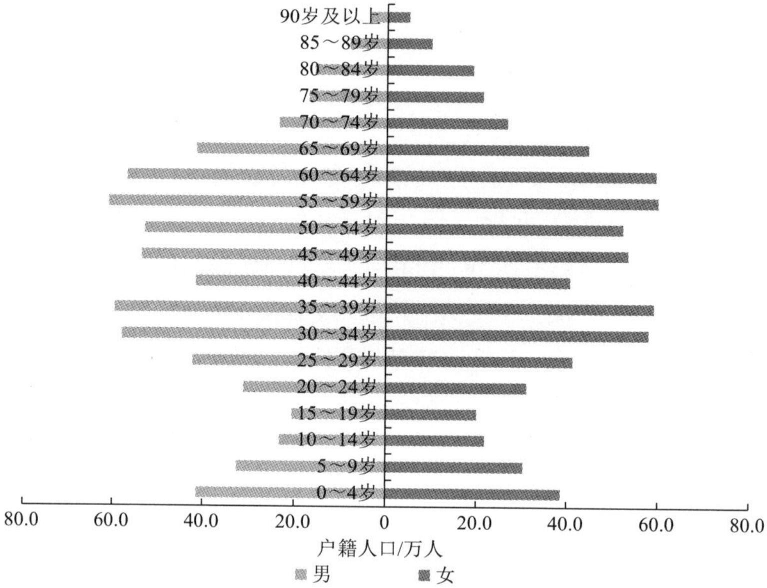

图5-1 2018年北京人口年龄结构

资料来源：《北京统计年鉴2019》

表5-3 2015～2018年北京各年龄段人口年龄人口数量及比重

年份	年龄构成指标	0～14岁	15～64岁	65岁及以上	合计
2015	人口/万人	219.1	1728.6	222.8	2170.5
	比重/%	10.09	79.64	10.27	100.00
2016	人口/万人	223.8	1718.7	230.4	2172.9
	比重/%	10.30	79.10	10.6	100.00
2017	人口/万人	226.4	1706.7	237.60	2170.7
	比重/%	10.43	78.62	10.95	100.00
2018	人口/万人	226.6	1686.2	241.4	2154.2
	比重/%	10.52	78.27	11.21	100.00

资料来源：《北京统计年鉴》（2016～2019年）

2. 人口老龄化程度加剧

通常认为，一个国家或地区60岁及以上人口比重达10%或65岁及以上人口比重达 7%时（唐钧和刘蔚玮，2018），表示该国家或地区正处于老龄化社会。2000年，北京65岁及以上人口比重已达8.42%，表示北京已进入老龄化社会；2018 年，65 岁及以上人口比重已上升至 11.21%。北京 65 岁及以上人口数量由 2015 年的 222.8 万人上升到 2018 年的 241.4 万人，比重则由 2015 年的 10.27%上升到 2018 年的 11.21%（表 5-3）。此外，老年人口抚养比由 2015 年的 12.89%上升到 2018 年的 15.45%[①]。以上数据表明，北京老龄化程度进一步加重，同时劳动年龄人口赡养老人的压力随之增大。

（三）受教育程度

受教育程度可以显示出人口整体的文化水平与当地人力资源的整体素质，受教育程度较高的劳动力有能力承担金融业、信息服务业、科学研究等对专业技能有着更高要求的工作任务，可在一定程度上推动现代服务业与高新技术业等产业的发展。

从人口受教育程度的角度来看，2015～2017 年，北京大学及以上文化程度人口比重进一步增加，小学及初中文化程度人口有所降低，全市居民整体受教育程度有所提升。小学文化程度人口比重由 2015 年的 12.10%下降到 2017 年的 11.85%，下降了 0.25 个百分点；初中文化程度人口比重由 2015 年的 27.80%下降到 2017 年的 27.35%，下降了 0.45 个百分点；高中（含中职）文化程度人口比重由 2015 年的 22.12%下降到 2017 年的 21.95%，下降了 0.17 个百分点，高中及以下文化程度人口比重有所下降；全市大学文化程度人口比重最高，接近 1/3，且呈上升趋势，比重由 2015 年的 31.18%上升到 2017 年的 32.39%，提高了 1.21 个百分点；研究生及以上文化程度人口比重由 2015 年的 4.47%上升到 2017 年的 4.90%，提高了 0.43 个百分点（图 5-2）。

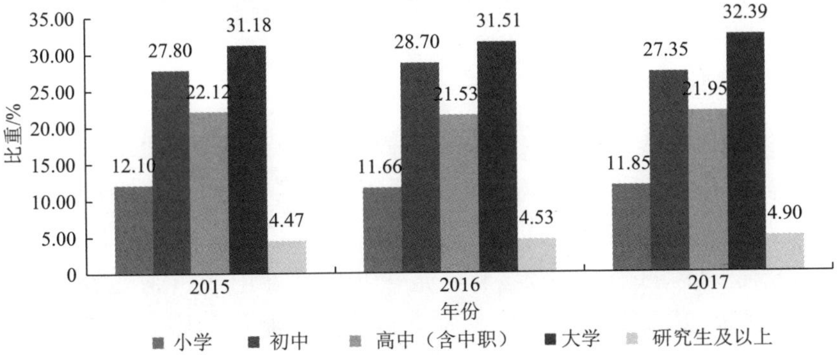

图 5-2 2015～2017 年北京人口受教育程度情况

资料来源：《北京统计年鉴 2018》

① 人口[EB/OL].http://www.stats.gov.cn/tjsj/zbjs/201310/t20131029_449552.html[2013-10-29].

总体来看，北京大学及以上文化程度人口比重进一步增加，人口整体素质有所提升，同时将为全市科学研究、金融、信息服务业等高精尖产业的进一步发展提供人才支持。

（四）城乡结构

人口的城乡结构主要体现在特定区域中城镇人口数量与乡村人口数量之间的比例关系，可体现出城乡之间人口的流动及当地经济社会的总体发展程度，城乡之间人口的流动可推动产业的转型升级，对人口发展与社会经济发展之间的相互促进有着重要的作用。

从2015～2018年北京人口的城乡结构来看，在常住人口中，城镇人口与乡村人口数量均有所下降，城镇人口由2015年的1877.7万人下降到2018年的1863.4万人；乡村人口由2015年的292.8万人下降到2018年的290.8万人，城镇化率基本保持在86.50%左右（表5-4），根据联合国发布的《世界城市化展望2018》（*World Urbanization Prospects 2018*）的统计结果，当前北京的城镇化率已高于世界高收入国家（81.30%）[①]。

表5-4　2015～2018年北京人口城乡结构

年份	城镇人口/万人	乡村人口/万人	城镇化率/%
2015	1877.7	292.8	86.51
2016	1879.6	293.3	86.50
2017	1876.6	294.1	86.45
2018	1863.4	290.8	86.50

资料来源：《北京统计年鉴2018》《北京市2018年国民经济和社会发展统计公报》

（五）就业结构

人口的就业结构主要是指国民经济各部门所占用的劳动力数量、比例及其相互关系，表明劳动力资源的配置状况或变化特征，此处的就业结构主要是指劳动力在三次产业中的分布情况。2015～2017年，北京三次产业就业结构与三次产业结构的变化一致，且在进一步优化。第一产业与第二产业就业人口比重逐渐降低，第三产业就业人口比重逐步提升。其中，第一产业就业人口比重由2015年的4.2%下降到2017年的3.9%，第二产业就业人口比重

① 2018 Revision of World Urbanization Prospects[EB/OL]. https://www.un.org/development/desa/publications/2018-revision-of-world-urbanization-prospects.html[2018-05-16].

由 2015 年的 17.0%下降到 2017 年的 15.5%，第三产业就业人口比重由 2015 年的 78.8%上升到 2017 年的 80.6%（图 5-3）。

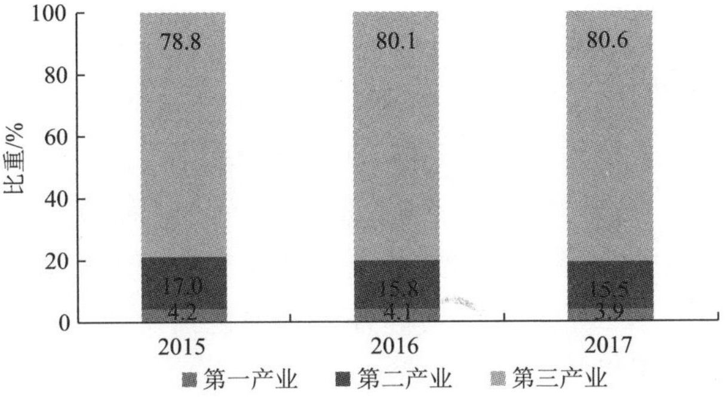

图 5-3　北京三次产业就业结构

资料来源：《北京统计年鉴 2018》

总体来说，北京整体的人口结构正在逐步优化：性别构成更加均衡，男女比例接近 1∶1；大学以上文化程度人口比重提升，居民整体素质有所提高；城镇化率达到世界高收入国家水平；第三产业就业人口比重逐步提升，总体人口结构不断优化。

第二节　资源与能源利用分析

资源与能源是大自然赋予一个地区特有的财富，同时也是区域经济社会发展的重要保障。北京位于我国华北平原，气候类型为暖温带半湿润大陆性季风气候，三面环山，呈现出西北高、东南低的地形特点，山地面积占市域总面积的 61.37%[①]，有较为丰富的矿产、动物、植物等自然资源。具体的资源现状概括如下。

一、自然资源概况

自然资源是指自然界中人类可以直接获得用于生产和生活的物质。一般可分为以下三类：一是不可更新资源，如各种金属、化石燃料等，需要经过漫长的地质年代才能形成；二是可更新资源，如生物、水、土地资源等，能

①《2017 年北京市水土保持公报》。

在较短时间内再生产出来或循环再现；三是取之不尽的资源，如风能、太阳能等，被利用后不会导致储存量减少。本节涉及的自然资源主要包括水资源、土地资源、矿产资源。

（一）水资源

水资源是可更新资源，一个区域的水资源总量是指某特定区域一定时段内地表水与地下水资源补给的有效数量总和（水利科技名词审定委员会，1998），是在当前社会经济技术条件下可被人类利用的水源，在自然界中可以流态、固态、气态三种状态同时共存，主要包括浅层地下水、湖泊水、土壤水、大气水和河川水等。

北京隶属于海河流域，全市天然河道贯穿潮白河、北运河、永定河、大清河和蓟运河五大水系，发源于西北部山地，流经平原地区后通过海河汇入渤海；主要湖泊包括团城湖、昆明湖、六海、筒子河和展览馆后湖等，但无天然湖泊；全市有85座水库，主要包括密云水库、怀柔水库、官厅水库和海子水库等大型水库。

2015～2017年，北京全年水资源总量在26.8亿～29.8亿立方米，人均水资源量在123.8～161.4立方米，2016年达到最高值（表5-5）。2017年，北京全年水资源总量为29.8亿立方米，仅占全国水资源总量（28 761.2亿立方米）的0.10%，人均水资源量为137.1立方米，为全国平均水平（2074.5立方米）的6.61%，在全国31个省（自治区、直辖市）中排名第30位，仅高于天津（图5-4），是全国水资源最为缺乏的城市之一。根据国际通用的划分标准①，北京人均水资源量低于300立方米，属于极度缺水地区。

表5-5　2015～2017年北京水资源概况

项目	2015年	2016年	2017年
全年水资源总量/亿立方米	26.8	35.1	29.8
人均水资源量/立方米	123.8	161.4	137.1

资料来源：《北京统计年鉴2018》

① 当一个地区或一个城市，一年中人均拥有水资源量低于1000立方米时，被定义为“缺水”；人均拥有水资源量低于500立方米时，被定义为“严重缺水”；人均拥有水资源量低于300立方米时，被定义为“极度缺水”。

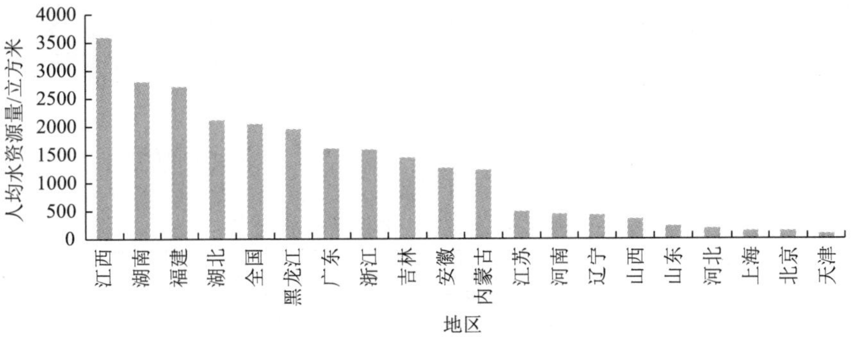

图 5-4　2017 年全国及部分地区人均水资源量对比

资料来源：《中国统计年鉴 2018》

（二）土地资源

土地资源是指已经被人类所利用和可预见的未来能被人类利用的土地。土地资源既包括自然范畴，即土地的自然属性，可分为山地、丘陵、高原、盆地等类型，也包括经济范畴，即土地的社会属性，是人类的生产资料和劳动对象，可分为耕地、林地、草地、城镇建设用地等类型。

1. 土地资源概况

北京位于华北平原，与天津、河北相邻，东西宽 160 公里，南北长 170 公里，总面积为 16 410.54 平方公里，距渤海约 150 公里，西北部为太行山脉和燕山山脉，主要包括山地、丘陵和台地、平原三种类型，其中，山地与平原两类占比较大，平原地区面积约 6338 平方公里，约占全市总面积的 38.62%，是城市与农业用地的集中地区①。

北京的土地资源主要可分为耕地、园地、林地、草地、城镇村及工矿用地、交通运输用地、水域及水利设施用地等类型。2016 年②，全市土地面积为 160.63 万公顷，与 2015 年相比增加了 0.01 万公顷。其中，林地面积为 73.97 万公顷，比重高达 46.05%，为比重最高的土地类型；城镇村及工矿用地面积为 30.66 万公顷，比重为 19.09%；耕地面积为 21.63 万公顷，比重为 13.47%；交通运输用地面积为 4.75 万公顷，比重为 2.96%，为比重最低的土地类型（表 5-6）。2016～2018 年，北京恢复与建设湿地面积 6674 公顷，全

① 《2017 年北京市水土保持公报》。

② 《北京统计年鉴 2018》中土地资源数据更新至 2016 年，故本书土地资源数据截至 2016 年末。

市 1 公顷以上湿地总面积达到 5.14 万公顷，占土地面积的 3.13%，已建立翠湖国家城市湿地公园、野鸭湖和长沟泉水国家湿地公园等 11 个湿地公园，总面积为 2500 余公顷。此外，北京万亩以上的森林湿地已达 10 多处，主要包括东郊森林湿地、东南郊湿地、台湖游憩园、青龙湖湿地等①。

表 5-6　北京土地资源概况

土地类型	项目	2015 年	2016 年
耕地	面积/万公顷	21.93	21.63
	比重/%	13.66	13.47
园地	面积/万公顷	13.49	13.35
	比重/%	8.40	8.31
林地	面积/万公顷	73.71	73.97
	比重/%	45.89	46.05
草地	面积/万公顷	8.51	8.47
	比重/%	5.30	5.27
城镇村及工矿用地	面积/万公顷	30.44	30.66
	比重/%	18.95	19.09
交通运输用地	面积/万公顷	4.71	4.75
	比重/%	2.93	2.96
水域及水利设施用地	面积/万公顷	7.83	7.80
	比重/%	4.87	4.85
土地面积合计/万公顷		160.62	160.63

资料来源：《北京统计年鉴 2018》

《北京城市总体规划（2016 年—2035 年）》提出，要促进城乡建设用地减量提质和集约高效利用，到 2020 年城乡建设用地规模由现状 2921 平方公里减到 2860 平方公里左右，到 2035 年减到 2760 平方公里左右。

2. 土地资源分布

根据《北京市土地利用总体规划（2006—2020 年）》，北京一般农用地、林地主要分布在市域的北部与西部，以延庆区、密云区、怀柔区、门头沟区、

① 北京：3 年新增湿地 6674 公顷，北京水毛茛等珍稀动植物再现[EB/OL]. http://baijiahao.baidu.com/s?id=1644721190473852587[2019-09-15].

房山区与昌平区西北部为主，城镇建设用地主要分布在东城区、西城区、海淀区、朝阳区等中心城区；耕地位于中心城区的东南部，以顺义区、通州区、大兴区等区域为主。

（三）矿产资源

矿产资源是指经过地质成矿作用而形成的，天然赋存于地壳内部或地表埋藏于地下或出露于地表，呈固态、液态或气态的，并具有开发利用价值的矿物或有用元素的集合体，为不可再生资源，可分为能源矿产、金属矿产、非金属矿产和水气矿产。能源矿产主要包括煤炭、石油等，金属矿产主要包括铁、铜等，非金属矿产主要包括石灰石、金刚石等，水气矿产主要包括地下水、矿泉水等。

1. 矿产资源禀赋[①]

北京矿产资源较为丰富，分布相对集中，固体矿产资源开发利用程度较高。截至 2015 年末，全市共发现矿产 127 种，其中固体矿产 121 种，以煤矿、铁矿、冶金用石英岩、饰面用大理岩等为主，储量较丰富（表 5-7），主要分布在西北部山区；地热、矿泉水等其他矿产则分布在平原地区；汉白玉、叶蜡石、地热等资源为北京的地方特色矿产；地热资源较丰富，属于沉积盆地型低温地热资源，以热水型地热为主，部分地区热水为矿化程度小于 1 克/升的低矿化医疗热矿水，已达到医疗矿水标准，具有一定的保健、养生作用。平原地区深度 3000 米内大于 50 摄氏度的地热资源达 2760 平方公里，目前已形成延庆、小汤山、良乡、天竺等 10 个地热田；矿泉水资源则以低钠、低等或中等程度矿化为主，在全国范围内并无显著优势。

表 5-7　2015 年北京主要固体矿产资源保有资源储量

矿产资源	单位	基础储量	资源量	资源储量
煤矿	千吨	386 043	1 704 348	2 090 391
铁矿	矿石千吨	146 723	823 222	969 945
水泥用石灰岩	矿石千吨	296 288	613 742	910 030
溶剂用石灰岩	矿石千吨	171 443	136 587	308 030
冶金用白云岩	矿石千吨	48 723	323 148	371 871

①《北京市矿产资源总体规划（2016—2020 年）》。

续表

矿产资源	单位	基础储量	资源量	资源储量
冶金用石英岩	矿石千吨	0	186 461	186 461
制碱用石灰岩	矿石千吨	0	72 767	72 767
电石用石灰岩	矿石千吨	53 149	43 202	96 351
饰面用大理岩	矿石千立方米	1 080	33 749	34 829
饰面用花岗岩	矿石千立方米	19 820	202 290	222 110

资料来源：《北京市矿产资源总体规划（2016—2020年）》

2. 矿产资源分布

总体来看，北京矿产资源主要分布于西北部山区范围内，以延庆区、怀柔区、密云区、门头沟区等地区为主。煤矿主要分布于门头沟区、房山区（储量占总数的91%），铁矿主要分布于密云区（储量占总数的93%），水泥用石灰岩主要分布于房山区、昌平区（储量占总数的70%），溶剂用石灰岩主要分布于门头沟区、房山区（储量占总数的91%），冶金用白云岩主要分布于房山区、昌平区（储量占总数的94%），饰面用大理岩主要分布于密云区、房山区（储量占总数的77%），饰面用花岗岩主要分布于昌平区（90%），制碱用石灰岩全部位于怀柔区，电石用石灰岩主要分布于门头沟区、房山区（储量占总数的96%），冶金用石英岩主要分布于怀柔区、延庆区（储量占总数的90%）。

从矿产资源储备种类的角度来看，密云区、房山区、门头沟区拥有6种矿产资源，是北京矿产资源储备种类较丰富的地区；房山区、门头沟区是矿产资源储量较大的地区：房山区拥有的6种矿产资源中，5种矿产资源的储量比重达30%以上，2种矿产资源的储量比重达40%以上；门头沟区拥有的6种矿产资源中，3种矿产资源的储量比重达50%以上。

二、资源与能源利用现状

（一）水资源利用现状

1. 供水量及构成

由于北京水资源储量有限，加之城市发展对水资源的需求量巨大，城市供水由多种来源构成，主要包括地表水、地下水、再生水和南水北调水。2015～

2017 年，全市供水量呈现稳中有升的趋势，由 2015 年的 38.2 亿立方米上升到 2017 年的 39.5 亿立方米，上升了 1.3 亿立方米。从全市水源构成情况来看，地下水为供水的主要组成部分，为北京供水的主要来源，比重均高于 40%，但地下水的过量开采也带来了地下水储量减少、地面沉降等一系列问题。随着南水北调水的补充，近年来地下水供水量比重开始呈现出下降态势，由 2015 年的 47.64%下降到 2017 年的 42.03%；再生水在全市供水量中居第二位，且随着再生水厂的建设，再生水比重逐步提升，由 2015 年的 24.87%上升到 2017 年的 26.58%；南水北调水比重居第三位且比重呈现上升趋势，由 2015 年的 19.90%上升到 2017 年的 22.28%，在北京供水中的地位愈加重要；地表水比重最低，低于全市供水总量的 10%，但比重总体呈上升趋势，由 2015 年的 7.59%上升到 2017 年的 9.11%（表 5-8）。

表 5-8　2015～2017 年北京供水量及构成

类型	2015 年		2016 年		2017 年	
	供水量/亿立方米	比重/%	供水量/亿立方米	比重/%	供水量/亿立方米	比重/%
地表水	2.9	7.59	2.9	7.48	3.6	9.11
地下水	18.2	47.64	17.5	45.10	16.6	42.03
再生水	9.5	24.87	10.0	25.77	10.5	26.58
南水北调水	7.6	19.90	8.4	21.65	8.8	22.28
全年供水总量	38.2	100.00	38.8	100.00	39.5	100.00

资料来源：《北京统计年鉴 2018》

2. 用水量及构成

北京用水按用途可分为农业用水、工业用水、生活用水、生态环境用水，2015～2017 年，从四种用水类型的比重来看，生活用水为全市用水的主要组成部分，比重大于 45%且呈现上升趋势，由 2015 年的 45.81%上升到 2017 年的 46.33%；其次为生态环境用水，比重由 2015 年的 27.22%上升到 2017 年的 31.90%，生态环境用水比重的提升表明全市对生态环境治理问题更加重视；农业用水与工业用水的比重均呈下降趋势，农业用水比重由 2015 年的 17.02%下降到 2017 年的 12.91%；工业用水比重由 2015 年的 9.95%下降到 2017 年的 8.86%（表 5-9）。

表 5-9　2015～2017 年北京用水量及构成

类型	2015 年		2016 年		2017 年	
	用水量/亿立方米	比重/%	用水量/亿立方米	比重/%	用水量/亿立方米	比重/%
农业用水	6.5	17.02	6.1	15.72	5.1	12.91
工业用水	3.8	9.95	3.8	9.79	3.5	8.86
生活用水	17.5	45.81	17.8	45.88	18.3	46.33
生态环境用水	10.4	27.22	11.1	28.61	12.6	31.90
全年用水总量	38.2	100.00	38.8	100.00	39.5	100.00

资料来源：《北京统计年鉴 2018》

3. 水资源利用效率

水资源利用效率是反映区域内合理开发与利用水资源的重要指标，同时也可在一定程度上反映出经济发展效率。从水资源利用效率的角度来看，2015～2017 年，全市万元 GDP 水耗逐年下降，由 2015 年的 16.60 立方米下降到 2017 年的 14.10 立方米，表明全市水资源利用效率正在逐步提升。由此可见，北京对水资源的开发与利用正向更加合理与高效的方向转变（表 5-10）。

表 5-10　北京水资源利用效率

项目	2015 年	2016 年	2017 年
万元 GDP 水耗/立方米	16.60	15.59	14.10
万元 GDP 水耗下降率/%	4.65	4.87	4.65

资料来源：《北京统计年鉴 2018》

（二）能源利用现状

1. 能源消费总量增加，油品消费比重最高

随着经济社会的进一步发展，2015～2017 年北京能源消费总量逐年增加，由 2015 年的 6852.55 万吨标准煤上升到 2017 年的 7132.84 万吨标准煤，增加了 280.29 万吨标准煤，上升幅度为 4.09%，能源消费增速则由 2015 年的 0.31%上升到 2017 年的 2.46%（图 5-5）。

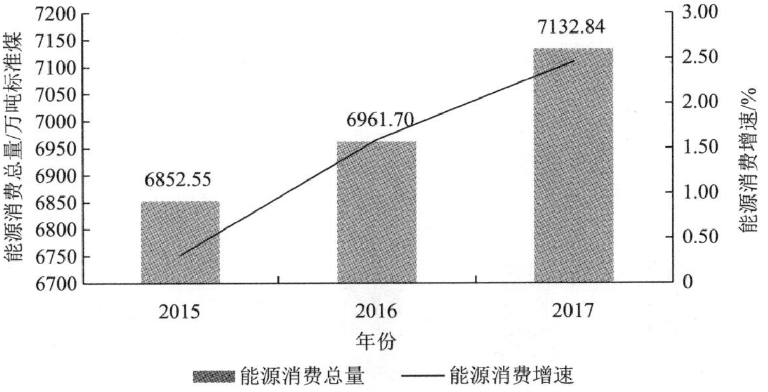

图 5-5　2015～2017 年北京能源消费总量

资料来源：《北京统计年鉴 2018》

能源消费弹性系数可表现出能源消费增速与经济增速的相关性①。从表 5-11 可以看出，虽然北京能源消费总量在逐年增加，但能源消费增速均小于经济增速，即北京能源消费弹性系数均小于 1，表明北京经济增长方式均为节能型，整体来看能源消费是有效率的。

表 5-11　2015～2017 年北京能源消费及其弹性系数

年份	经济总量/亿元	经济增速/%	能源消费/万吨标准煤	能源消费增速/%	能源消费弹性系数	经济增长方式
2015	23 685.7	6.9	6 852.55	0.31	0.04	节能型
2016	25 669.1	6.8	6 961.70	1.59	0.23	节能型
2017	28 014.9	6.7	7 132.84	2.46	0.37	节能型

资料来源：《北京统计年鉴 2018》

从能源消费的种类构成来看，2015～2017 年，全市能源消费主要由煤品、油品、天然气、电力等构成。其中，油品消费量比重最高，均在 33.00%左右浮动，2017 年比重为 33.80%；比重居第二位的是天然气，由 2015 年的 28.97%上升到 2017 年的 31.80%；电力消费居第三位，但以调入电力为主，比重由 2015 年的 21.55%上升到 2017 年的 25.99%，一次电力比重小于 1.00%；煤品消费比重由 2015 年的 13.68%下降到 2017 年的 5.65%，整体比重较小且呈逐

① 若能源消费弹性系数大于 1，说明能源消费增速大于经济增速，此时经济增长方式为高耗能型；若能源消费弹性系数小于 1，说明能源消费增速小于经济增速，此时经济增长方式为节能型。

年下降趋势（图 5-6）。

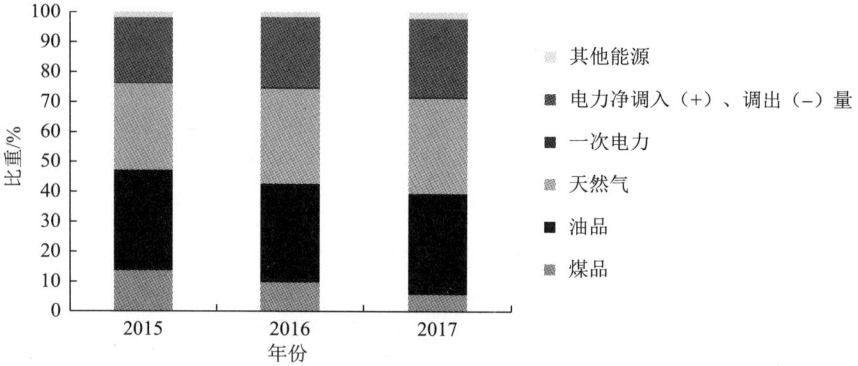

图 5-6　2015～2017 年北京能源消费构成

资料来源：《北京统计年鉴 2018》

2. 第三产业与生活能源消费比重增大

从能源消费的产业构成来看，随着北京产业结构向高级化方向进一步发展，能源消费的产业构成也发生着相应变化，第一产业与第二产业的能源消费总量及比重逐年下降，第三产业能源消费总量及比重逐年提升；同时，生活消费比重略有提升。全市“三、二、一”的能源消费结构特征更加显著，第三产业的能源需求量成为影响北京能源消费水平的主要因素。

从具体比重来看，能源消费中生活消费由 2015 年的 1552.7 万吨标准煤上升到 2017 年的 1697.3 万吨标准煤，比重由 22.66%上升到 23.80%；在能源的生产消费中，第三产业能源消费总量最多，由 2015 年的 3312.6 万吨标准煤上升到 2017 年的 3519.3 万吨标准煤，比重由 2015 年的 48.34%上升到 2017 年的 49.34%；第二产业能源消费总量由 2015 年的 1902.7 万吨标准煤下降到 2017 年的 1844.2 万吨标准煤，比重由 2015 年的 27.77%下降到 2017 年的 25.85%；第一产业能源消费总量最低，由 2015 年的 84.6 万吨标准煤下降到 2017 年的 72.0 万吨标准煤，比重由 2015 年的 1.23%下降到 2017 年的 1.01%（表 5-12）。由此可见，在全市能源消费的产业构成中，第一产业、第二产业能源消费量比重降低，第三产业能源消费量比重上升，其变化与产业结构的变化趋势相近。

表 5-12　2015～2017 年北京能源消费产业构成

年份	指标	第一产业	第二产业	第三产业	生活消费
2015	能源消费总量/万吨标准煤	84.6	1902.7	3312.6	1552.7
	比重/%	1.23	27.77	48.34	22.66
2016	能源消费总量/万吨标准煤	80.4	1870.8	3414.4	1596.1
	比重/%	1.15	26.87	49.05	22.93
2017	能源消费总量/万吨标准煤	72.0	1844.2	3519.3	1697.3
	比重/%	1.01	25.85	49.34	23.80

资料来源：《北京统计年鉴 2018》

3. 能源利用效率不断提升

能源利用效率可反映出能源的消耗水平与利用效果，同时也可在一定程度上反映区域经济运行效率。2015～2017 年，北京煤炭、电力与石油的能源利用效率均在逐年提升，万元 GDP 能源消费总量由 0.298 吨标准煤下降到 0.264 吨标准煤，煤炭、电力和石油万元 GDP 消费量同样在逐年下降。其中，煤炭消费量下降幅度最大，由 2015 年的 0.05 吨下降到 2017 年的 0.02 吨，降幅高达 60.00%；电力消费量由 2015 年的 413.32 千瓦 · 时下降到 2017 年的 395.14 千瓦 · 时，降幅为 4.40%；石油消费量由 2015 年的 0.07 吨下降到 2017 年的 0.06 吨，降幅为 14.29%（表 5-13）。由此可见，北京万元 GDP 能源消费总量及煤炭、电力、石油等有代表性的能源消耗量均在下降，全市总体的能源利用效率在逐年提升，经济运行效率同样在不断上升。

表 5-13　平均每万元 GDP 能源消费量

年份	万元 GDP 能源消费总量/吨标准煤	煤炭/吨	电力/千瓦 · 时	石油/吨
2015	0.298	0.05	413.32	0.07
2016	0.275	0.03	403.34	0.06
2017	0.264	0.02	395.14	0.06

资料来源：《北京统计年鉴 2018》

分产业来看能源消费水平，2015～2017 年北京三次产业万元 GDP 能源消费量均有所降低，表示三次产业能源利用效率均在逐步提升，但第一产业以及交通运输、仓储和邮政业的能源利用效率相对较低。从三次产业的角度来看，第一产业万元 GDP 能源消费量由 2015 年的 0.603 吨标准煤下降到 2017 年的 0.597 吨标准煤，但在三次产业中能源利用效率相对较低；第二产业能源利用效率居第二位，万元 GDP 能源消费量由 2015 年的 0.419 吨标准煤下降到 2017 年的 0.355 吨标准煤；第三产业能源利用效率在三次产业中最高，万元 GDP 能源消费量由 2015 年的 0.181 吨标准煤下降到 2017 年的 0.162 吨标准煤。从行业分组的角度来看，交通运输、仓储和邮政业的能源利用效率低于工业，2017 年交通运输、仓储和邮政业的万元 GDP 能源消费量（1.179 吨标准煤）约为工业 GDP 能源消费量（0.406 吨标准煤）的 3 倍（图 5-7）。

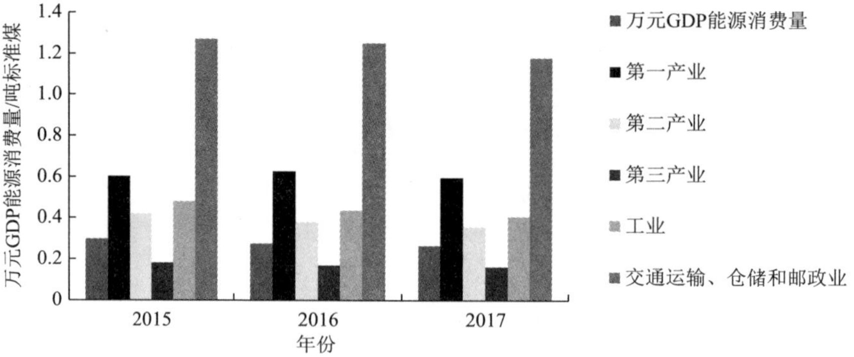

图 5-7 2015～2017 年北京分产业万元 GDP 能源消费量

资料来源：《北京统计年鉴 2018》

4. 新能源消费规模增大

随着能源革命的推进与科技水平的进步，北京对太阳能、天然气、生物质能、无碳风电、光伏、水电、地热等新能源与可再生能源的开发利用力度进一步加大，新能源消费总量增加，占能源利用总量的比重逐步提升，煤炭等传统能源消费总量及比重进一步减少，能源消费结构更加优化。2017 年，北京新能源开发和利用总量由 2015 年的 450 万吨标准煤上升至 543 万吨标准煤，占全市能源消费总量的比重由 2015 年的 6.6%上升到 7.6%[①]。其中，太阳能为新能源开发利用的主要类型，2017 年利用量为 168.9 万吨标准煤，占可再生能源开发利用总量的 31.1%。

《北京市"十三五"时期新能源和可再生能源发展规划》指出，未来北京仍会继续加大新能源开发利用程度，到 2020 年，本市新能源和可再生能源消

① 北京市"十三五"时期新能源和可再生能源发展规划[EB/OL]. http://www.beijing.gov.cn/zfxxgk/110002/zzqgh33/2016-10/21/content_742180.shtml[2019-11-08]；2017 年北京新能源和可再生能源利用量达 543 万吨标准煤[EB/OL]. http://www.china-nengyuan.com/news/128577.html[2019-11-08].

费总量折合 620 万吨标准煤，占全市能源消费总量的比重达到 8%以上。届时，北京新能源的开发与利用规模将进一步增大，能源消费结构将持续优化。

5. 能源消费对外部的依赖性较大

目前，北京的能源对外部有着较大的依赖性。经过非首都功能的疏解与“高精尖”经济结构的不断建立，采矿业、电力、热力、燃气及水生产和供应业等能源相关产业占经济总量的比重相对较小：2017 年，采矿业产值为 63.4 亿元，占经济总量的比重为 0.23%，电力、热力、燃气及水生产和供应业产值为 894.4 亿元，占经济总量的比重为 3.19%。2008 年后，焦炭和煤气生产彻底退出北京，2017 年底发电基本实现无煤化，2017 年北京调入电力占能源消费总量的比重为 59.55%，一次电力占能源消费总量的比重小于 1%，由于北京不生产原油，全部石油均从外部调入，煤炭主要由山西、内蒙古等地调入①。

三、资源与能源利用面临的问题与挑战

虽然北京资源与能源消费结构更加优化，利用效率也在不断提升，但在资源与能源利用方面仍面临着诸多问题与挑战，主要包括以下几个方面。

1. 水土资源供需矛盾加剧

由于北京水资源与土地资源储量较少，随着城市规模的不断扩大和经济社会的进一步发展，北京对水土资源的需求与水土资源短缺不相适应的矛盾愈发明显，如何高效、集约地利用资源变得尤为重要。

2017 年，北京水资源总量为 29.8 亿立方米，仅占全国水资源总量（28 761.2 亿立方米）的 0.1%，人均水资源量为 137.1 立方米；2016 年，北京人均土地面积为 0.074 公顷，仅为全国人均土地资源面积（0.495 公顷②）的 14.95%。由此可知，北京的水土资源均低于全国平均水平，资源的短缺在一定程度上制约了北京各方面的发展。近几年，北京面临着减量发展，土地供给呈现下降趋势，土地资源的供需矛盾进一步凸显；而水资源的过度短缺造成北京用水对外部的依存度较高，2017 年南水北调水占全市供水量的 22.28%，且南水北调的供水成本较高，随着城市发展与人们生活水平的提升，北京对水资

---

①《北京统计年鉴 2018》。

② 根据《2017 中国土地矿产海洋资源统计公报》和《中国统计年鉴 2017》中数据计算得出。

源的需求将逐渐增加，水资源的供需矛盾将进一步加剧。此外，水资源短缺造成地下水过度开采，还会引发土地的干裂与沙化、水质下降、环境污染等生态环境问题的产生[①]。

2. 能源利用效率与发达国家及地区相比仍存在一定差距

北京能源利用效率在全国位居前列，2006年以来，北京是全国唯一一个连续12年超额完成节能任务的省级地区[②]，2017年万元GDP能源消费量为0.264吨标准煤，为全国平均水平（0.57吨标准煤[③]）的46.32%。但目前，与世界发达国家及地区相比，北京的能源利用效率仍存在一定差距：以2014年为例[④]，北京2011年不变价的美元GDP能源消费量为0.82吨标准油/万美元，而香港特别行政区为0.37吨标准油/万美元，新加坡为0.63吨标准油/万美元，意大利为0.71吨标准油/万美元，英国为0.73吨标准油/万美元[⑤]。从北京目前能源消费总体情况来看，第一产业与交通运输、仓储和邮政业两个生产领域的能源消费量较高，2017年，交通运输、仓储和邮政业的能源消费量（1.179万吨标准煤）是北京能源消费平均水平（0.264万吨标准煤）的4.47倍[⑥]。因此，北京可通过从两个能源消费较高的领域入手，继续推进产业升级转型，降低生产生活对资源的依赖性，进一步提升能源利用效率。

3. 新能源消费比重相对世界发达国家仍然较低

虽然北京新能源消费比重正在不断提升，但能源消费对煤炭、石油的依赖程度依然较大，新能源消费比重与世界发达国家相比仍有一定差距。2016年，瑞典的可再生能源利用比重达到52%（魏玉瑞，2017）；德国则通过温室气体减排新法案，提出到2020年，风能、太阳能等可再生能源的利用比重增加至20%；2008年11月，法国环境部公布了关于可再生能源发展计划，提出到2020年，可再生能源在能源消费总量中的比重将达到23%（陈柳钦，2011）。2017年，北京新能源使用比重仅为7.6%，虽然《北京市“十三五”

---

①《北京统计年鉴2018》。

② 新中国成立70周年北京经济社会发展成就系列报告之八 能源发展稳步推进 生态城市建设初现成效——新中国成立70年北京能源资源环境发展综述[EB/OL]. http://tjj.beijing.gov.cn/zxfb/201909/t20190912_427042.html[2019-09-12].

③《中国统计年鉴2018》。

④ 世界银行及《国际统计年鉴2018》中较完整数据截至2014年，故此处以2014年为例进行比较。

⑤《国际统计年鉴2018》，其中北京市数据根据《北京统计年鉴2018》中相关数据计算得出。

⑥《北京统计年鉴2018》。

时期新能源和可再生能源发展规划》提出，到2020年，本市新能源和可再生能源开发利用总量达到620万吨标准煤，较2015年增长35%以上，占全市能源消费总量的比重达到8%以上，但该比重与发达国家相比仍存在一定差距。

4. 地下水超采严重

由于水资源的短缺，地下水开采量占北京总供水量的比重较高，地下水开采量近30年一直保持在26亿米^3/年左右（李冉，2017），2017年地下水开采量占总供水量的比重高达42.03%（表5-8）。1999～2011年，北京总体降水量偏少，干旱频发，连续12年均为枯水年，从1999年起北京年均超采地下水5亿立方米[①]，1961～2010年，全市第四系地下水储存量累计亏损高达103.15亿立方米，截至2014年，北京地下水已连续15年超采，超采面积高达6494平方公里[②]。地下水超量开采将破坏水循环系统的平衡，造成地下水水质的下降，水资源大量损失，甚至还将引发地面沉降、塌陷等地质灾害问题。

目前，北京已通过应急水源地减采、自备井置换、推广节水设施等方式控制地下水超采，北京市水务局提到，预计从2025年起，北京地下水位将逐步回升[③]。

第三节　环境治理与生态建设分析

良好的生态环境是区域经济社会可持续发展的重要保障条件，同时也是北京建设“四个中心”与国际一流和谐宜居之都的要求之一。随着北京城市规模的扩大与经济总量的提升，生态环境在城市发展中的重要性更加显著。本节主要梳理2015年以来北京生态环境保护工作的主要成效与进展，以及目前环境保护工作中出现的问题与挑战。

---

① 北京地下水位十六年首次回升[EB/OL]. http://society.people.com.cn/n/2015/0911/c1008-27569977.html[2018-09-11].

② 北京将逐步淘汰城区自备井 近300万人将受益[EB/OL]. http://society.people.com.cn/n/2014/1120/c136657-26060846.html[2018-11-20].

③ 北京市水务局：预计2025年起地下水位将逐步回升[EB/OL]. http://news.china.com.cn/2016-06/30/content_38777410.htm[2018-06-30].

一、生态环境保护工作总体进展与成效

（一）生态环境保护工作进展

“十三五”以来，北京大力推动生态环境保护工作，制定并实施《中共北京市委北京市人民政府关于全面加强生态环境保护坚决打好北京市污染防治攻坚战的意见》，坚持以改善生态环境质量为核心，加快推进生态环境治理体系和治理能力现代化。北京环境治理工作取得显著成效，主要污染物排放总量进一步下降，全市大气环境、水环境等生态环境质量持续改善。

在空气质量方面，北京连续发布并实施了《北京市打赢蓝天保卫战三年行动计划》《蓝天保卫战 2018 年行动计划》《北京市秋冬季攻坚细化分解方案》等相关政策文件。在扬尘污染治理方面，首先，依托科技手段提升扬尘的监管能力，在全市重点施工工地建立在线监控，同时探索建立监测—通报—移交—巡查—约谈“五步法”监管机制；其次，提高扬尘的精细管控水平并加强扬尘污染违法的联合惩戒①。

在水环境方面，发布并实施了《北京市水污染防治工作方案 2018 年重点任务分解》，完善了水污染治理长效机制，落实河长制、湖长制，发挥“河长+警长+检长”联动机制，清理整治违法排污行为。同时，每月向社会通报水环境质量，实施跨区水环境区域补偿机制，形成上下游齐抓共治水环境的格局。

在土壤环境方面，发布并实施《北京市打赢净土持久战三年行动计划》《北京市土壤污染防治工作方案 2018 年重点任务分解》《北京市土壤污染治理修复规划》等重点规划与任务，改善土壤环境质量，突出重点行业和污染物，实施分类别、分用途、分阶段治理。

在环境管理方面，完善了生态环境地方性法规和标准，2018 年 3 月 30 日北京市第十五届人民代表大会常务委员会第三次会议通过《北京市大气污染防治条例》与《北京市水污染防治条例》的修订，并启动《北京市机动车和非道路移动机械排放污染防治条例》的编制，完成生态保护红线地方立法立项工作。此外，还制定发布了《餐饮业大气污染物排放标准》《环境监测机构监测质量管理技术规范》《环境空气和废气三甲苯的测定活性炭吸附/二硫化碳解析-气相色谱法》等地方生态环境标准。

---

① 加大联合惩戒执法力度，提高扬尘违法违规行为的扣分权重、分值[EB/OL]. http://zjw.beijing.gov.cn/bjjs/xxgk/zcjd/53597288/index.shtml[2019-06-17].

（二）生态环境保护工作成效

生态环境保护工作成效可以根据生态环境状况指数进行分析与判断。生态环境状况指数是反映区域生态环境综合质量的评价指标，包含生物丰富指数、植被覆盖指数、水网密度指数、土地胁迫指数、污染复合指数、环境限制指数等多项评价指标，数值越高，表明该地区生态环境质量越好。2015～2018 年，北京生态环境状况级别均为良，且生态环境状况指数由 2015 年的 64.2 上升到 2018 年的 68.4，年均增速为 2.13%，经过多年对首都环境的综合治理，北京的总体生态环境质量正逐年提升（图 5-8）。

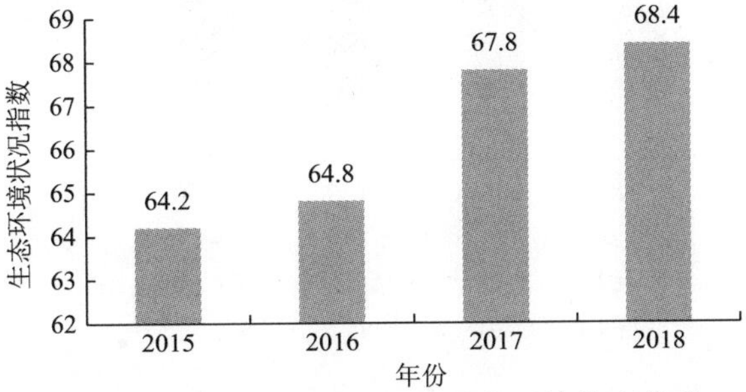

图 5-8　2015～2018 年北京生态环境状况指数

资料来源：《北京市生态环境状况公报》（2015～2018 年）

此外，2018 年 7 月北京市人民政府下发的《北京市人民政府关于发布北京市生态保护红线的通知》，将门头沟区、怀柔区、延庆区、密云区、平谷区以及昌平区和房山区的山区部分列为全市的生态涵养区，共计 4290 平方公里，占市域总面积的 26.1%，包含水源涵养、水土保持、生物多样性维护和重要河流湿地四种类型，该区域是全市生态安全与水资源涵养保障的重要区域。生态涵养区的划分将成为北京生态保护工作的里程碑，定将为首都生态环境治理提供重要的保障。

二、生态环境治理与建设现状

（一）大气环境

随着环保工作的进一步推进，北京大气环境有了明显改善。“十二五”期间，北京淘汰了 183.2 万辆老旧机动车，以及全部黄标车，城市核心区基本实现“无煤化”、城六区基本无燃煤锅炉[①]。2015 年以来，北京全年空气

① 北京市国Ⅰ国Ⅱ车“十三五”期间全淘汰[EB/OL]. http://guoqing.china.com.cn/2016-05/22/content_38507059.htm[2016-05-22].

质量达标（即空气质量等级为良及以上）的天数显著提升，由 2015 年的 186 天增加到 2018 年的 227 天，上升幅度为 22.04%；重度及严重污染天数由 2015 年的 46 天减少到 2018 年的 15 天，降低幅度为 67.39%（图 5-9），全市整体空气质量正在逐渐改善。

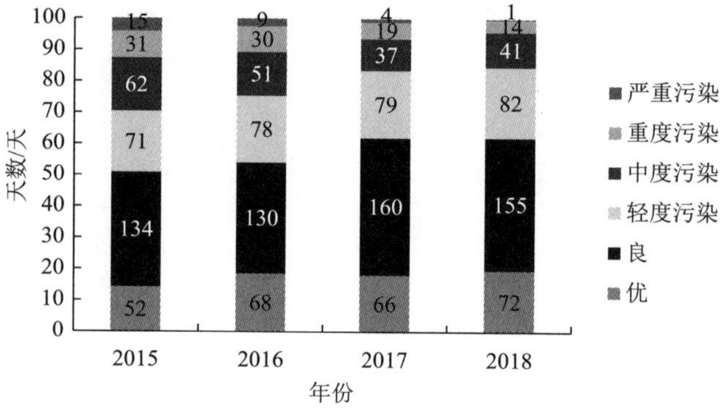

图 5-9　2015～2018 年北京空气质量状况变动示意图

资料来源：《2018 年北京市生态环境状况公报》

除此之外，SO_2、$PM_{2.5}$ 等大气环境主要污染物排放量及浓度等均有了不同程度的下降。2018 年，全市 $PM_{2.5}$ 年均浓度为 51 微克/米^3，与 2015 年（81 微克/米^3）相比下降了 37.04%；SO_2 年均浓度为 6 微克/米^3，与 2015 年（14 微克/米^3）相比下降了 57.14%；NO_2 年均浓度为 42 微克/米^3，与 2015 年（50 微克/米^3）相比下降了 16.00%，全市大气环境明显好转。大气中主要污染物排放量也显著降低：SO_2 排放量由 2015 年的 7.12 万吨下降到 2018 年的 0.83 万吨，下降幅度为 88.34%；NO_x 由 2015 年的 13.76 万吨下降到 2018 年的 8.57 万吨，下降幅度为 37.72%（表 5-14）。

表 5-14　2015～2018 年北京空气主要污染物浓度

年份	$PM_{2.5}$ 浓度 /（微克/米^3）	SO_2 浓度 /（微克/米^3）	SO_2 排放量 /万吨	PM_{10} 浓度 /（微克/米^3）	NO_2 浓度 /（微克/米^3）	NO_x 排放量 /万吨
2015	81	14	7.12	102	50	13.76
2016	73	10	6.02	92	48	12.34
2017	58	8	2.65	84	46	9.52
2018	51	6	0.83	78	42	8.57

资料来源：《北京市生态环境状况公报》（2015～2018 年）

从 $PM_{2.5}$ 的来源来看，本地排放在 2017 年全市 $PM_{2.5}$ 排放量中约占 2/3，区域传输约占总排放量的 1/3。其中，本地排放中以移动源、扬尘源为主，移动源占比高达 45%，为占比最高的排放来源，扬尘源占比为 16%，工业源、生活面源、农业及自然源占比均为 12%，燃煤源占比最少，仅为 3%（图 5-10）。

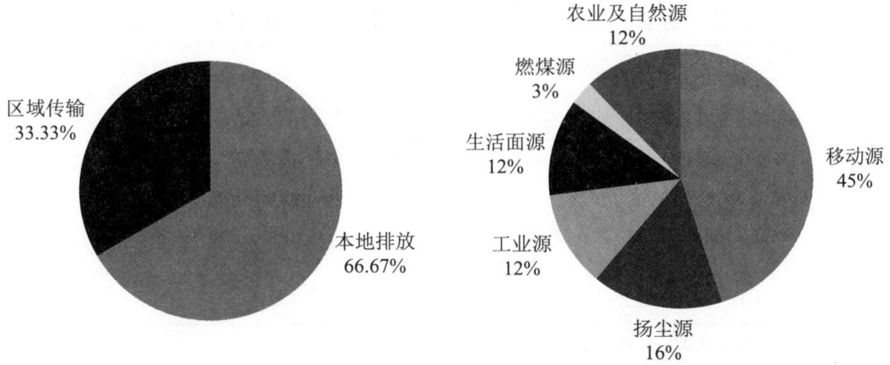

（a）2017年北京$PM_{2.5}$主要来源　　（b）2017年北京$PM_{2.5}$本地排放主要构成

图 5-10　2017 年北京 $PM_{2.5}$ 主要来源及本地排放主要构成

资料来源：《2017 年北京市生态环境状况公报》

（二）水环境

1. 总体环境[①]

2015～2018 年，北京水环境得到明显好转，高锰酸钾、氨氮等主要污染物指数有所下降，河流、湖泊、水库三种类型的水域质量有所改善。全市总体水域的高锰酸钾指数由 2015 年的 7.71 毫克/升下降到 2018 年的 4.91 毫克/升，下降幅度为 36.32%，氨氮指数由 2015 年的 5.68 毫克/升下降到 2018 年的 0.98 毫克/升，下降幅度为 82.75%。分水域类型来看，河流高锰酸钾指数由 2015 年的 8.27 毫克/升下降到 2018 年的 5.06 毫克/升，下降幅度为 38.82%，氨氮指数由 2015 年的 6.85 毫克/升下降到 2018 年的 1.12 毫克/升，下降幅度为 83.65%；湖泊高锰酸钾指数由 2015 年的 5.78 毫克/升下降到 2018 年的 4.56 毫克/升，下降幅度为 21.11%，氨氮指数由 2015 年的 0.57 毫克/升下降到 2018 年的 0.30 毫克/升，下降幅度为 47.37%；水库高锰酸钾指数由 2015 年的 3.37 毫克/升下降到 2018 年的 3.19 毫克/升，下降幅度为 5.34%，氨氮指数由 2015 年的 0.18 毫克/升下降到 2018 年的 0.15 毫克/升，下降幅度为

---

① 地表水环境质量标准水质类别按功能可划分为两大类：Ⅰ类、Ⅱ类、Ⅲ类、Ⅳ类、Ⅴ类为第一类；Ⅴ类以下为第二类，即劣Ⅴ类。

16.67%（表 5-15）。其中，水库的高锰酸钾指数与氨氮指数较低，河流的高锰酸钾指数及氨氮指数在三种类型的水域中降幅最大。总体来看，2015 年以来全市水环境不断好转。

表 5-15 河流、湖泊、水库高锰酸盐指数和氨氮年均浓度值（单位：毫克/升）

水域类型	高锰酸钾指数				氨氮指数			
	2015 年	2016 年	2017 年	2018 年	2015 年	2016 年	2017 年	2018 年
总体	7.71	7.37	5.97	4.91	5.68	5.40	2.62	0.98
河流	8.27	7.84	6.15	5.06	6.85	6.49	3.09	1.12
湖泊	5.78	6.01	5.94	4.56	0.57	0.55	0.38	0.30
水库	3.37	3.35	3.08	3.19	0.18	0.21	0.16	0.15

资料来源：《北京市生态环境状况公报》（2015～2018 年）

此外，水环境的主要污染物排放同样呈现出逐年递减的发展趋势，体现出北京水环境进一步好转。2015～2018 年，氨氮排放量由 2015 年的 1.65 万吨下降到 2018 年的 1.17 万吨，下降幅度为 29.09%；化学需氧量由 2015 年的 16.15 万吨下降到 2018 年的 11.05 万吨，下降幅度为 31.58%（表 5-16）。

表 5-16 2015～2018 年北京水环境主要污染物排放（单位：万吨）

污染物类型	2015 年	2016 年	2017 年	2018 年
氨氮排放量/万吨	1.65	1.52	1.24	1.17
化学需氧量/万吨	16.15	14.91	11.59	11.05

资料来源：《北京市生态环境状况公报》（2015～2018 年）

2. 河流环境

2015～2018 年，北京河流水质有显著提升：I～III 类水质河流比重逐步上升，劣 V 类水质河流比重逐年下降。具体来看，I～III 类水质河流比重由 2015 年的 48.0%上升到 2018 年的 54.5%，IV～V 类水质河流比重由 2015 年的 7.5%上升到 2018 年的 24.5%，劣 V 类水质河流比重由 2015 年的 44.5%下降到 2018 年的 21.0%（表 5-17）。全市河流主要污染指标为化学需氧量、生化需氧量及氨氮等，污染类型属于有机污染型，全市五大水系中，潮白河系水质最好，永定河系和蓟运河系次之，大清河系和北运河系水质总体较差[①]。

①《北京市生态环境状况公报》（2015～2018 年）。

表 5-17　2015～2018 年北京河流水质分布

项目	2015 年	2016 年	2017 年	2018 年
I～III 类水质河流比重/%	48.0	48.6	48.6	54.5
IV～V 类水质河流比重/%	7.5	11.5	16.7	24.5
劣 V 类水质河流比重/%	44.5	39.9	34.7	21.0
总长度/公里	2284.6	2423.7	2433.5	2475.9

资料来源：《北京市生态环境状况公报》（2015～2018 年）

3. 湖泊环境

2015～2018 年，北京湖泊水域 I～III 类水质湖泊比重总体呈现上升趋势，劣 V 类水质湖泊比重除 2017 年较上年有所增加外其余年份均有不同程度的下降，湖泊总体水质有显著提升。其中，I～III 类水质湖泊比重由 2015 年的 32.6%上升到 2018 年的 58.3%，IV～V 类水质湖泊比重由 2015 年的 48.8%下降到 2018 年的 40.7%，劣 V 类水质湖泊比重由 2015 年的 18.6%下降到 2018 年的 1.0%，降幅高达 94.62%（表 5-18）。从湖泊的富营养化程度来看，除 2016 年柳荫公园湖出现过重度富营养外，其余年份全市湖泊均以轻度与中度富营养为主，且湖泊富营养化现象有所好转，湖泊主要污染指标为化学需氧量、总磷和生化需氧量等。

表 5-18　2015～2018 年北京湖泊水质分布

项目	2015 年	2016 年	2017 年	2018 年
I～III 类水质湖泊比重/%	32.6	31.3	47.6	58.3
IV～V 类水质湖泊比重/%	48.8	64.8	40.7	40.7
劣 V 类水质湖泊比重/%	18.6	3.9	11.7	1.0
水面面积/万平方米	720.0	719.6	719.6	719.6

资料来源：《北京市生态环境状况公报》（2015～2018 年）

4. 水库环境

2015～2018 年，北京水库中均无劣 V 类水域，I～III 类水质水库比重提升，IV～V 类水质水库比重下降，全市水库水质同样得到明显好转。具体来看，I～III 类水质水库比重由 2015 年的 80.0%上升到 2018 年的 84.5%；IV～V 类水质水库比重由 2015 年的 20.0%下降到 2018 年的 15.5%（表 5-19）。其中，密云水库和怀柔水库水质符合饮用水水源水质标准，官厅水库水质为 IV

类，主要污染指标为化学需氧量、氟化物、总磷和高锰酸盐指数。

表 5-19　2015～2018 年北京水库水质分布

项目	2015 年	2016 年	2017 年	2018 年
I～III 类水质水库比重/%	80.0	80.4	82.5	84.5
IV～V 类水质水库比重/%	20.0	19.6	17.5	15.5
劣 V 类水质水库比重/%	0	0	0	0
平均总蓄水量/亿立方米	14.0	18.9	25.2	30.5

资料来源：《北京市生态环境状况公报》（2015～2018 年）

5. 污水处理能力

污水处理既可以保护生态环境，也可将处理后的水用于交通、建筑等的建设与发展，是生态环境建设工作中的重要环节之一。十八大以来，随着北京加快污水处理设施建设，污水处理能力持续增强。2015～2017 年，全市污水处理能力由 439.5 万米^3/日上升到 665.6 万米^3/日，上升幅度为 51.44%，污水处理率由 87.9%上升到 92.4%（图 5-11）。此外，全市的再生水利用量也有所提升，2015 年为 94 826 万立方米，2016 年为 100 398 立方米，2017 年为 105 085 万立方米①。

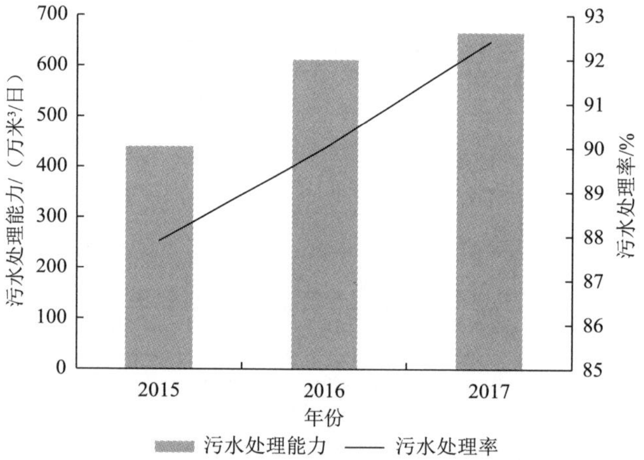

图 5-11　2015～2017 年北京污水处理能力

资料来源：《北京统计年鉴 2018》

① 《北京统计年鉴 2018》。

（三）声环境

2008 年 8 月，环境保护部发布《声环境质量标准》（GB 3096—2008），按照使用功能及特点，将区域分为 0～4 共五类声环境功能区，0 类区域为需要特别安静的区域，4 类区域为交通干线两侧一定距离内的区域，五类区域的环境噪声限值由低到高。《北京市生态环境状况公报》将北京声环境分为区域环境噪声和道路交通噪声两个类型。在区域环境噪声方面，2015～2018 年，全市噪声在 53.2～54.3 分贝，总体上较为稳定；全市道路交通噪声同样较为稳定，在 69.2～69.6 分贝，中心城区道路交通噪声在 69.8～69.9 分贝，略高于远郊区的 67.2～68.5 分贝。总体来看，远郊区的区域环境噪声和道路交通噪声均略低于中心城区的道路交通噪声，即在声环境方面，远郊区略优于中心城区（表 5-20）。

表 5-20　2015～2018 年北京声环境　（单位：分贝）

年份	区域环境噪声			道路交通噪声		
	全市	中心城区	远郊区	全市	中心城区	远郊区
2015	53.3	53.8	53.2	69.2	69.9	67.2
2016	54.3	53.9	53.7	69.3	69.8	67.4
2017	53.2	53.4	53.2	69.3	69.9	67.4
2018	53.7	53.3	53.3	69.6	69.8	68.5

资料来源：《北京市生态环境状况公报》（2015～2018 年）

（四）森林园林及绿化

森林园林及绿化同样也是生态环境保护的重要方面之一，北京在森林园林及绿化方面工作成效显著。2015 年以来，北京森林覆盖率、城市绿化覆盖率、人均公园绿地面积等持续提升，森林城市建设工作取得显著成效。2018 年，全年完成人工造林面积 17 974.0 公顷，与 2017 年相比增长了 93.7%①，人均公园绿地面积由 2015 年的 16.0 平方米上升到 2018 年的 16.3 平方米，上升幅度为 1.88%，森林覆盖率由 2015 年的 41.6%上升到 2018 年的 43.5%，上升幅度为 4.57%；城市绿化覆盖率由 2015 年的 48.40%上升到 2018 年的 48.44%，上升幅度为 0.08%（表 5-21）。

①《北京市 2018 年国民经济和社会发展统计公报》。

表 5-21 2015～2018 年北京城市绿化情况

年份	人均公园绿地面积/平方米	城市绿化覆盖率/%	森林覆盖率/%
2015	16.0	48.40	41.6
2016	16.1	48.40	42.3
2017	16.2	48.42	43.0
2018	16.3	48.44	43.5

资料来源：《北京统计年鉴 2018》《北京市 2018 年国民经济和社会发展统计公报》

（五）废物处理

2015 年以来，北京在废物处理能力方面也有显著提升。2018 年，北京生活垃圾无害化处理率已达 99.94%[①]，随着北京产业结构的升级与部分非首都功能的转移，工业占经济总量的比重由 2015 年的 16.2%下降到 2018 年的 14.7%，一般工业固体废物产生量与利用量也随之下降：一般工业固体废物产生量由 2015 年的 709.86 万吨下降到 2017 年的 630.35 万吨，一般工业固体废物综合利用量由 2015 年的 591.56 万吨下降到 2017 年的 466.76 万吨，一般工业固体废物处置量由 2015 年的 118.41 万吨上升到 2017 年的 163.94 万吨；危险废物产生量由 2015 年的 149 939 吨上升到 2017 年的 181 755 吨，危险废物综合利用量由 2015 年的 75 886 吨上升到 2017 年的 77 169 吨，危险废物处置量由 2015 年的 73 728 吨上升到 2017 年的 103 459 吨（表 5-22）。以上数据表明，北京一般工业固体废物产生量、一般工业固体废物综合利用量都有不同程度的下降，危险废物产生量、危险废物综合利用量、危险废物处置量、一般工业固体废物处置量有所增加，可见近年来北京废物处理能力有了大幅提升，为全市生态环境的进一步改善做出了一定的贡献。

表 5-22 2015～2017 年北京废物产生、处理及利用情况

年份	一般工业固体废物产生量/万吨	一般工业固体废物综合利用量/万吨	一般工业固体废物处置量/万吨	危险废物产生量/吨	危险废物综合利用量/吨	危险废物处置量/吨
2015	709.86	591.56	118.41	149 939	75 886	73 728
2016	629.10	542.53	86.99	178 324	82 808	94 076
2017	630.35	466.76	163.94	181 755	77 169	103 459

资料来源：《北京统计年鉴 2018》

①《北京市 2018 年国民经济和社会发展统计公报》。

三、生态环境建设面临的问题与挑战

虽然近年来，北京生态环境保护与建设工作取得了显著成效，但同时也存在诸多问题与挑战，准确认识并解决目前所面临的问题才能更好地建设与保护全市的生态环境，更好地为经济、社会等方面的发展提供服务与保障。

1. 环境保护相关法律法规尚不完善

世界各大城市均有环境保护相关法律法规，如纽约于 1989 年通过了《垃圾回收分类法》，20 世纪 90 年代出台了《退瓶法》，伦敦有《伦敦城法案》来指引环境保护工作的进行。我国的《中华人民共和国环境保护法》于 1989 年 12 月通过，并于 2014 年进行修订。目前，北京出台了《大气污染物综合排放标准》《北京市大气污染防治条例》《北京市水污染防治条例》等地方性相关条例与标准，但尚无“北京市环境保护条例”等专门针对北京具体情况的总体性环境保护相关法律法规来保障全市生态环境保护工作的有效实施，在一定程度上阻碍了全市生态环境保护工作的进一步推进。

2. 生态建设现状与目标仍存在一定差距

根据《关于全面提升生态文明水平推进国际一流和谐宜居之都建设的实施意见》和《北京城市总体规划（2016 年—2035 年）》，目前全市的生态建设情况与划定的全市生态建设目标仍存在一定差距。从表 5-23 可以看出，万元 GDP 能耗与万元 GDP 水耗等指标已达到 2020 年建设目标，2018 年大气中 $PM_{2.5}$ 浓度也达到 2020 年建设目标，但森林覆盖率、建成区人均公园绿地面积等还未达到 2020 年建设目标。因此，北京生态状况仍需进行一定程度的改善，以支持北京“四个中心”与国际一流和谐宜居之都的建设工作。

表 5-23 北京部分生态指标完成情况

指标	2017 年完成情况	2020 年建设目标
能源消费总量控制/万吨标准煤	7132.84	7700
万元 GDP 能耗/吨标准煤	0.264	0.3
万元 GDP 水耗/立方米	14.10	14.41
森林覆盖率/%	43	44
建成区人均公园绿地面积/平方米	16.20	16.5

续表

指标	2017年完成情况	2020年建设目标
市生态保护红线面积占比/%	26.1	25
大气中 $PM_{2.5}$ 浓度/（微克/米^3）	51（2018年）	56

资料来源：《北京统计年鉴2018》《北京城市总体规划（2016年—2035年）》《关于全面提升生态文明水平推进国际一流和谐宜居之都建设的实施意见》

3. 部分环境指标与全国平均水平有较大差距

目前，北京部分环保指标仍落后于全国平均水平，整体生态环境仍有待进一步改善。以空气质量为例，2017年，北京二级以上天数为226天，在全国113个重点城市中排名第86位[①]，在全国范围内排名处于中等偏后，全市各区 $PM_{2.5}$ 年均浓度在49～67微克/米^3，PM_{10} 年均浓度在71～105微克/米^3[②]，两项指标均未达到国家平均水平。

4. 区域内部的生态环境质量差异显著

北京市域面积较大、地形复杂多样，在全市范围内，环境质量状况同样存在一定差异。从2018年生态环境状况指数的区域分布来看，北部山区的生态环境状况总体好于其他区域，其中怀柔区生态环境状况最好，西城区、东城区、朝阳区等中心城区的生态环境状况仍有待改进；全市 NO_2 浓度除部分远郊区（门头沟区、房山区、昌平区、平谷区、怀柔区、密云区、延庆区）达到国家标准外，其余地区均未达标。总体来看，西北部生态涵养发展区的环境状况明显优于其他区域[③]。

第四节　和谐宜居之都建设分析

2005年，国务院在批示《北京城市总体规划（2004—2020年）》时第一次提出了“宜居城市”的建设目标[④]；《北京市国民经济和社会发展第十二

①《中国统计年鉴2018》。

②《北京区域统计年鉴2018》。

③《2018年北京市生态环境状况公报》。

④ 国务院关于北京城市总体规划的批复[EB/OL]. http://www.gov.cn/gongbao/content/2005/content_63352.htm[2019-11-10].

个五年规划纲要》中，“打造和谐宜居之都”被写入未来五年的发展目标。2014 年 2 月，习近平总书记视察北京时明确了北京在新形势新时期的战略定位，提出了建设国际一流的和谐宜居之都的战略目标[①]。《北京城市总体规划（2016 年—2035 年）》提出，转变城市发展方式，完善城市治理体系，有效治理“大城市病”，不断提升城市发展质量、人居环境质量、人民生活品质、城市竞争力，建设国际一流的和谐宜居之都。同时，还提出 2020 年，建设国际一流的和谐宜居之都取得重大进展；2035 年，初步建成国际一流的和谐宜居之都，“大城市病”治理取得显著成效，首都功能更加优化；2050 年，全面建成更高水平的国际一流的和谐宜居之都，成为具有广泛和重要国际影响力的全球中心城市。因此，将北京建设成为国际一流的和谐宜居之都是首都发展的重大目标。

一、和谐宜居之都的内涵及目标

宜居城市是我国城市发展的共同目标，是实现城市现代化的必由之路。20 世纪 60 年代，简·雅各布斯在其著作《美国大城市的死与生》中首次对城市的宜居性进行探索。此后，国外学者从城市地理学、城市规划学、环境规划与景观设计等多个视角对宜居城市进行了广泛的探索，城市规划、景观设计等相关学科得到快速发展。

（一）和谐宜居之都的内涵

宜居城市是指居住环境等方面适宜人类居住的城市，是一个人与自然能够和谐、可持续发展的区域。宜居城市的建设需以人为本，居民可在其中健康地生活，并且有充足的空间进行自由交流，彼此尊重，不存在种族歧视；城市具有完善的公共服务设施，居民可在教育、医疗、交通、购物等方面享受到便捷的服务，具有良好的通达性；城市还与周边区域具有紧密联系，并非孤立存在，对游客同样具有强大的吸引力，市民对城市有归属感，认为自己是城市的主人。同时，建筑美学及文化氛围也是宜居城市重要的组成部分，城市中仍保留着建筑、遗迹等相关历史标记。宜居城市的发展还应该是在不损害下一代利益的前提下进行可持续发展，为后代留充足的资源，最终达到

---

① 答好总书记出的题 [EB/OL]. http://theory.people.com.cn/n1/2018/0222/c40531-29828236.html [2019-11-10].

人、城市、自然三者的和谐共生（张文忠，2007；俞孔坚，2005；赵菲，2005）。

（二）和谐宜居之都的目标

宜居城市建设是动态的目标，与城市的可持续发展密不可分，其建设不仅要看经济指标，还要考察居民在不同层次上对城市居住与生活环境的需求。宜居城市是经济持续繁荣、社会和谐稳定、文化丰富厚重、生活舒适便捷、公共安全度较高的城市，主要包含城市安全、生态环境、社会文化、经济要素、交通通信、生活质量、人及其他要素（卢杨，2009）。

将和谐与宜居城市结合后便更加强调“和谐”，要求城市的政治、经济、社会、文化、环境等领域保持协调发展；和谐宜居之都在和谐宜居城市的层面上更强调都市的特点，北京作为超大城市，如何在资源及环境约束条件下实现和谐宜居成为专家关注的重点问题；国际一流的和谐宜居之都更加突出全球视野，更加强调北京在世界中的城市竞争力与认可度。

综上所述，国际一流的和谐宜居之都的目标是将北京建设成为安全稳定、生活便捷、环境宜人、社会和谐、开放包容、自然环境与人文环境相协调的大都市，成为具有国际认可度的高品质城市①。

（三）和谐宜居之都建设评价指标体系

北京和谐宜居之都建设评价指标体系的建立主要经过以下两个阶段。

第一阶段：2015 年，北京市统计局以提高城市品质、实现城市的可持续发展为目标，突出创新、协调、绿色、开放、共享五大发展理念，建立了包括城市安全、生活品质、环境宜人、社会和谐、开放创新 5 个方面在内，共计 35 项指标的国际一流和谐宜居之都监测评价指标体系。

第二阶段：2017 年《北京城市总体规划（2016 年—2035 年）》发布，规划包含建设国际一流的和谐宜居之都评价指标体系，主要包括创新发展、协调发展、绿色发展、开放发展、共享发展 5 个分项，包括全社会劳动生产率、大型国际会议个数、平均受教育年限、绿色出行比例等 42 个具体指标，涵盖科技创新、环境保护、公共服务设置、人民生活等方面的内容（表 5-24）。

---

① 北京向“国际一流的和谐宜居之都”迈出坚实步伐——“国际一流的和谐宜居之都”监测评价指标体系及监测评价结果[EB/OL]. http://www.bjstats.gov.cn/zxfb/201603/t20160323_342419.html[2016-03-23].

表 5-24　建设国际一流的和谐宜居之都评价指标体系

分项		指标	2015 年	2020 年	2035 年
坚持创新发展，在提高发展质量和效益方面达到国际一流水平	1	全社会研究与试验发展经费支出占 GDP 比重/%	6.01	稳定在 6 左右	
	2	基础研究经费占研究与试验发展经费比重/%	13.8	15	18
	3	万人发明专利拥有量/件	61.3	95	增加
	4	全社会劳动生产率/（万元/人）	19.6	23	提高
坚持协调发展，在形成平衡发展结构方面达到国际一流水平	5	常住人口规模/万人	2170.5	≤2300	2300
	6	中心城区常住人口规模/万人	1282.8	1085 左右	≤1085
	7	居民收入弹性系数/%	1.01	居民收入增长与经济增长同步	
	8	实名注册志愿者与常住人口比值	0.15	0.18	0.21
	9	城乡建设用地规模/平方公里	2921	2860 左右	2760 左右
	10	平原地区开发强度/%	46	≤45	44
	11	城乡职住用地比例	1∶1.3	1∶1.5 以上	1∶1.2 以上
坚持绿色发展，在改善生态环境方面达到国际一流水平	12	$PM_{2.5}$ 年均浓度/（微克/米^3）	80.6	56 左右	大气环境质量得到根本改善
	13	基本农田保护面积/万亩	—	150	—
	14	生态控制区面积占市域面积比重/%	—	73	75
	15	单位 GDP 水耗降低（比 2015 年）/%	—	15	>40
	16	单位 GDP 能耗降低（比 2015 年）/%	—	17	达到国家要求
	17	单位 GDP 二氧化碳排放降低（比 2015 年）/%	—	20.5	达到国家要求
	18	城乡污水处理率/%	87.9（城镇）	95	>99
	19	重要江河湖泊水功能区水质达标率/%	57	77	>95
	20	建成区人均公园绿地面积/平方米	16	16.5	17
	21	建成区公园绿地 500 米服务半径覆盖率/%	67.2	85	95
	22	森林覆盖率/%	41.6	44	45
坚持开放发展，在实现合作共赢方面达到国际一流水平	23	入境旅游人数/万人次	420	500	增加
	24	大型国际会议个数/个	95	115	125
	25	国际展览个数/个	173	200	250

续表

分项		指标	2015 年	2020 年	2035 年
坚持开放发展，在实现合作共赢方面达到国际一流水平	26	外资研发机构数量/个	532	600	800
	27	引进海外高层次人才来京创新创业人数/人	759	1300	增加
坚持共享发展，在增进人民福祉方面达到国际一流水平	28	平均受教育年限/年	12	12.5	13.5
	29	人均期望寿命/岁	81.95	82.4	83.5
	30	千人医疗卫生机构床位数/张	5.14	6.1	7 左右
	31	千人养老机构床位数/张	5.7	7	9.5
	32	人均公共文化服务设施建筑面积/平方米	0.14	0.36	0.45
	33	人均公共体育用地面积/平方米	0.63	0.65	0.7
	34	一刻钟社区服务圈覆盖率/%	80（城市社区）	基本实现城市社区全覆盖	基本实现城乡社区全覆盖
	35	集中建成区道路网密度/（公里/公里^2）	3.4	8（新建地区）	8
	36	轨道交通里程/公里	631	1000 左右	2500
	37	绿色出行比例/%	70.7	>75	80
	38	人均水资源量/立方米	176	185	220
	39	人均应急避难场所面积/平方米	0.78	1.09	2.1
	40	社会治安：十万人刑事案件判决生效犯罪率/人	109.2	108.7	106.5
	41	交通安全：万车死亡率/人	2.38（2016 年）	2.1	1.8
	42	重点食品安全检测抽检合格率/%	98.42	98.5	99

资料来源：《北京城市总体规划（2016 年—2035 年）》

二、和谐宜居之都建设成效

建设国际一流的和谐宜居之都的目标提出后，全市各领域工作者纷纷投入建设工作中，截至 2017 年底，国际一流的和谐宜居之都建设工作取得显著成效，城市发展正在进行深刻转型，逐渐从集聚资源式的增长转向疏解非首都功能、减量发展，同时由过去的“摊大饼”模式向“一核两翼”转变，城市副中心与雄安新区作为首都“新两翼”为首都发展增添了新的活力，古城保护工作得到足够的重视。目前，北京正在构建包含老城、中心城区、市域和京津冀的历史文化名城保护体系，以凸显北京历史文化的价值。此外，从各项指标的完成程度来看，和谐宜居之都的建设工作取得了显著成效。

1. 第一阶段建设成效

从第一阶段的评价指标来看，2017 年北京市统计局发布的监测结果表明，和谐宜居总指数由 2015 年的 100.0 上升到 2016 年的 105.2。五个领域的指数均有所提升：城市安全、生活品质、社会和谐指数较 2015 年提高了 0.5，环境宜人指数提高了 3.0，开放创新指数提高了 0.7。其中，环境宜人指数由 2015 年的 23.0 上升到 2016 年的 26.0，指数增长贡献率为 56.9%，是为总指数的提升贡献率最高的领域（表 5-25）。

表 5-25　2016 年北京和谐宜居之都建设完成情况

指标名称	2015 年	2016 年	2016 年比 2015 年增减	指数增长贡献率/%
总指数	100	105.2	5.2	—
城市安全	17	17.5	0.5	10.0
生活品质	27	27.5	0.5	10.5
环境宜人	23	26.0	3.0	56.9
社会和谐	18	18.5	0.5	9.2
开放创新	15	15.7	0.7	13.4

资料来源：及格了！居民给去年北京“宜居之都”建设打 67 分[EB/OL]. http://invest.beijing.gov.cn/gb/showArticle.do?articleId=95092[2017-04-14]

2. 第二阶段建设成效

从《北京城市总体规划（2016 年—2035 年）》中公布的和谐宜居之都评价指标体系来看，2015 年以来，全市在创新、协调、绿色、开放、共享五大发展方面均取得了显著成效，截至 2017 年，部分指标完成情况如表 5-26 所示。

在创新发展方面，政府对基础研究的支持力度进一步加大，全市劳动生产率有所提升：基础研究经费占研究与试验发展经费比重由 2015 年的 13.8% 上升到 2017 年的 14.7%；经济发展效率提升，全社会劳动生产率由 2015 年的 19.6 万元/人上升到 2017 年的 22.7 万元/人。

表 5-26　和谐宜居之都建设部分指标完成情况

序号	指标	完成情况		评价指标	
		2015 年	2017 年	2020 年	2035 年
1	基础研究经费占研究与试验发展经费比重/%	13.8	14.7	15	18
2	全社会劳动生产率/（万元/人）	19.6	22.7	23	提高
3	常住人口规模/万人	2170.5	2170.7	≤2300	2300
4	实名注册志愿者与常住人口比值	0.15	0.17	0.18	0.21
5	城乡建设用地规模/平方公里	2921	2945.87	2860 左右	2760 左右
6	$PM_{2.5}$ 年均浓度/（微克/米^3）	80.6	58	56 左右	大气环境质量得到根本改善
7	单位 GDP 水耗降低（比 2015 年）/%	—	9.29	15	>40
8	单位 GDP 能耗降低（比 2015 年）/%	—	8.7	17	达到国家要求
9	单位 GDP 二氧化碳排放降低（比 2015 年）/%	—	9.67	20.5	达到国家要求
10	城乡污水处理率/%	87.9（城镇）	92	95	>99
11	建成区人均公园绿地面积/平方米	16	16.2	16.5	17
12	森林覆盖率/%	41.6	43	44	45
13	入境旅游人数/万人次	420	392.6	500	增加
14	人均期望寿命/岁	81.95	82.15	82.4	83.5
15	一刻钟社区服务圈覆盖率/%	80（城市社区）	87.5	基本实现城市社区全覆盖	基本实现城乡社区全覆盖
16	绿色出行比例/%	70.7	72.1	>75	80
17	重点食品安全检测抽检合格率/%	98.42	达到进度要求	98.5	99

资料来源：2015 年和 2017 年完成情况源自《北京统计年鉴 2018》，2020 年和 2035 年评价指标源自《北京城市总体规划（2016 年—2035 年）》

在协调发展方面，人口调控工作取得了重大进展，2017 年全市常住人口为 2170.7 万人，实现 1997 年以来常住人口规模的首次负增长；志愿者人数进一步增加，实名注册志愿者与常住人口比值由 2015 年的 0.15 上升到 2017 年的 0.17，已接近 2020 年 0.18 的预期目标；城乡建设用地规模略有提升，由 2015 年的 2921 平方公里上升到 2017 年的 2945.87 平方公里。

在绿色发展方面，空气质量得到明显改善，$PM_{2.5}$ 年均浓度由 2015 年的 80.6 微克/米^3 下降到 2017 年的 58 微克/米^3，2018 年 $PM_{2.5}$ 年均浓度为 51 微克/米^3，已提前达到并超过 2020 年 56 微克/米^{3}左右的目标；城市环境进一步改善，2017 年城乡污水处理率为 92%，已接近 2020 年 95%的目标；森林城市建设初见成效，全市建成区人均公园绿地面积由 2015 年的 16 平方米上升到 2017 年的 16.2 平方米，接近 2020 年 16.5 平方米的预期目标；森林覆盖率由 2015 年的 41.6%上升到 2017 年的 43%，2018 年森林覆盖率为 43.5%，已接近 2020 年的预期目标；资源利用效率同样显著提升，2016～2017 年，单位 GDP 水耗累计降低 9.29%，单位 GDP 能耗降低 8.7%，单位 GDP 二氧化碳排放降低 9.67%。

在开放发展方面，入境旅游人数有所降低，由 2015 年的 420 万人次下降到 2017 年的 392.6 万人次，由此可见北京仍需加大对外开放力度，进一步提升城市的国际影响力。

在共享发展方面，全市居民绿色出行比例有所提升，由 2015 年的 70.7%上升到 2017 年的 72.1%；人民生活基础设施建设进展加快，居民生活品质有所提升，人均期望寿命由 2015 年的 81.95 岁上升到 2017 年的 82.15 岁，已接近 2020 年目标（82.4 岁）；重点食品安全检测抽检合格率达到《北京市国民经济和社会发展第十三个五年规划纲要》预计进度要求；截至 2018 年 11 月末，新建“一刻钟社区服务圈”128 个，累计已建成 1580 个，覆盖率达到 92%①，总体达到《北京市国民经济和社会发展第十三个五年规划纲要》的进度要求。

三、和谐宜居之都建设面临的问题与挑战

北京在和谐宜居之都建设工作取得显著成效的同时，也面临着问题与挑战，主要包括“大城市病”问题、城市内部发展不均衡、职住不平衡等问题。

1.“大城市病”问题

首都集聚了大量的医疗、教育、就业等优质公共服务资源，对人口形成了虹吸效应，同时，现代服务业、制造业、物流中心等非首都功能的过度集中，以及长期以来“摊大饼”式的城市发展模式，导致城市规模的不断扩大，进而引发了交通拥堵、资源紧张、住房困难、城市贫困等一系列城市规模不

① 全市新建“一刻钟社区服务圈”128 个[EB/OL]. http://www.xinhuanet.com/house/2019-01-09/c_1123964059.htm[2019-10-09].

经济现象，造成低效率、高成本、发展不可持续、城市内冲突与不安定的因素增加等“大城市病”，进而导致城市交通、环境、布局、资源配置等方面的问题逐渐显现，“大城市病”的出现为城市的治理及下一步的发展带来了一定的困难与阻碍。

2. 城市内部发展不均衡

虽然北京的经济总量、居民收入情况等指标均有着较高水平，且位于全国前列，但目前北京内部仍在GDP总量、居民可支配收入、城乡收入、公共服务设施等方面存在较大的发展差距。以2017年为例，全市城镇居民人均可支配收入为62 406元，农村居民人均可支配收入为24 240元，前者为后者的2.57倍；城乡恩格尔系数虽逐年下降，但差距却从2006年的1.2%增加到2017年的4.9%。除了全市城乡收入差异之外，还体现在各行政区域，尤其是南北地区[①]之间的差异：从区域间GDP来看，根据《北京区域统计年鉴2018》中数据进行计算，对全市贡献较大的区域分别为首都功能核心区中的东城区和西城区以及城市功能拓展区中的海淀区和朝阳区，2017年，以上四城区占全市GDP比重为63.35%，而城市发展新区和生态涵养发展区占全市GDP比重相对较小，全市各区域之间GDP差距较大。因此，北京仍需在全市层面进行统筹发展，进一步缩小区域内部的发展差距[②]。

3. 职住不平衡

北京市域面积较大以及过去一段时间内“摊大饼”式的城市发展模式，造成了一定程度的职住分离现象，居民需要较长的通勤时间。在2017年GDP排名全国前十城市的平均通勤路程排行中[③]，北京以13.2公里位居第一，其中通勤距离在5公里以内的占比为31.8%，通勤距离在25公里以上的占比达17.1%，在10个城市中排名最高。此外，2017年北京平均通勤时间为56分钟，同样在10个城市中位居第一[④]。

---

① 城南地区是指丰台区、房山区、大兴区（含北京经济技术开发区）；城南地区为“一核两翼”的腹地，是京津冀发展的重要门户，应将城南地区打造成为首都功能梯度转移承接区、高质量发展试验区、和谐宜居示范区。

②《北京区域统计年鉴2018》。

③《2018年中国城市通勤研究报告》中，GDP排名全国前十的城市包括上海、北京、深圳、广州、重庆、天津、苏州、成都、武汉、杭州。

④《2018年中国城市通勤研究报告》。

从城市人口及产业的空间分布来看，国贸大厦、金融街、中关村、丰台科技园为北京主要的产业集聚区，而全市的常住人口主要集中于朝阳区（17.22%）、海淀区（16.03%）及丰台区（10.07%），常住外来人口主要集中于朝阳区（21.25%）、海淀区（16.06%）及昌平区（13.28%）[①]，且近年来人口逐渐向五环外扩展。北京 16 区中，西城区职住比为 1.19，居于全市首位，昌平区为全市最低，为 0.79，两者之间差距较大，可见全市职住不平衡现象相对突出。

4. 北京的国际影响力需进一步提升

2008 年奥林匹克运动会、2019 年中国北京世界园艺博览会等大型国际活动与会议的在京举行以及 2022 年冬季奥林匹克运动会申办成功,体现出北京的国际影响力正逐年提升，但目前距建成国际一流的和谐宜居之都的目标仍存在一定差距。

2011～2017 年，北京国际旅游接待人数均呈现出下降趋势，直到 2018 年才有所提升。2011 年以来，北京入境旅游人数由 520.4 万人次下降到 2017 年的 392.6 万人次,2018 年上升到 400.4 万人次,较 2017 年上升幅度为 1.99%（图 5-12）；在国际会议方面，2013～2017 年，北京共举办国际会议 582 次，巴黎举办 1079 次，柏林与伦敦均举办 945 次[②]。2017 年，北京高规格国际会议数量为 81 场，居于亚太城市第六位[③]。从支出法 GDP 构成来看，2017 年北

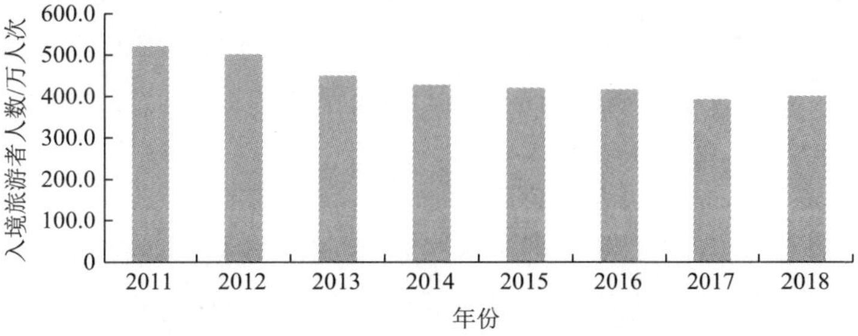

图 5-12　2011～2018 年北京入境旅游者人数

资料来源：《北京统计年鉴 2018》《北京市 2018 年国民经济和社会发展统计公报》

① 《北京区域统计年鉴 2018》。

② A Modern History of International Association Meetings-UPDATE: 1963-2017[EB/OL]. https://www.iccaworld.org/knowledge/benefit.cfm?benefitid=5230[2019-10-16] .

③ “北京服务”扬名　接待国际会议数量全国居首[EB/OL]. http://www.beijing.gov.cn/ywdt/gzdt/t1561413.htm[2019-09-16].

京货物与服务进出口占比仅为0.8%，低于全国2%的平均水平[①]，对经济的贡献程度较低。

综上所述，北京在国际旅游、国际会议、货物与服务进出口等方面的国际化程度仍与世界发达城市存在一定差距，城市的世界影响力仍需进一步提升。

四、北京建设国际一流的和谐宜居之都对策及建议

1. 有序疏解非首都功能，缓解“大城市病”

出现“大城市病”的重要原因之一是首都集中了大量的教育、医疗等公共服务资源，以及金融、科学研究与信息服务等现代服务业，造成城市与人口规模过大。《京津冀协同发展规划纲要》指出，把有序疏解非首都功能、优化提升首都核心功能、解决北京“大城市病”问题作为京津冀协同发展的首要任务。目前，北京“大城市病”主要表现为集聚了过多的非首都功能、人口过度膨胀、交通拥堵、大气污染严重、房价持续高涨、社会管理难度大等一系列经济社会的相关问题。

解决“大城市病”的核心在于促进城市群的形成（肖金成和马燕坤，2016）。因此，有序向外部疏解部分医疗、教育、批发零售业等非首都功能，与周边城市进行合理分工便成为缓解“大城市病”的重要方式之一。同时，还要限制城市发展边界，防止“摊大饼”式的发展模式，进而转向“多中心、网络化”的发展模式。产业的转移可促进周边城市协同发展以及京津冀世界级城市群的形成，进而合理消除北京的“大城市病”。

2. 缩小城市内部差距，促进区域统筹发展

针对北京城乡、南北及各行政区域间发展差异较大的问题，可通过加大产业转移力度、开设分院及分校等方式统筹区域发展，缩小城市内部的发展差距。具体措施如下：一是大力支持城市副中心的发展。城市副中心作为首都的重要一翼，是非首都功能的重要承载地之一，科学、高标准规划城市副中心，将行政、商务服务、旅游等功能向城市副中心及周边区域转移，在提供更多就业岗位、减轻全市交通压力的同时，通过中心城区产业的疏解带动人口的流动，增加当地的经济规模与人口总量，带动生产性服务业的发展，

---

①《北京统计年鉴2018》《中国统计年鉴2018》。

以缩小与中心城区的发展差距。二是合理安排朝阳区、海淀区等中心城区产业布局，通过中心城区的辐射能力及扩散效应带动顺义区、昌平区等相邻周边区域产城融合发展。三是提升周边区域在教育、医疗等方面的公共服务发展水平，可通过在周边区域开设分校、分院，引入优秀医疗教育资源，有效提升区域公共服务水平，缩小城市内部的发展差距，促进全市各区域统筹、协调发展。

3. 缩短通勤时间，实现职住平衡发展

北京的职住分离现象较严重，导致平均通勤时间较长。《北京城市总体规划（2016年—2035年）》首次提出“职住平衡”的城市发展目标：到2020年全市城乡职住用地比例由现状1∶1.3调整为1∶1.5以上，到2035年调整为1∶2以上。实现职住平衡可从以下几方面入手：一是优化产业布局，在城市副中心、昌平区、丰台区等周边职住比较低的区域建立产业集聚区，同时提高区域的公共服务水平，引导中心城区人口随产业与功能转移，降低中心区域职住比；二是优化改造并开发中心城区，有效控制就业岗位规模，增加公共租赁住房，使中心城区充分发挥其居住功能；三是优化公共交通网络，扩大轨道交通覆盖面积，提升换乘的便利程度，倡导居民绿色出行，进一步减轻高峰时期交通拥堵状况，最终缩短居民通勤时间。

4. 加大北京的国际影响力

城市的国际影响力是北京建设国际一流的和谐宜居之都的重要衡量指标之一，但从国际会议举办数量、入境旅游人数等方面来看，目前北京的城市影响力与纽约、伦敦、巴黎等仍然存在一定差距。提升北京的城市影响力可从以下几个方面入手：一是建立独特的北京旅游符号，包括特定颜色、特色食物、知名建筑等多种元素，加强北京在国外游客中的旅游国际形象，提升北京国际旅游的影响力；二是举办更多有影响力的国际电影节、文化节、马拉松比赛、学术会议等大型国际交流活动，吸引世界各地人民感受北京的城市文化底蕴与独特魅力；三是增加货物与服务进出口数量，提高出口占全市经济总量的比重，加强全市优质高校与医疗教育机构、医疗服务的国际化建设，提升北京的国际影响力。

5. 有序进行人口调控，优化人口结构

《北京城市总体规划（2016年—2035年）》提出，北京常住人口规模到

2020年控制在2300万人以内，2020年以后长期稳定在这一水平。建设国际一流的和谐宜居之都，同样需要进行人口的调控与结构优化，可从以下几方面入手：一是进行人口发展规模的预测工作，同时做好产业发展、资源约束等方面的工作，为未来留出足够的发展空间；二是明确政府地位，在遵循市场经济规律的前提下，通过产业和市场经济等方式进行人口调控，分类分区域精细调控①；三是疏解中心城区功能，进行部分产业的转移，引导中心城区人口随产业向周边疏解，促进人口均衡分布；四是制定人才引进政策，引进或培养战略性新兴产业等方面的专业人才，提升人口总体受教育水平，优化全市人口结构。

6. 实现资源可持续利用

在水资源可持续利用方面，应严格控制用水总量和地下水开采力度，加强水源保护，按照《北京城市总体规划（2016年—2035年）》中提出的农业用水负增长、工业用新水零增长、生活用水控制增长、生态用水适度增长的原则优化用水结构，推进水污染防治，控制各类污染源，保证饮用水质量，促进生产与生活两方面节水，全面建设节水型社会，实现水资源的可持续利用。

在土地资源可持续利用方面，需合理规划与利用现有存量土地，进一步保护土地资源。可从以下几方面入手：一是完善和调整法律法规体系，制订再开发各项标准规范，健全土地产权关系调整、利益平衡等相关机制；二是健全规划体制，优化城市空间与布局，坚持规划控制、市场主导的原则，保证民生与城市发展重点项目及生态用地；三是完善考核评价体系，保证相关政策的落实。鼓励土地集约型开发利用，加强对相关指标的考核力度，并对土地开发过程进行监管。

7. 完善生态环境保护体制机制，促进城市可持续发展

完善的生态环境保护体制机制将有利于生态环境保护工作的进行，促进城市的可持续发展，完善目前的生态环境保护体制机制可从以下几方面入手：一是建立科学的生态环境管理制度，明确政府在生态环境保护工作中所承担的责任，健全完善现有的管理体制，建立科学的管理责任制度及考评体系，

① 科学准确地理解北京人口调控的现状与思路[EB/OL]. http://www.rmlt.com.cn/2017/1203/504742.shtml[2019-10-17].

将生态建设、资源能源消耗、生态效益等绿色发展指标纳入地区社会经济发展考评体系，对不同区域实行差异化考核；二是完善环境保护中的利益分配机制，妥善解决环保工作带来的各方面利益冲突，加大对生态功能区的转移支付力度，并适当提升生态补偿标准，最大限度地维护各方的利益，推进全市环保工作的顺利进行；三是政府部门合理引导企业承担生态环境保护的社会责任，提高各类企业的环境保护意识，发挥大型国有企业的作用，将社会资本引入生态保护工作，促进企业走清洁生产、低碳、绿色的发展道路。

参考文献

陈柳钦，2011. 国内外新能源产业发展动态[J]. 河北经贸大学学报，32（5）：5-13.

李冉，2017. 北京市地下水资源开采与回补分析——潮白河为主线[J]. 城市建设理论研究（电子版），（5）：22-23.

卢杨，2009. 中国宜居城市建设报告[M]. 北京：中国时代经济出版社.

水利科技名词审定委员会，1998. 水利科技名词 1997[M]. 北京：科学出版社.

唐钧，刘蔚玮，2018. 中国老龄化发展的进程和认识误区[J]. 北京工业大学学报（社会科学版），18（4）：8-18.

魏玉瑞，2017. 借鉴瑞典新能源和可再生能源利用经验加快北京市能源结构转型[J]. 节能与环保，（10）：52-55.

肖金成，马燕坤，2016. 京津冀协同与大城市病治理[J]. 中国金融，（2）：58-60.

亦农，2005. 俞孔坚：规划景观中国[J]. 中国质量万里行，（8）：68-69.

俞孔坚，2005. 活的建筑 需要寻常景观[J]. 中华建设，（S1）：36-37.

张文忠，2007. “宜居北京”评价的实证[J]. 北京规划建设，（1）：25-30.

赵菲，2005. 北京：你离宜居有多远[J]. 今日国土，（3）：21.

6 第六章 城市空间发展格局

为落实首都城市战略定位，优化提升首都核心功能，破解制约可持续发展的重大问题，促进京津冀协同发展，北京在《北京市国民经济和社会发展第十三个五年规划纲要》和《北京城市总体规划（2016 年—2035 年）》中提出“四个中心”和“一个目标”建设的目标。“十三五”以来，北京加快推进构建“高精尖”经济结构，着力改变单中心集聚的城市发展模式，城市空间发展格局也在不断调整和发展。本章结合“一核一主一副、两轴多点一区”的空间结构，以及“首都功能核心区、城市功能拓展区、城市发展新区、生态涵养发展区”[①]的主体功能分区，从经济空间发展格局、社会空间发展格局和人口资源环境空间发展格局三大方面，把脉北京城市空间发展格局和《北京市国民经济和社会发展第十三个五年规划纲要》中与空间布局相关内容的实施情况。本章主要基于《北京区域统计年鉴》（2015～2018 年）中的北京分区统计数据进行分析。

---

① 首都功能核心区包括东城区和西城区，城市功能拓展区包括朝阳区、丰台区、石景山区、海淀区，城市发展新区包括通州区、房山区、顺义区、昌平区、大兴区，生态涵养发展区包括门头沟区、怀柔区、平谷区、密云区、延庆区。中心城区包括首都功能核心区和城市功能拓展区的六个区，即城六区。

第一节　经济空间发展格局

一、经济总体空间发展格局

1. 经济空间格局情况

“十三五”以来，北京经济保持中高速增长，2015年、2016年、2017年GDP增速分别为6.9%、6.8%、6.9%。在发展质量和效益不断提高的基础上，2017年北京16区经济发展的差异较大。中心城区GDP占全市GDP比重为73.48%。如图6-1所示，海淀区超越朝阳区，成为全市GDP最高的区，2017年GDP达5943亿元，占全市GDP比重为22.16%。朝阳区次之，其GDP为5635亿元，占全市GDP比重为21.01%。东城区、西城区也有较高的GDP产出，占全市GDP比重分别为8.38%和14.62%。城市发展新区中的通州区是北京的城市副中心，其GDP为758亿元，占全市GDP比重为2.83%。城市发展新区中的房山区、顺义区、昌平区、大兴区包含了《北京城市总体规划（2016年—2035年）》中的5个位于平原地区的新城，是承接中心城区适宜功能和人口疏解的重点地区，各区GDP占全市GDP比重分别为2.54%、6.40%、3.13%、7.50%。生态涵养发展区中的门头沟区、怀柔区、平谷区、密云区、延庆区，是保障北京生态安全和水资源涵养的重要区域，各区GDP远远低于北京其他区，总和占全市GDP比重仅为4.13%。

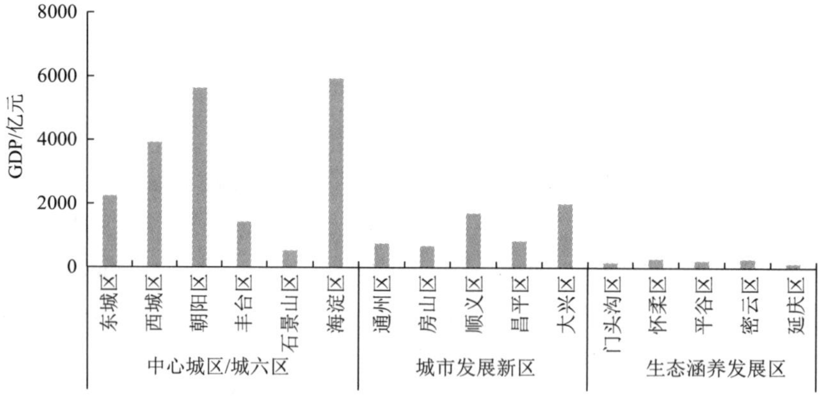

图6-1　2017年北京各区GDP[①]

① 为便于分析，本章计算时将北京经济技术开发区归并到大兴区。

2. 经济空间格局变化情况

与 2015 年各区 GDP 相比可以发现，“十三五”以来，北京 GDP 空间格局变化主要体现在海淀区所占比重上升显著，2017 年较 2015 年提高了 0.93 个百分点。昌平区、大兴区所占比重也有明显上升，分别提高了 0.11 个、0.17 个百分点。西城区、朝阳区、顺义区所占比重有较显著的下降，分别下降了 0.43 个、0.34 个和 0.23 个百分点。其他各区所占比重基本稳定，没有明显变化（图 6-2）。

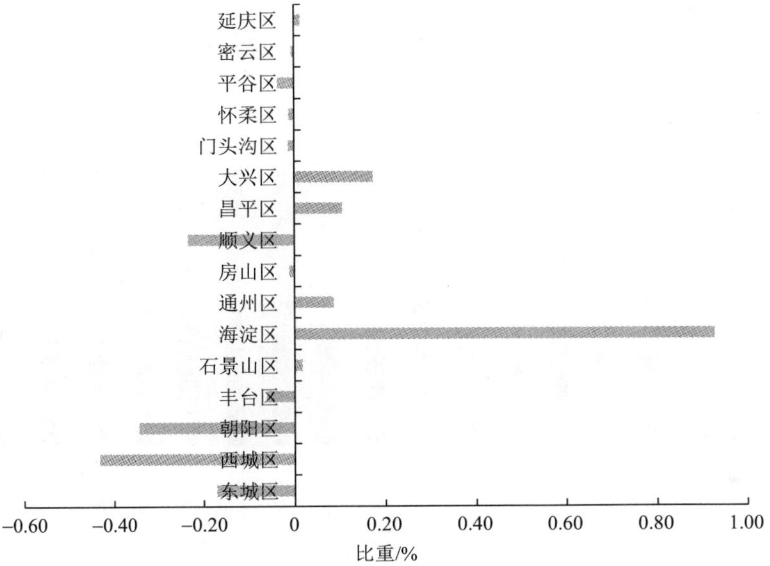

图 6-2　2015～2017 年北京各区 GDP 所占比重变化情况

3. 产业结构调整情况

随着经济发展速度放缓，北京经济结构的优化调整进程持续推进，2017 年全市三次产业结构为 0.43∶19.01∶80.56，已达到《北京市国民经济和社会发展第十三个五年规划纲要》中“服务业增加值占地区生产总值比重高于 80%”的指标要求。三次产业内部结构进一步优化，第一产业呈逐步缩减态势，第二产业仍为区域经济发展的重要部分，第三产业已成为经济发展的支柱，现代服务业和战略性新兴产业已成为区域产业发展的重点方向。

北京各区之间的产业结构也表现出较大差异。如图 6-3 所示，在第一产业发展方面，平谷区、密云区和延庆区的第一产业比重在 5%以上，其余各区第一产业比重均较低。东城区、西城区、石景山区第一产业已完全退出，朝阳区、丰台区、海淀区第一产业比重非常低，均小于 0.05%。在第二产业发展方面，房山区、大兴区、怀柔区处于以第二产业为主导的阶段，第二产业比重分别为 58.37%、56.95%、56.89%，分别超过第三产业比重 18.66 个、16.20 个、14.62 个百分点，门头沟区、通州区、平谷区、密云区第二产业比重均超过 40%。在第三产业发展方面，东城区、西城区、朝阳区第三产业比重分别为 96.32%、91.55%和 92.48%，海淀区、丰台区、石景山区第三产业比重分别为 89.38%、80.22%、70.85%。中心城区之外的其他各区第三产业比重在 40%～60%，第三产业发展与中心城区相比还有较大差距。

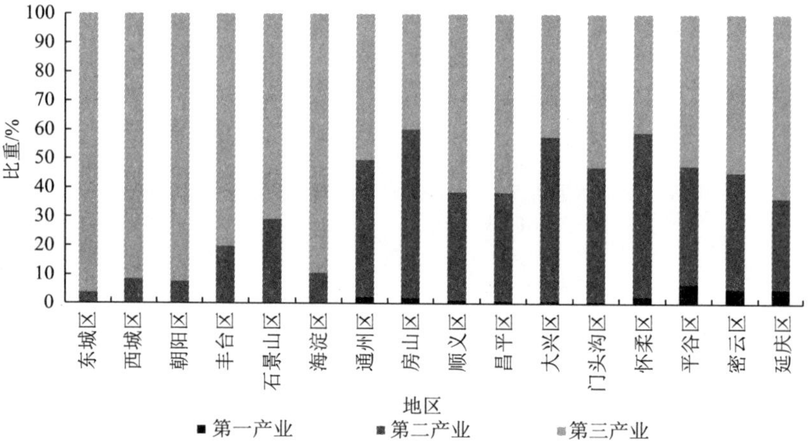

图 6-3 2017 年北京各区三次产业占比情况

二、第一产业空间发展格局

如图 6-4 所示，2017 年北京第一产业仍然集中分布在城市发展新区和生态涵养发展区，其中顺义区第一产业增加值为 18 亿元，为全市最高，占全市第一产业比重为 15.33%，大兴区次之，占全市第一产业比重为 14.00%。通州区、平谷区、密云区、房山区的第一产业增加值也比较高，占全市第一产业比重在 10%以上。中心城区第一产业基本退出，其中东城区、西城区和石景山区第一产业已完全退出。

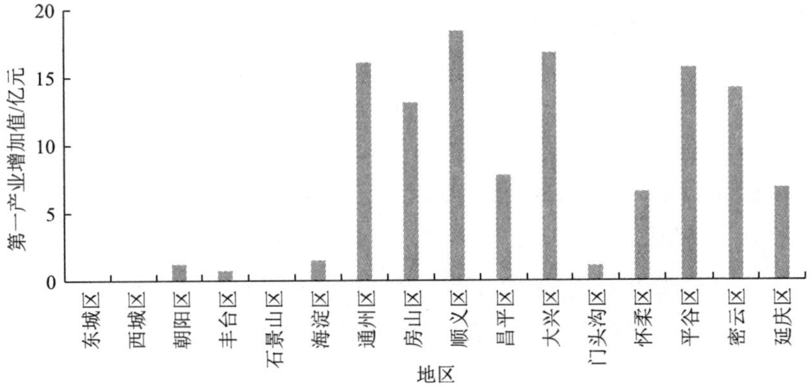

图 6-4　2017 年北京各区第一产业增加值

从各区第一产业比重变化情况来看，“十三五”以来，北京第一产业比重下降，现代农业稳步发展。第一产业的空间格局变化主要体现在大兴区比重下降显著，占全市第一产业比重由 2015 年的 15.71%下降到 2017 年的 14.00%（全市第二位），下降了 1.71 个百分点。房山区和昌平区第一产业比重有明显提升，分别提高了 0.72 个和 0.70 个百分点，其他各区第一产业比重变化较小（图 6-5）。

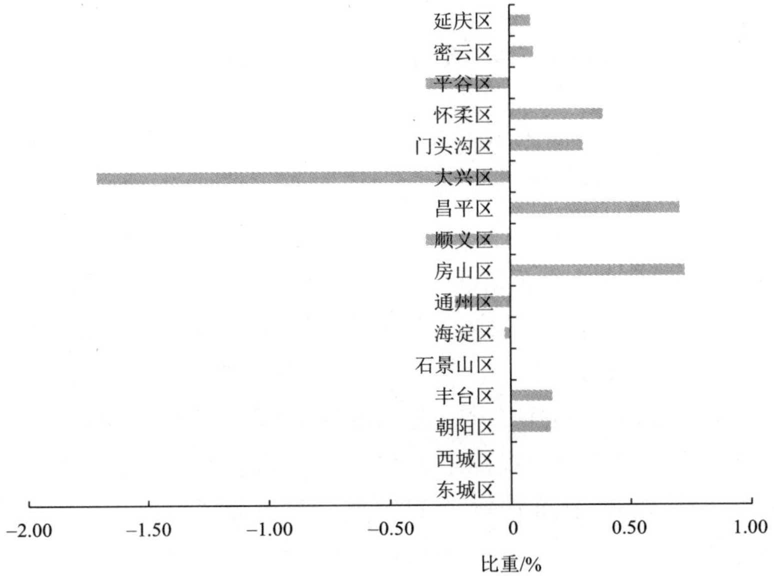

图 6-5　2015～2017 年北京各区第一产业比重变化情况

三、第二产业空间发展格局

2017 年，北京第二产业主要分布在城市发展新区，第二产业比重为 54.37%，城市功能拓展区次之，第二产业比重为 28.35%。其中，大兴区第二产业增加值为 1144 亿元，是全市第二产业增加值最高的区，占全市第二产业比重为 21.76%。顺义区、海淀区第二产业增加值分别为 643 亿元、630 亿元，占全市第二产业比重分别为 12.23%、11.98%（图 6-6）。生态涵养发展区中的五个区，限制大规模高强度工业化城镇化开发，第二产业所占比重之和仅为 9.41%。

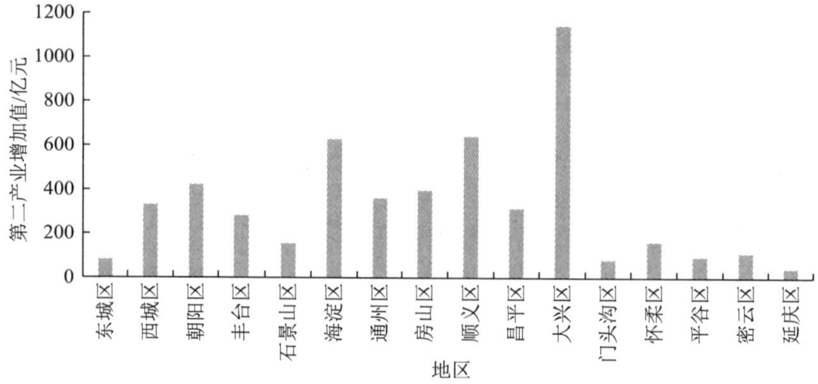

图 6-6　2017 年北京各区第二产业增加值

从区级层面的第二产业变化情况来看，“十三五”以来，北京第二产业空间格局的变化主要体现在中心城区第二产业比重下降，城市发展新区第二产业比重上升，第二产业由中心城区向外疏解的效果较为显著。中心城区第二产业比重均有不同程度的降低，其中海淀区第二产业比重由 2015 年的 12.76%下降到 2017 年的 11.98%，下降了 0.78 个百分点。城市发展新区中的顺义区第二产业比重在“十三五”期间也有明显下降，下降了 0.80 个百分点。城市发展新区中的大兴区第二产业发展较快，所占比重由 2015 年的 20.29% 上升到 2017 年的 21.76%，提高了 1.47 个百分点，通州区、昌平区第二产业比重分别提高了 0.57 个和 0.45 个百分点。其他各区第二产业比重没有明显变化（图 6-7）。

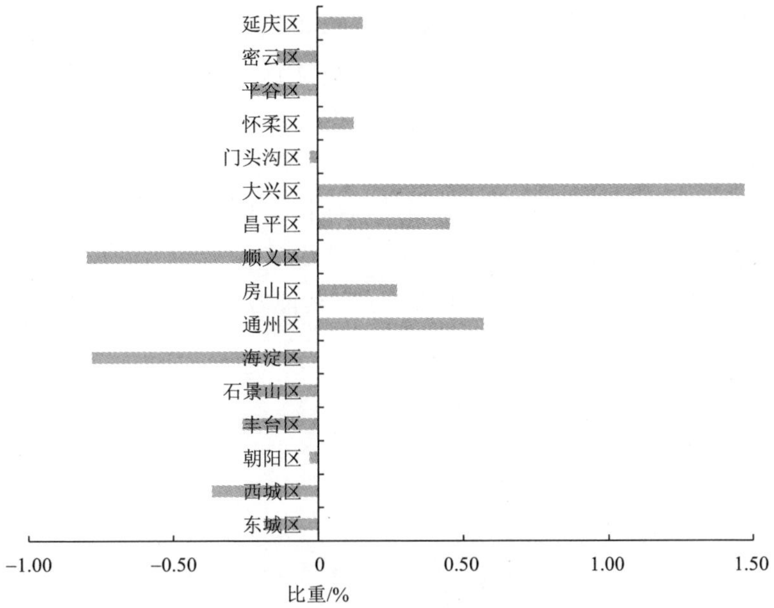

图 6-7　2015～2017 年北京各区第二产业比重变化情况

四、第三产业空间发展格局

（一）服务业总体空间发展格局

如图 6-8 所示，北京第三产业呈现明显的中心集聚特征，集中分布在中心城区。2017 年，中心城区第三产业增加值所占比重高达 83.00%。其中，海淀区第三产业增加值为 5312 亿元，占全市第三产业比重为 24.77%，超越朝阳区成为北京第三产业比重最高的区。朝阳区次之，第三产业比重为 24.30%。

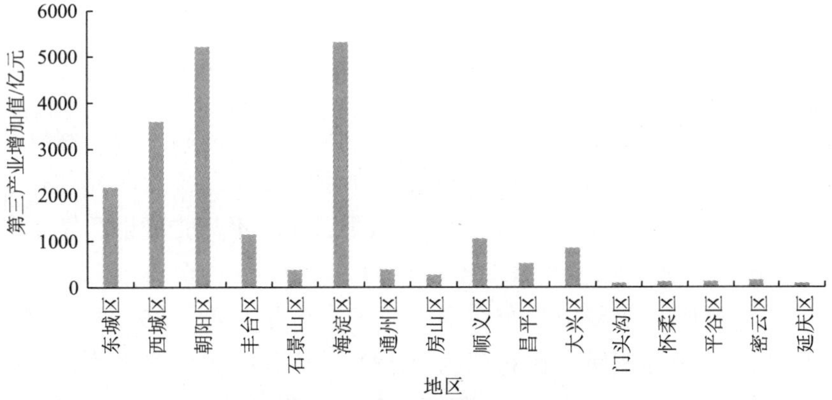

图 6-8　2017 年北京各区第三产业增加值

西城区、东城区第三产业增加值较高，占全市第三产业比重分别为16.74%、10.09%。生态涵养发展区中的门头沟区、怀柔区、平谷区、密云区、延庆区第三产业发展均较薄弱，有较大的提升空间。

与2015年各区第三产业增加值相比可以发现，“十三五”以来，北京第三产业发展的空间格局变化主要体现在东城区、西城区、朝阳区第三产业比重有所下降，分别下降了0.28个、0.60个、0.65个百分点；海淀区比重显著上升，第三产业比重提高了1.18个百分点；其他各区第三产业比重基本稳定，部分略有提升（图6-9）。

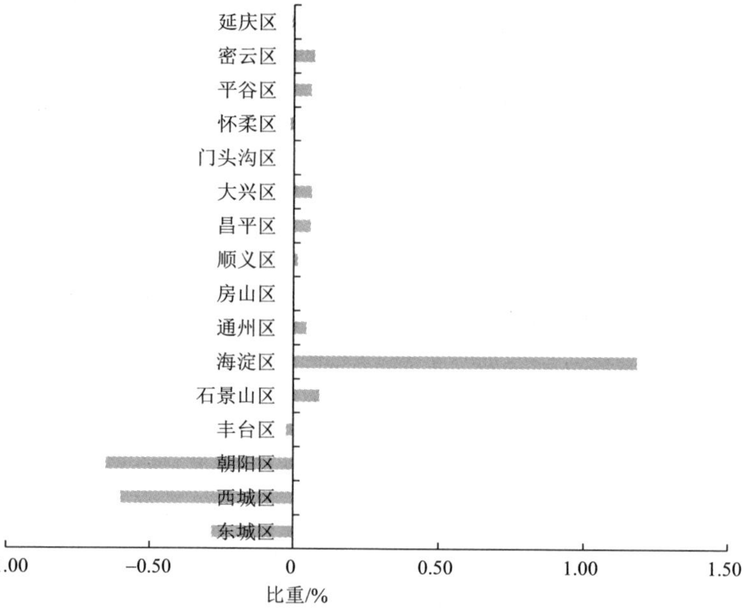

图6-9 2015～2017年北京各区第三产业比重变化情况

（二）生产性服务业空间发展格局

生产性服务业（包括交通运输、仓储和邮政业，信息传输、软件和信息技术服务业，金融业，房地产业，租赁与商务服务业，科学研究和技术服务业）是为生产者提供服务产品和劳动的部门。2017年，北京生产性服务业增加值为15 653亿元，占全市GDP比重为55.87%，占全市第三产业比重为69.36%。生产性服务业集中分布在中心城区，所占比重为85.25%，而生态涵养发展区生产性服务业所占比重仅为1.58%。从各区的情况来看，海淀区生产性服务业增加值最高，为3815亿元，所占比重为26.26%；朝阳区次之，生产性服务业增加值为 3393 亿元，所占比重为 23.35%；西城区和东城区生产性服务业增加值分别为 2718 亿元和 1434 亿元，所占比重分别为 18.71%和 9.87%（图 6-10）。

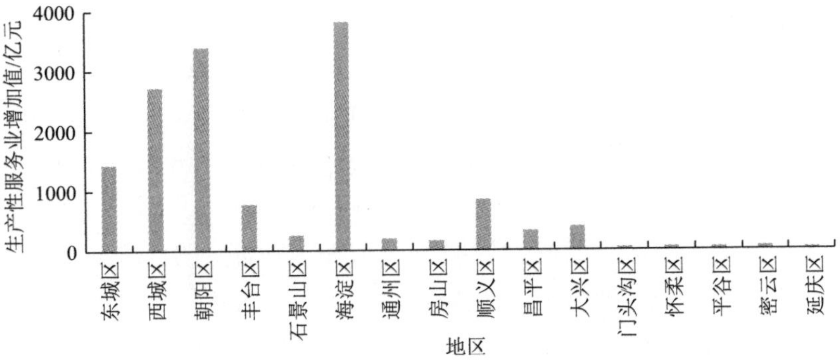

图 6-10　2017 年北京各区生产性服务业增加值

“十三五”以来，北京生产性服务业空间分布变化总体表现为首都功能核心区生产性服务业比重下降，城市功能拓展区生产性服务业比重大幅上升，城市发展新区和生态涵养发展区生产性服务业比重变化不大。其中变化最大的是，海淀区生产性服务业比重提高了 1.21 个百分点，西城区生产性服务业比重下降了 1.00 个百分点（图 6-11）。海淀区生产性服务业比重的提高主要

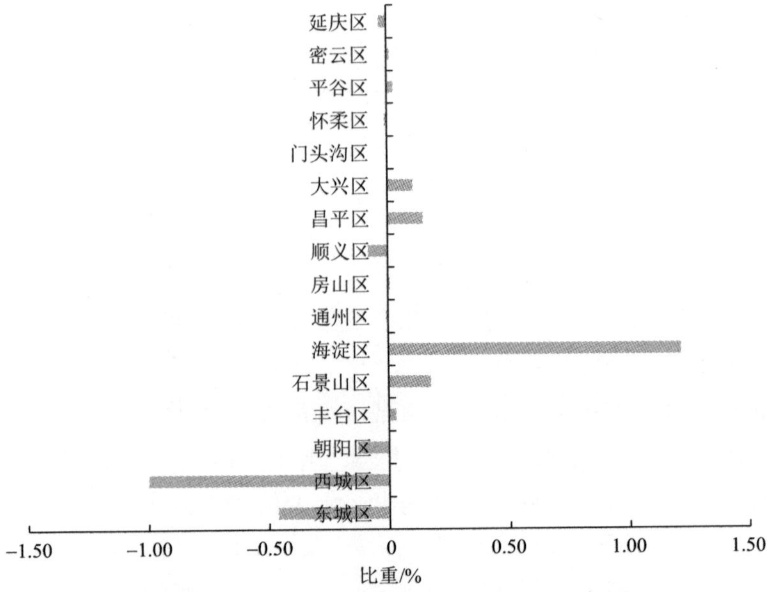

图 6-11　2015～2017 年北京各区生产性服务业比重变化情况

源于科学研究和技术服务业以及信息传输、软件和信息技术服务业等高技术产业的发展。西城区生产性服务业比重的下降主要源于产业疏解带来的租赁与商务服务业以及金融业的外迁。

（三）生活性服务业空间发展格局

生活性服务业（包括批发和零售业、住宿和餐饮业、居民服务和其他服务业）是直接面向个体消费者的服务部门。2017 年，北京生活性服务业增加值为 3073 亿元，占全市 GDP 比重为 10.97%，占全市第三产业比重为 13.61%。从各区的情况来看，朝阳区生活性服务业增加值最高，为 1222 亿元，所占比重为 39.78%；海淀区、西城区、东城区和大兴区生活性服务业增加值分别为 398 亿元、336 亿元、298 亿元和 316 亿元，所占比重分别为 12.96%、10.94%、9.70%和 10.31%。生态涵养发展区中的五个区生活性服务业增加值总和仅为 60.54 亿元，所占比重为 1.97%（图 6-12）。

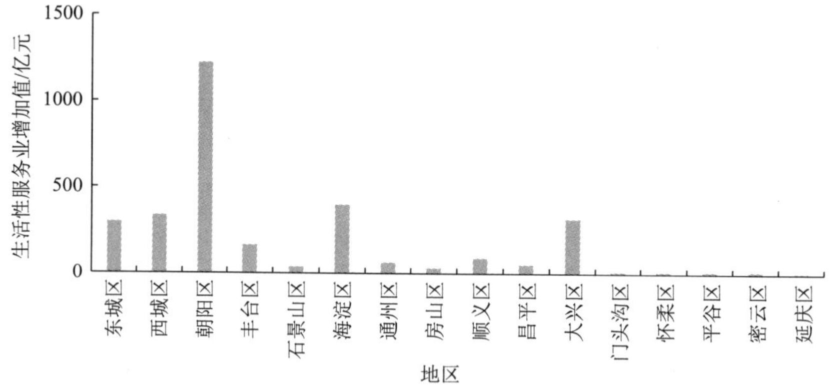

图 6-12　2017 年北京各区生活性服务业增加值

如图 6-13 所示，“十三五”以来，北京生活性服务业在各区之间的变化不大，空间格局的变化主要体现在大兴区、朝阳区比重上升幅度较大，分别提高了 0.63 个和 0.52 个百分点；西城区、海淀区比重下降幅度较大，分别下降了 0.48 个和 0.52 个百分点。总体上，由于人口的持续郊区化和分散化，与居民相关的商业和居民服务业呈现出一定的向郊区发展的趋势。

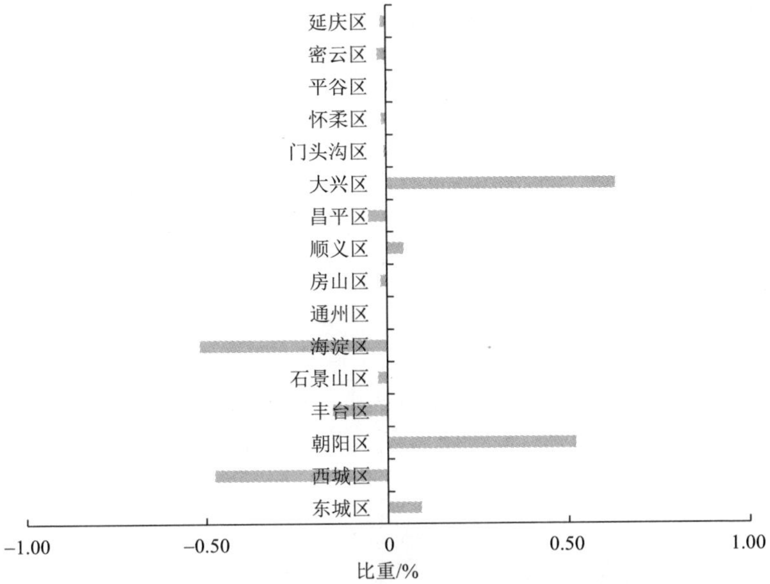

图 6-13　2015～2017 年北京各区生活性服务业比重变化情况

（四）社会公共服务业空间发展格局

社会公共服务业（包括教育业，卫生和社会工作，文化、体育和娱乐业，水利、环境和公共设施管理业，公共管理、社会保障和社会组织）是为改善和发展社会成员生活福利而提供服务的部门，该类服务多由政府提供和经营。2017 年，北京社会公共服务业增加值为 3753 亿元，占全市 GDP 比重为 13.40%，占全市第三产业比重为 16.63%。社会公共服务业主要分布在中心城区，集中程度略低于生产性服务业。其中，中心城区社会公共服务业所占比重为 77.99%，生态涵养发展区社会公共服务业所占比重为 7.41%。从各区的情况来看，海淀区社会公共服务业发展最好，社会公共服务业增加值为 1096 亿元，所占比重为 29.22%，细分行业中的教育业发展遥遥领先于其他区；朝阳区、西城区、东城区社会公共服务业增加值较高，分别为 568 亿元、535 亿元、432 亿元，所占比重分别为 15.14%、14.26%、11.52%（图 6-14）。

如图 6-15 所示，“十三五”以来，北京各区社会公共服务业比重总体变化不大。空间格局的变化主要体现在海淀区社会公共服务业持续发展，所占比重提高了 0.61 个百分点，其中海淀区的优势产业教育业比重提高了 2.86 个百分点。各细分行业的比重变化不大，基本保持原有的空间格局。

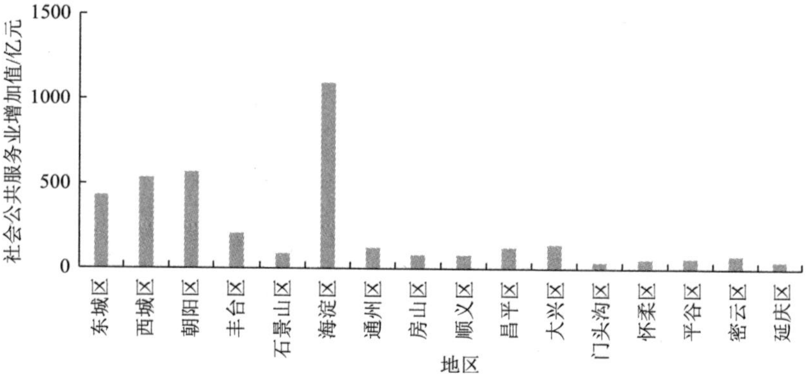

图 6-14　2017 年北京各区社会公共服务业增加值

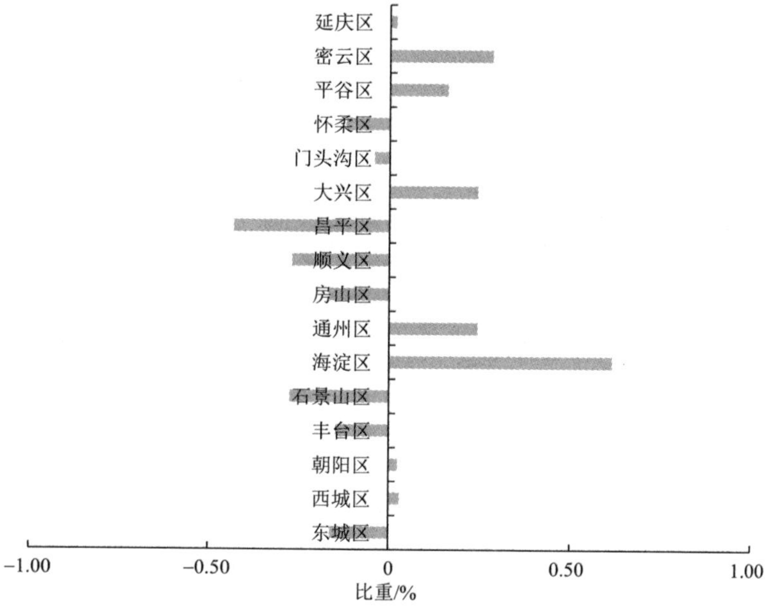

图 6-15　2015～2017 年北京各区社会公共服务业比重变化情况

由经济空间发展格局的分析可以发现，“十三五”以来，北京经济保持中高速增长，三次产业内部结构进一步优化，第一产业呈逐步缩减态势，第二产业仍是区域经济发展的重要部分，而第三产业已成为经济发展的支柱，现代服务业和战略性新兴产业已成为区域产业发展的重点方向。第一产业集中分布在城市发展新区和生态涵养发展区，第二产业主要分布在城市发展新区，由中心城区向外疏解的效果较为显著，第三产业仍呈现明显的中心集聚特征，但已呈现出分散化发展的趋势。未来，随着产业结构的高级化和产业布局的分散化，北京产业空间格局将逐步突破中心—外围的圈层结构，形成更加复杂高效的多中心、网络化产业空间格局。

第二节　社会空间发展格局

一、科技创新空间发展格局

北京建设全国科技创新中心的步伐正在不断加快推进，“十三五”时期的目标是实现全社会研究与试验发展经费支出占全市 GDP 比重保持在 6%左右，形成“高精尖”经济结构，成为具有全球影响力的科技创新中心。在建设全国科技创新中心的进程中，北京 16 区的科技创新发展水平仍存在一定差距。本节通过分析专利指标和技术合同指标的情况，来反映北京科技创新发展的空间发展格局和特征。

（一）专利空间发展格局

北京的专利技术在全市的空间分布极不平衡，海淀区的专利申请量和专利授权量均遥遥领先，生态涵养发展区的专利申请量和专利授权量均非常少（图 6-16）。中心城区专利申请量和专利授权量所占比重分别为 76.82%和 77.90%。其中，海淀区的专利申请量和专利授权量所占比重分别为 36.74%和 34.96%；朝阳区次之，专利申请量和专利授权量所占比重分别为 18.30%和 18.16%。

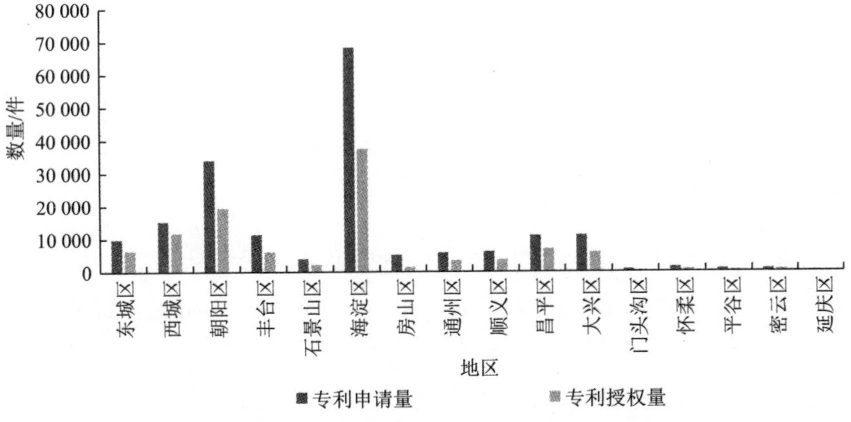

图 6-16　2017 年北京各区专利申请量和专利授权量

（二）技术合同空间发展格局

与专利技术的空间布局情况相似，北京技术交易的空间分布也极不平衡。如图6-17所示，海淀区是被誉为“中国硅谷”的中关村科技园的所在地，其技术合同的成交数量非常大，远远超过其他各区，所占比重高达64.26%，中心城区的其他五个区均不超过10%，生态涵养发展区中的五个区技术合同成交数量之和所占比重仅为0.95%。

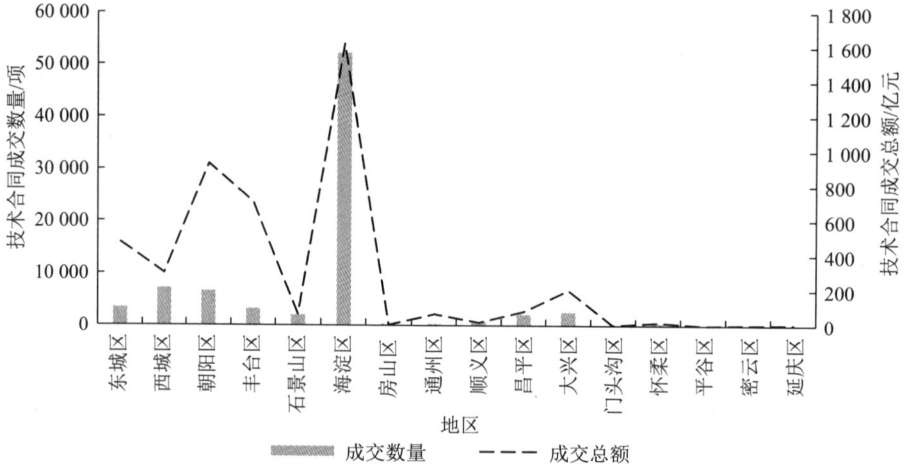

图6-17　2017年北京各区技术合同成交数量和成交总额

从各区的情况来看，技术合同成交总额的空间集聚程度小于技术合同成交数量，海淀区仍领先于其他各区，其技术合同成交总额为1620亿元，所占比重为36.12%。朝阳区次之，技术合同成交总额为930亿元，所占比重为20.74%。丰台区和东城区的技术合同成交总额分别为705亿元和475亿元，所占比重分别为15.71%和10.60%。生态涵养发展区中的五个区技术合同成交总额仅为28亿元，所占比重为0.63%。

二、公共服务空间发展格局

推进公共服务体系更加完善和基本公共服务均等化程度进一步提高，是促进人口和资源均衡分布的重要力量，也会直接影响产业的合理布局。教育和医疗卫生作为公共服务的重要部分，是城市发展的重要支撑，也是城市发展的社会基础，因此本部分主要从教育和医疗卫生两方面，对北京公共服务的空间发展格局进行评价。

（一）教育资源空间发展格局

北京的基础教育资源非常丰富。“十三五”以来，北京把教育始终摆在优先发展的战略位置，推进教育优质均衡发展，努力为学生成长提供公平、优质的教育。使用专任教师数来衡量北京各区基础教育和学前教育资源的分布情况可以发现，基础教育的分布情况比产业、科技创新等部门的空间分布相对均衡，但仍存在教育资源在中心城区集中度过高，城市发展新区和生态涵养发展区中各区存在一定缺口的问题。为适应首都城市空间布局和学龄人口的变化趋势，应在重点区域有步骤地扩大基础教育办学规模。

1. 普通中学教育情况

使用普通中学（含初中和高中）专任教师数来反映中学教育资源的规模。如图 6-18 所示，2017 年，北京中心城区普通中学专任教师数为 40 014 人，所占比重为 60.05%。海淀区和朝阳区拥有较多的中学教育资源，普通中学专任教师数分别为 11 078 人、10 754 人，所占比重分别为 16.62%、16.14%。从普通中学专任教师的变化情况来看，2015～2017 年东城区、海淀区、朝阳区、昌平区增长明显，其他各区变化不大。

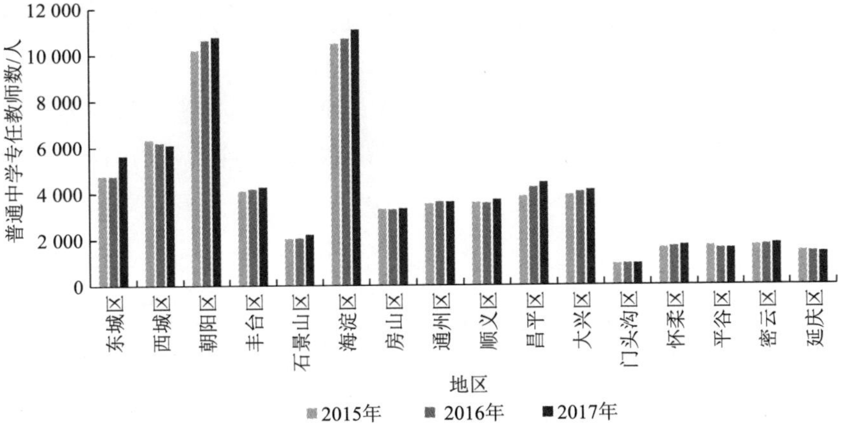

图 6-18　2015～2017 年北京各区普通中学专任教师变化情况

2. 小学教育情况

使用小学专任教师数来反映北京小学教育资源的规模。如图 6-19 所示，小学专任教师的空间分布与普通中学专任教师的空间分布比较相似，中心城区小学教育资源最为丰富，2017 年小学专任教师数为 30 145 人，所占比重为 56.05%，其中海淀区和朝阳区小学专任教师数分别为 7744 人、7005 人，所占比重分别为 14.40%、13.02%。在城市发展新区和生态涵养发展区，小学教育资源分布相对均衡。从小学专任教师变化情况来看，2015～2017 年东城区、西城区、海淀区增长较为显著，朝阳区和城市发展新区增长明显。

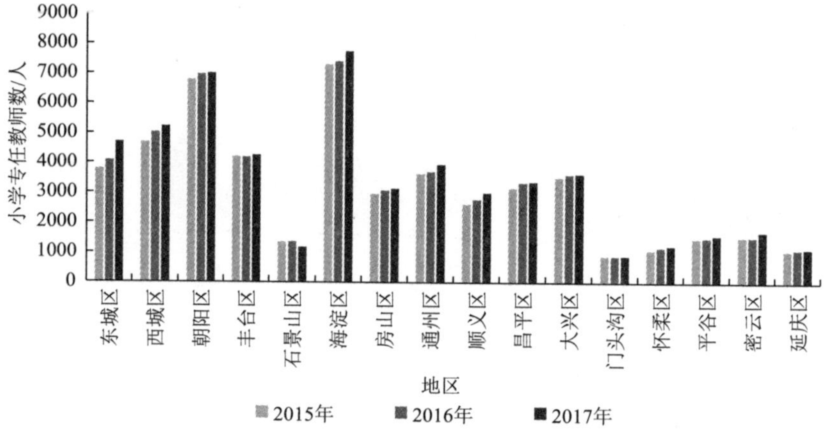

图 6-19　2015～2017 年北京各区小学专任教师变化情况

3. 学前教育情况

如图 6-20 所示，2017 年幼儿园专任教师数最多的是朝阳区，为 7373 人，所占比重为 19.45%。海淀区次之，幼儿园专任教师数为 5480 人，所占比重为 14.46%。用在园幼儿数除以幼儿园专任教师数，得到各区每位专任教师所管幼儿数（全市平均值为 12 人），可以看出东城区和西城区每位专任教师所

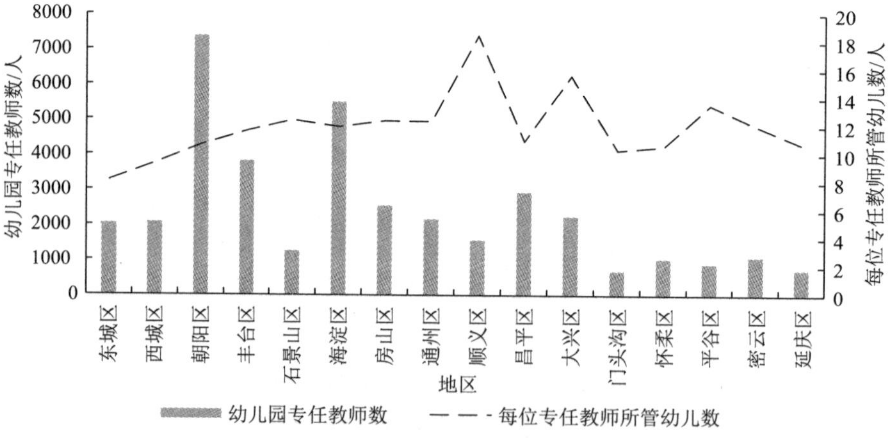

图 6-20　2017 年北京各区学前教育分布情况

管幼儿数较少，说明这两个区的学前教育资源相对丰富，而顺义区、大兴区、平谷区每位专任教师所管幼儿数分别为 18 人、16 人、14 人，高于全市平均值，说明这几个区的学前教育资源，尤其是师资力量还需要加强。

“十三五”以来，北京以多种形式扩大学前教育资源，发展公办幼儿园，扩大普惠性幼儿园的覆盖面，支持社会力量以多种形式创办幼儿园。从学前教育资源的变化情况来看（图 6-21 和图 6-22），中心城区和城市发展新区的在园幼儿数和幼儿园专任教师数均有明显增长，随着城市副中心建设的推进，通州区的学前教育力量也有显著提升，生态涵养发展区的学前教育力量发展较为缓慢。另外，大兴区在园幼儿数和幼儿园专任教师数均大幅提升，门头沟区在园幼儿数和幼儿园专任教师数均大幅减少，顺义区幼儿园专任教师数明显减少，可能与幼儿园的区际调整有关。

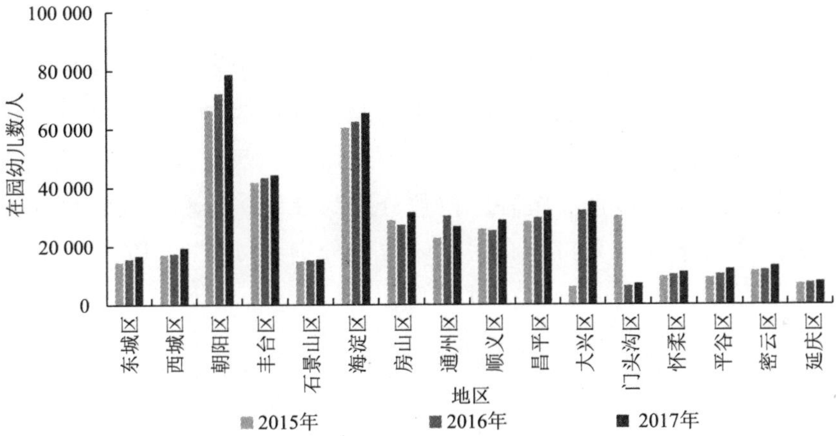

图 6-21　2015～2017 年北京各区在园幼儿分布及变化情况

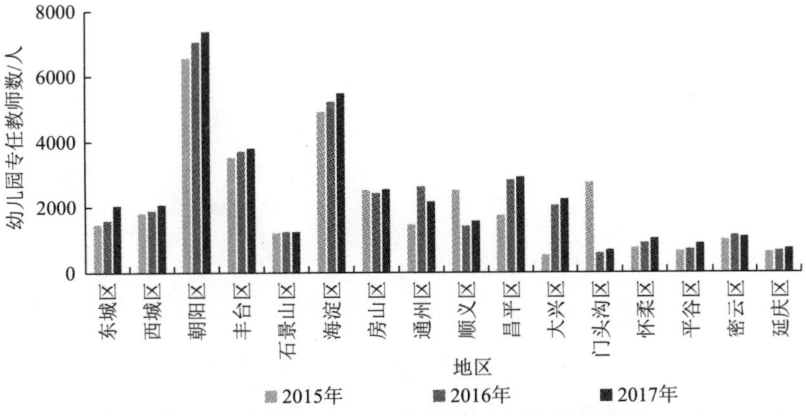

图 6-22　2015～2017 年北京各区幼儿园专任教师分布及变化情况

（二）医疗卫生资源空间发展格局

北京拥有丰富的医疗卫生资源，为北京居民及全国人民提供了优质的医疗卫生服务。但是，医疗卫生资源一直过度集聚在中心城区，给城市运行和居民生活带来了一系列问题。《北京市国民经济和社会发展第十三个五年规划纲要》指出，要构建布局合理、分工明确的医疗卫生服务体系，不断提高基本医疗卫生服务均等化水平，满足城乡居民健康需求；优化医疗卫生资源配置，调整医疗卫生资源布局，增加社区卫生服务机构等基本医疗卫生服务设施，推动优质医疗卫生资源从中心城区向外疏解和发展，促进医疗卫生资源均衡布局。因此，本部分从医疗卫生资源和社区卫生服务机构两个方面，分析北京医疗卫生资源在各区的分布情况。

1. 医疗卫生资源的分布和使用情况

用每千常住人口拥有医院床位数来反映医疗卫生资源的分布情况，用诊疗人次来反映医疗卫生资源的实际使用情况。如图 6-23 所示，北京平均每千常住人口拥有医院床位数为 5.23 张，其中东城区和西城区的医疗卫生资源最为丰富，每千常住人口拥有医院床位数分别为 13.09 张和 12.96 张，石景山区和门头沟区每千常住人口拥有医院床位数分别为 7.67 张和 7.60 张，其他各区总体上医疗卫生资源分布相对均衡。

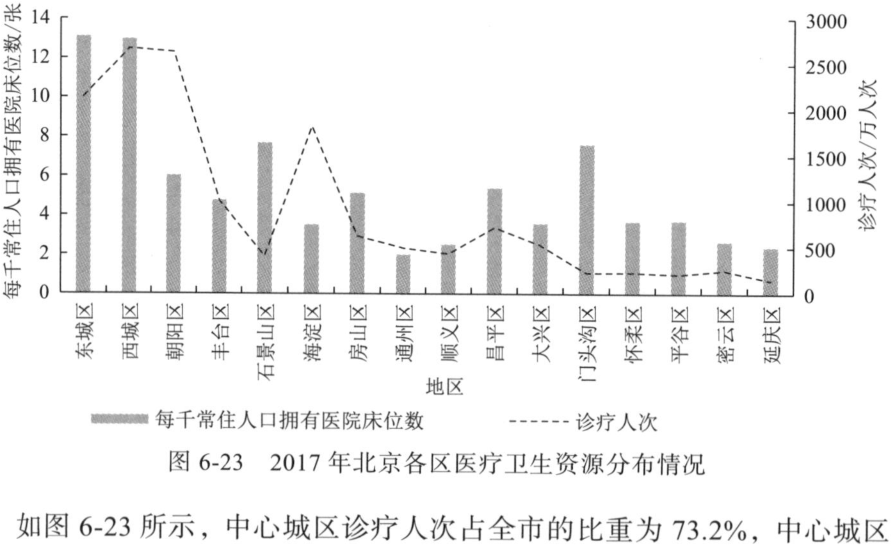

图 6-23　2017 年北京各区医疗卫生资源分布情况

如图 6-23 所示，中心城区诊疗人次占全市的比重为 73.2%，中心城区在集聚优质医疗卫生资源的同时，也提供了大量的诊疗服务。东城区和西城区医疗卫生资源相对丰富，诊疗人次全市最高，朝阳区和海淀区虽然每千常住人口拥有医院床位数不高，但诊疗人次较高，石景山区、门头沟区每千常住人口拥有医院床位数较为丰富，但实际诊疗人次很低。由此可见，北京医疗卫生资源的实际使用情况与资源分布情况不匹配，医疗卫生资源向行政副中心、新城的疏解力度较小，优质医疗卫生资源仍然集中在中心城区且超负荷使用。

2. 社区卫生服务机构分布情况

如图 6-24 和图 6-25 所示，朝阳区社区卫生服务资源最为丰富，2017 年社区卫生服务机构专业技术人员数为 4874 人，所占比重为 16.72%。海淀区和丰台区社区卫生资源较为丰富，社区卫生服务机构专业技术人员数分别为 3729 人和 2999 人，所占比重分别为 12.79%和 10.29%。生态涵养发展区的社区卫生服务机构专业技术人员数为 4052 人，所占比重为 13.90%。社区卫生服务机构诊疗人次与专业技术人员分布格局基本相同，朝阳区社区卫生服务机构诊疗人次最高，为 1131.2 万人次，所占比重为 20.73%。海淀区和丰台区社区卫生服务机构诊疗人次分别为 772.1 万人次和 722.1 万人次，所占比重分别为 14.15%和 13.23%。生态涵养发展区中的五个区的社区卫生服务机构诊疗人次之和为 593.2 万人次，所占比重为 10.78%。

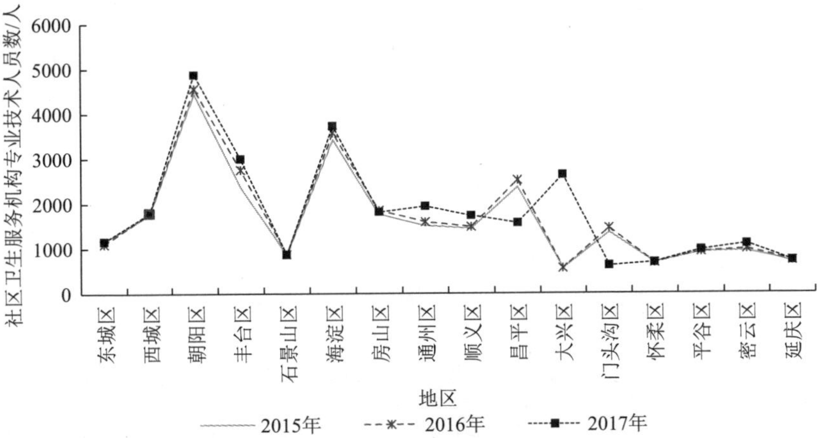

图 6-24　2015～2017 年北京各区社区卫生服务机构专业技术人员分布及变化情况

“十三五”以来，北京着力增加社区卫生服务机构等基本医疗卫生服务设施，各区社区卫生服务机构专业技术人员数和社区卫生服务机构诊疗人次有不同程度的变化。大兴区社区卫生服务机构专业技术人员数和社区卫生服务机构诊疗人次均有大幅提升，2017年较2015年分别增长了3.76倍和4.67倍，通州区、丰台区社区卫生服务机构专业技术人员数和社区卫生服务机构诊疗人次也分别增长了20%以上，门头沟区和昌平区社区卫生服务机构技术人员数和社区卫生服务机构诊疗人次均有较大幅度的下降。社区卫生服务机构专业技术人员数与社区卫生服务机构诊疗人次的变动情况并不一致，房山区社区卫生服务机构专业技术人员数基本不变，社区卫生服务机构诊疗人次却提高了37.73%，顺义区社区卫生服务机构专业技术人员数虽然提高了20%，但社区卫生服务机构诊疗人次却降低了5.78%。

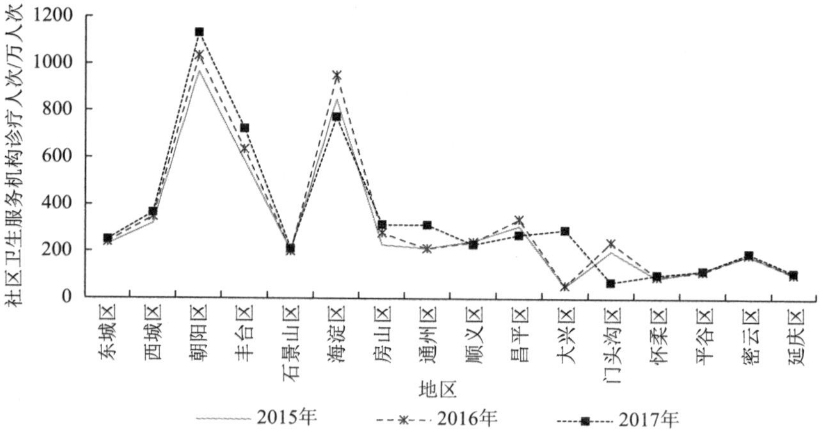

图6-25　2015～2017年北京各区社区卫生服务机构诊疗人次分布及变化情况

三、社会保障空间发展格局

社会保障是民生的基础，推进社会保障制度统筹衔接，让市民享有更好的社会保障，是建设完善社会保障体系的主要内容。因此，本部分从社会保险和社会救助两方面，对北京社会保障发展空间发展格局进行分析。

（一）社会保险空间发展格局

从职工基本养老保险和职工基本医疗保险两个方面，分析北京各区基本社会保险情况的空间发展格局。如图6-26所示，参加职工基本养老保险人员集中在中心城区，为1072.44万人，占全市的比重为70.82%。其中，朝阳区参加职工基本养老保险人数最多，为326.92万人，占全市的比重为21.59%；海淀区次之，参加职工基本养老保险人数为270.34万人，占全市的比重为

17.85%；西城区和东城区参加职工基本养老保险人数较多，分别为 193.83 万人、143.86 万人，占全市的比重分别为 12.80%、9.50%。生态涵养发展区中的五个区参加职工基本养老保险人数之和为 92.75 万人，占全市的比重仅为 6.13%。

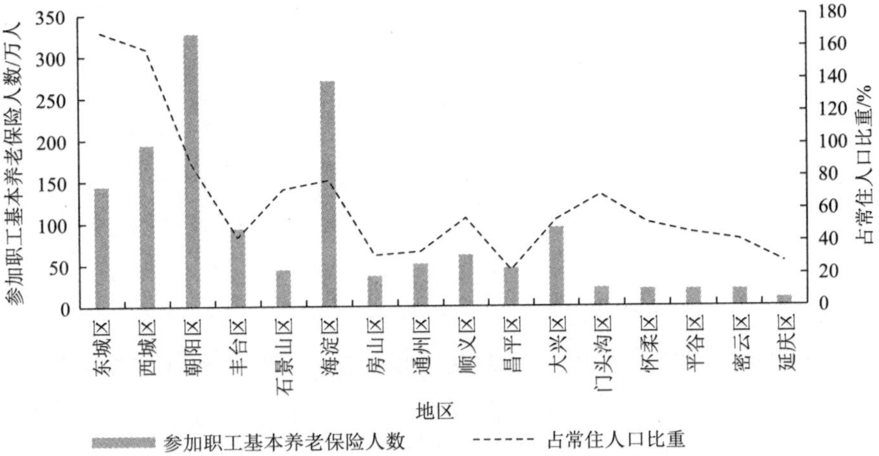

图 6-26　2017 年北京各区参加职工基本养老保险人数及比重

如图 6-27 所示，参加职工基本医疗保险人数表现出在中心城区集聚的特征，中心城区参加职工基本医疗保险人数为 1172.91 万人，占全市的比重为 74.75%。其中，朝阳区参加职工基本医疗保险人数为 346.41 万人，占全市的比重为 22.08%；海淀区、西城区、东城区参加职工基本医疗保险人数分别为

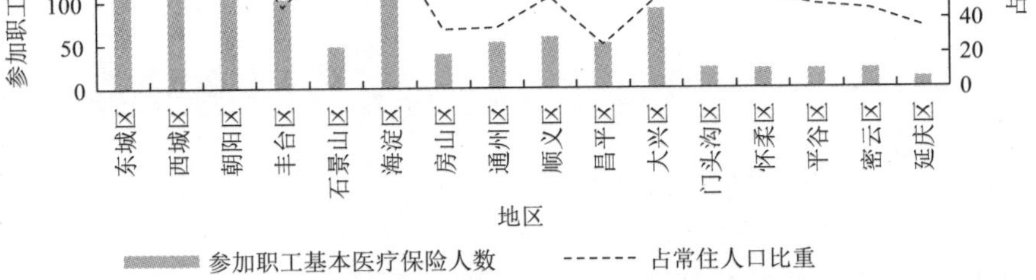

图 6-27　2017 年北京各区参加职工基本医疗保险人数及比重

299.49万人、214.21万人、161.83万人，占全市的比重分别为19.09%、13.65%、10.31%。生态涵养发展区参加职工基本医疗保险人数之和为101.33万人，占全市的比重仅为6.46%。北京参加职工基本养老保险人数和职工基本医疗保险人数占常住人口比重分别为69.76%、72.29%，除东城区、西城区、朝阳区、海淀区、石景山区之外，其他11个区的比重均低于全市平均水平。

（二）社会救助空间发展格局

如图6-28所示，2017年收养性单位在北京的分布相对较均衡，中心城区收养性单位数为325个，所占比重为47.45%，城市发展新区收养性单位数为192个，所占比重为28.03%，生态涵养发展区收养性单位数为138个，所占比重为20.15%。海淀区收养性单位最多，为87个，朝阳区次之，为79个，所占比重分别为12.79%、11.53%，丰台区和昌平区收养性单位也较多，分别为68个和61个，所占比重分别为9.93%和8.91%。收养性单位床位数在北京各区的空间分布差异大于收养性单位数，收养性单位数多的区其床位数也多。海淀区收养性单位床位数最多，为29 565张，所占比重为18.91%，朝阳区次之，为19 170张，所占比重为12.26%，丰台区、昌平区收养性单位床位数分别为18 344张、16 689张，所占比重分别为11.73%、10.67%，均高于本区收养性单位数占全市的比重。

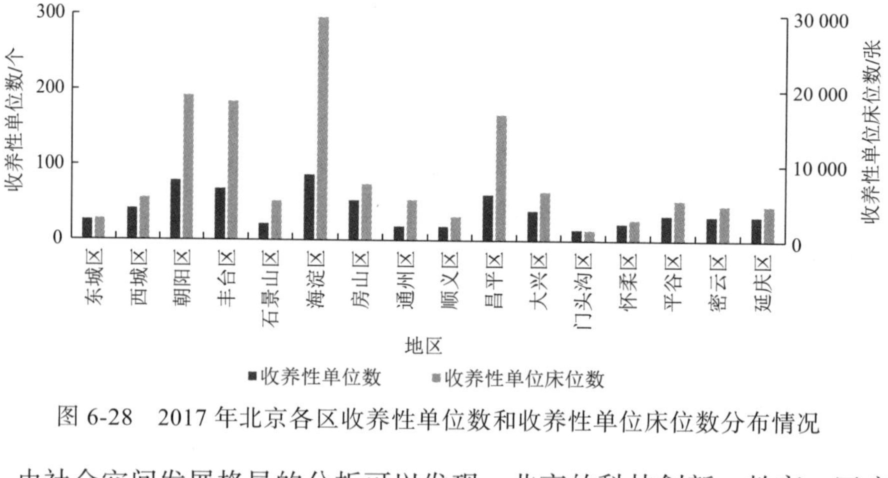

图6-28　2017年北京各区收养性单位数和收养性单位床位数分布情况

由社会空间发展格局的分析可以发现，北京的科技创新、教育、医疗卫生、社会保障等社会服务资源，仍然高度集中在中心城区，尤其是优质资源分布不均衡。郊区的社会公共服务资源配置明显不足，这也是导致郊区产业集聚能力不强的重要因素。

第三节 人口资源环境空间发展格局

一、人口分布空间发展格局

北京的人口分布和变化情况一直以来备受关注，因此研究人口分布情况对解决人口、资源、环境矛盾等问题意义重大。本部分使用《北京区域统计年鉴》（2015～2017年）中各区人口数据，从常住人口和外来人口两个角度分析北京人口地区分布特征和变化趋势。

（一）常住人口地区分布[①]

“十三五”以来，北京通过疏解非首都功能调整人口空间布局，实现人随功能走、人随产业走，以中心城区人口减量为重点，严格控制人口规模。2017年，北京常住人口为2170.7万人，较2014年增加了19.1万人，但实际上2017年常住人口数量已出现下降趋势，较2016年下降了2.2万人，人口疏解成效已经显现。2017年，中心城区常住人口为1208.8万人，常住人口规模较2014年减少了67.5万人，下降幅度为5.91%。但是，中心城区常住人口疏解距离实现2020年比2014年下降15个百分点左右的目标还有较大差距，中心城区人口疏解的力度还需进一步加大。

从各区常住人口的分布来看，2014年以来，中心城区常住人口逐年下降，城市发展新区常住人口逐年增长，2017年房山区、通州区、顺义区、昌平区、大兴区常住人口规模较2014年分别增加了11.39%、11.21%、12.35%、8.12%、13.98%。生态涵养发展区的常住人口虽然有一定的增长幅度，但因为人口基数相对较小，实际常住人口增量并不大（图6-29和图6-30）。

如图6-31所示，北京常住人口密度分布呈现出圈层式、阶梯式递减的态势，其中西城区和东城区常住人口密度最高，每平方公里常住人口数超过20 000人。城市功能拓展区中各区常住人口密度次之，每平方公里常住人口数为7000～8000人，常住人口密度不到首都功能核心区的一半。城市发展新区常住人口密度较城市功能拓展区又有大幅度的下降，每平方公里常住人口

① 《北京城市总体规划（2016年—2035年）》中对常住人口规模的控制是以2014年为基期，因此本部分的分析时段为2014～2017年。

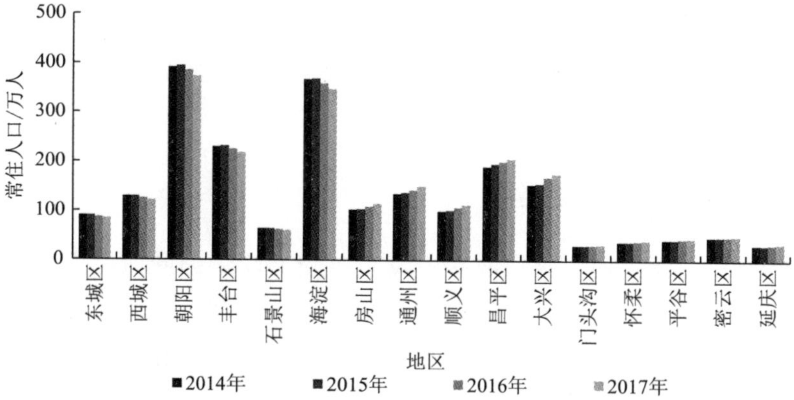

图 6-29　2014～2017 年北京各区常住人口分布情况

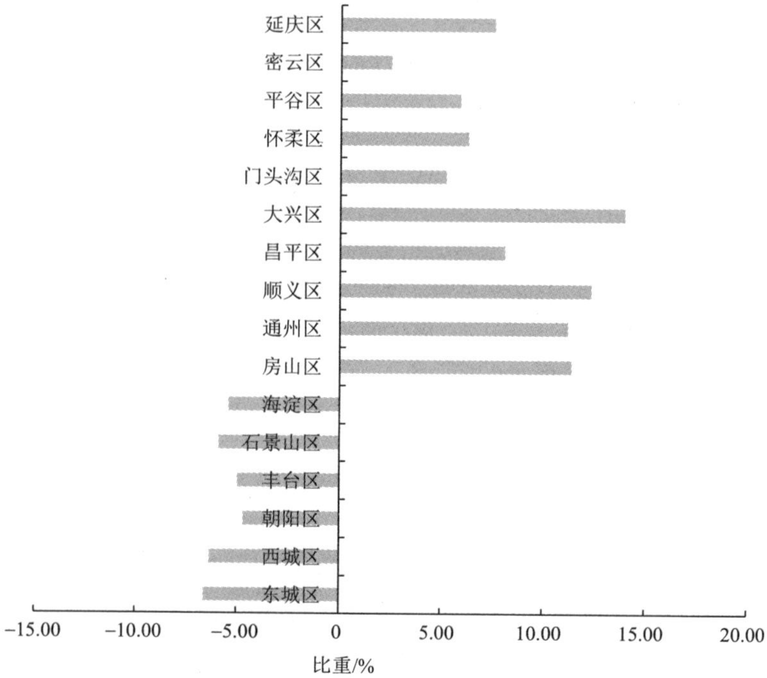

图 6-30　2017 年较 2014 年北京各区常住人口比重变化情况

数为 1000～1700 人。生态涵养发展区常住人口密度远低于其他各区，每平方公里常住人口数均不超过 500 人。

从各区常住人口密度的变化情况来看，通过非首都功能疏解、居住和产业用地规模严格控制等方式，中心城区常住人口密度均有所下降，其中东城区和西城区常住人口密度下降最为突出，每平方公里常住人口分别下降了

1290 人和 1544 人，朝阳区、海淀区、丰台区、石景山区每平方公里常住人口下降了 450～500 人。大兴区、通州区、顺义区常住人口密度有明显上升，生态涵养发展区中各区常住人口密度基本不变。

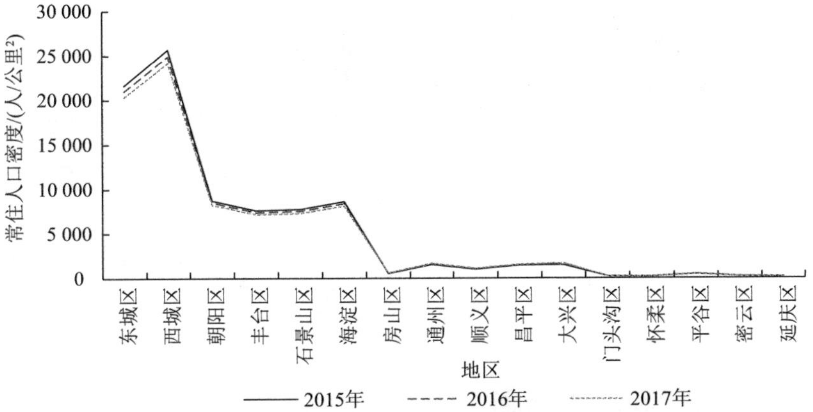

图 6-31　2015～2017 年北京各区常住人口密度分布

（二）外来人口地区分布

外来人口增长是北京人口快速增长的主要原因，因此本部分对外来人口的分布和变动情况进行了分析比较。如图 6-32 所示，2017 年北京常住人口（2170.7 万人）中，常住外来人口达 794.3 万人，占常住人口比重为 36.59%。外来人口主要分布在城市功能拓展区和城市发展新区，其中朝阳区、海淀区常住外来人口最多，分别为 168.8 万人和 127.6 万人，占全市常住外来人口比重为 21.25%、16.06%，昌平区和大兴区常住外来人口较多，分别为 105.5 和 83.2 万人，占全市常住外来人口比重分别为 13.28%和 10.47%。生态涵养发展区中各区常住外来人口较少。

从常住外来人口占常住人口比重来看，昌平区最高，为 51.1%，朝阳区、通州区、顺义区、大兴区常住外来人口占常住人口比重均超过 40%。从常住外来人口的变化情况来看，“十三五”以来，北京常住外来人口占常住人口比重有所降低，常住外来人口由 2015 年的 822.6 万人减少到 2017 年的 794.3 万人，减少了 28.3 万人，常住外来人口占常住人口比重下降了 1.3 个百分点。中心城区常住外来人口均有不同程度的减少，其中海淀区和朝阳区常住外来人口减少较多，分别减少了 21.00 万人和 15.20 万人，城市发展新区各区的常住外来人口均有所增加，生态涵养发展区的常住外来人口基本没有变化。

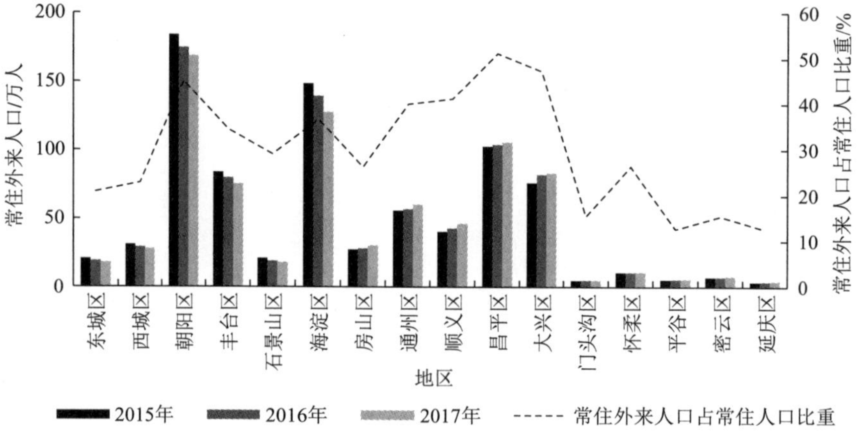

图 6-32　2015～2017 年北京各区常住外来人口分布及 2017 年外来人口占常住人口比重变化情况

二、土地利用空间发展格局

《北京城市总体规划（2016 年—2035 年）》指出，要坚守建设用地规模底线，严格落实土地用途管制制度，减少平原地区城乡建设用地规模，促进城乡建设用地减量提质和集约高效利用。因此，本部分从土地利用结构以及农用地和建设用地空间分布等方面分析各区的土地利用空间发展格局。

（一）土地利用结构情况

根据《北京区域统计年鉴 2017》，本部分用农用地（包含耕地、园地、林地、草地）、建设用地、交通运输用地、水域及水利设施用地四类用地所占比重来反映土地利用结构情况，分析北京土地利用结构。总体而言，北京土地利用结构从中心城区到外围地区，由以建设用地为主转变为以农用地为主的土地利用结构。如图 6-33 所示，2016 年首都功能核心区的土地全是建设用地，没有其他用地类型；城市功能拓展区近 2/3 的土地为建设用地，朝阳区、丰台区、石景山区、海淀区的建设用地所占比重分别为 75.79%、63.78%、64.17%、57.67%；城市发展新区的农用地所占比重仍较大，各区农用地所占比重超过 50.00%。生态涵养发展区限制工业开发和建设，仍然以农用地为主，所占比重在 80.00%以上。

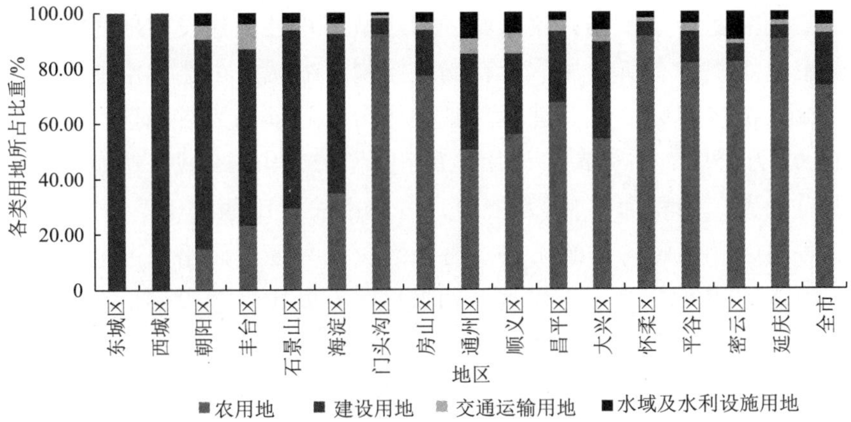

图 6-33　2016 年北京全市及各区土地利用结构

（二）农用地空间发展格局

如图 6-34 所示，2016 年北京农用地主要集中分布在生态涵养发展区和城市发展新区，这两个功能区农用地面积占全市农用地的比重高达 97.36%。生态涵养发展区农用地面积为 75.33 万公顷，占全市农用地的比重为 64.15%。城市发展新区农用地面积为 39.00 万公顷，占全市农用地的比重为 33.21%。从各区的农用地分布情况来看，城市发展新区中的房山区以及生态涵养发展区中的怀柔区、密云区、延庆区、门头沟区占比均超过 10.00%；东城区和西城区没有农用地；朝阳区、海淀区、丰台区、石景山区农用地极少，总和仅占全市农用地的 2.63%。

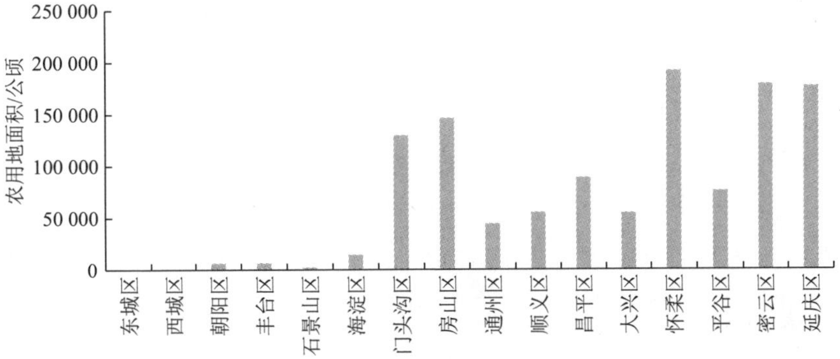

图 6-34　2016 年北京各区农用地分布情况

（三）建设用地空间发展格局

北京建设用地规模由 2014 年的 302 939 公顷增长到 2016 年的 306 615

公顷，增长幅度为 1.21%，除东城区和西城区均已为建设用地之外，其他各区建设用地面积均有所增加，没有实现控制并缩减全市建设用地规模的规划要求。如图 6-35 所示，北京建设用地集中分布在城市发展新区，建设用地面积为 16.05 万公顷，占全市建设用地的比重为 52.40%。城市功能拓展区建设用地规模较大，面积为 8.36 万公顷，占全市建设用地的比重为 27.30%。朝阳区、房山区、通州区、顺义区、昌平区、大兴区建设用地占全市建设用地的比重均在 10.00%以上。东城区、西城区、石景山区建设用地面积较小，占全市建设用地的比重均在 2.00%以下。生态涵养发展区建设用地面积为 5.33 万公顷，占全市建设用地的比重为 17.40%。

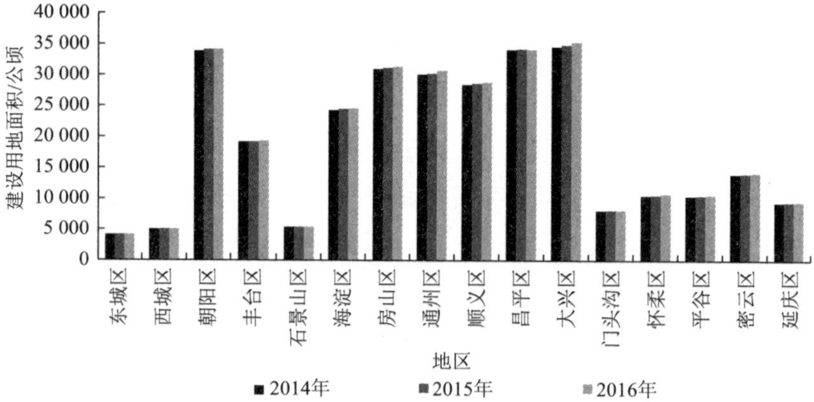

图 6-35　2014～2016 年北京各区建设用地分布情况

三、环境保护空间发展格局

环境质量直接影响着首都形象和市民健康。“十三五”以来，北京坚持源头防控与末端治理并重、集中治理与强化管理并重，打好环境污染治理攻坚战，环境质量得到有效改善。本部分剖析林木绿化率、节能降耗等环境基本情况，以及空气质量、垃圾处理、污水处理情况。

（一）环境基本情况空间格局

1. 林木绿化率情况

北京林木绿化率由 2015 年的 59.00%提升到 2017 年的 61.00%，各区的林木绿化率均有所提升，门头沟区、大兴区、房山区、顺义区的林木绿化率提升较多，其他区略有提升。受自然地理本底条件的影响，北京各区的林木绿化率存在显著差异。如图 6-36 所示，2017 年，生态涵养发展区的林木绿化率远高于其他区，除门头沟区接近 70.00%之外，其他各区的林木绿化率均在 70.00%以上，其中怀柔区林木绿化率最高，达 79.36%。城市发展新区中的房山区和昌平区林木绿化率较高，分别为 61.80%和 66.93%。首都功能核心区的林木绿化率最低，东城区和西城区分别为 19.13%、14.62%。朝阳区的林木绿化率较低，2017 年为 25.73%。其他各区林木绿化率在 30%～40%。

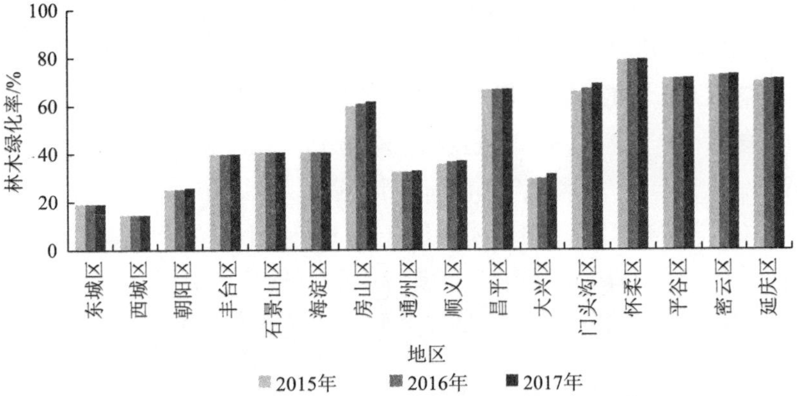

图 6-36　2015～2017 年北京各区林木绿化率

2. 节能降耗情况

“十三五”以来，北京加快淘汰落后产能和化解过剩产能，调整退出一般性产业特别是高消耗产业，节能降耗的工作成效显著，单位 GDP 能耗逐年下降，2015 年、2016 年、2017 年单位 GDP 能耗下降率分别为 6.13%、4.87%、4.01%。如图 6-37 所示，各区单位 GDP 能耗均逐年下降，石景山区单位 GDP 能耗持续以较高的速度下降，房山区、通州区、门头沟区下降幅度也较大。

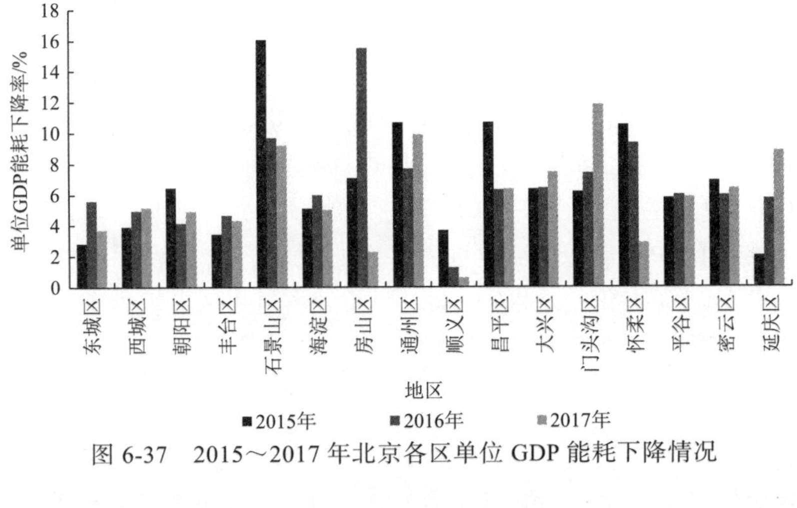

图 6-37　2015～2017 年北京各区单位 GDP 能耗下降情况

（二）主要污染物排放空间格局

1. 空气质量情况

如图6-38所示，“十三五”以来，北京加大政府投入力度，以治理$PM_{2.5}$为重点，继续推进控车、减煤、治污、降尘等措施，空气质量已得到有效改善，全市$PM_{2.5}$年均浓度值由2015年的80.6微克/米^{3}降低到2017年的58.0微克/米^3，下降幅度达28.04%。从$PM_{2.5}$年均浓度值在全市的分布可以看出，全市各区空气质量均有显著提升，房山区空气质量提升的幅度最大，$PM_{2.5}$年均浓度值由2015年的96.2微克/米^{3}降低到2017年的57.0微克/米^3，下降幅度超过40.00%。通州区空气质量相对较差，生态涵养发展区的空气质量相对较好，2017年怀柔区、密云区、延庆区$PM_{2.5}$年均浓度值均在60微克/米^{3}以下。首都功能核心区和城市功能拓展区的空气质量处于全市中等水平。

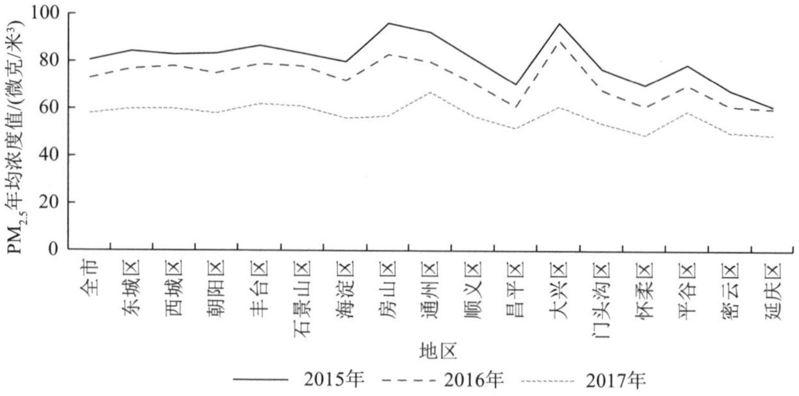

图6-38 2015～2017年北京全市及各区$PM_{2.5}$年均浓度值分布情况

2. 垃圾处理情况

如图6-39所示，2017年北京生活垃圾无害化处理率为99.88%，达到《北京市国民经济和社会发展第十三个五年规划纲要》中生活垃圾无害化处理率达到99.80%以上的规划目标。“十三五”初期，北京中心城区以及门头沟区、平谷区和密云区均已实现生活垃圾无害化处理率100%，昌平区在2017年也实现了生活垃圾无害化处理率100%。怀柔区、通州区垃圾处理落后于全市，生活垃圾无害化处理率分别为97.06%、98.95%，需要完善垃圾处理设施，提升垃圾处理能力。

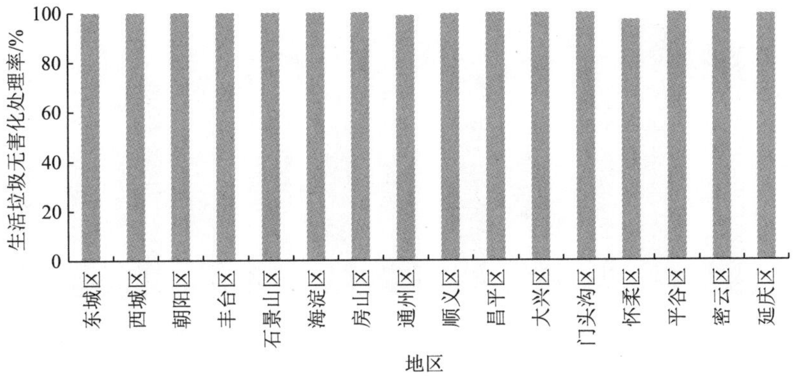

图 6-39　2017 年北京各区生活垃圾无害化处理率

3. 污水处理情况

“十三五”以来，北京继续全面推进水污染治理，坚持集中和分散结合、截污和治污协调，完善截污管网，加快建设污水处理设施，污水治理成效显著，污水处理率逐年提升。如图 6-40 所示，北京污水处理率由 2015 年的 87.96%提升到 2017 年的 92.44%，提升了 4.48 个百分点，但是距《北京市国民经济和社会发展第十三个五年规划纲要》中污水处理率高于 95%的目标还有差距。中心城区污水处理率保持全市领先水平，2017 年达到 98.50%，城市发展新区和生态涵养发展区的污水处理情况较为落后，2017 年污水处理率分别为 78.88%、85.54%，与中心城区相比还有较大差距。从各区的污水处理情况来看（图 6-41），昌平区污水处理率提升最多，由 2015 年的 53.06%提升到 2017 年的 73.38%，提高了 20.32 个百分点，但仍然是全市污水处理率最低的区。门头沟区污水处理能力也有较大进步，污水处理率从 2015 年的

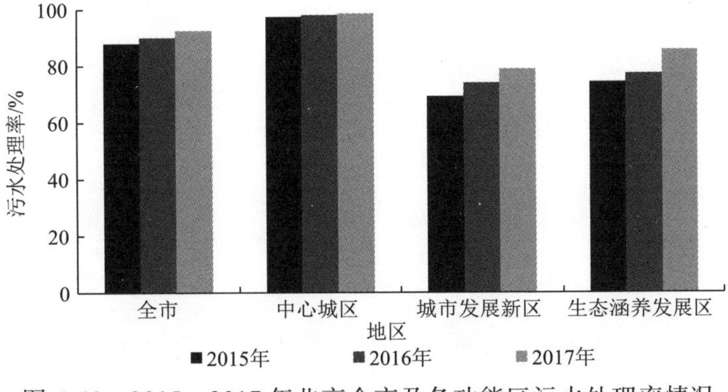

图 6-40　2015～2017 年北京全市及各功能区污水处理率情况

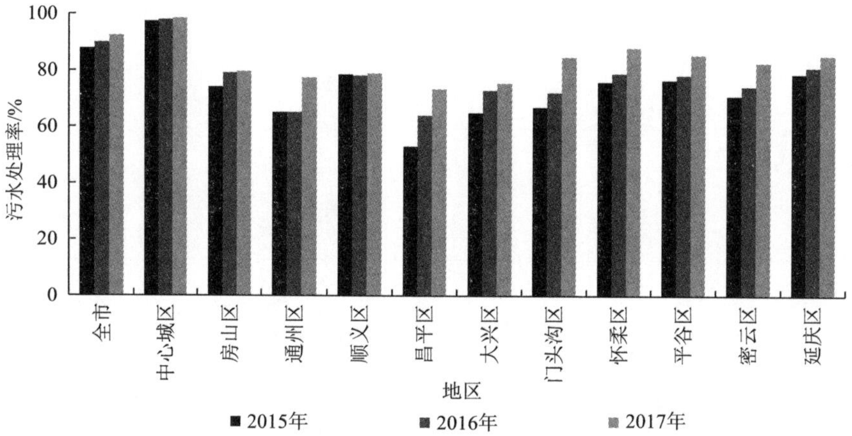

图 6-41　2015～2017 年北京全市及各区污水处理率

66.93%提升到 2017 年的 84.76%，提高了 17.83 个百分点。通州区、怀柔区、密云区、大兴区污水处理率虽然也有较大幅度的提升，但距离全市平均水平仍有较大差距。

由人口资源环境空间格局分析可以发现，北京人口疏解和调控的效果已经显现，中心城区常住人口数量和人口密度均有所减少。在土地利用方面，各区控制并缩减全市建设用地规模的压力较大。生态环境质量显著提升，单位 GDP 能耗持续下降，主要污染物排放总量持续削减，$PM_{2.5}$ 浓度得到有效控制。为缓解中心城区功能过度集中造成的城市运行压力，未来北京应继续推动有序疏解中心城区的非首都功能，优化人口资源环境空间格局，促进“一核一主一副、两轴多点一区”城市多中心空间格局的形成。

第三部分 专 题 篇

7 第七章 “一核两翼”功能协调发展研究[①]

“一核”是指首都功能核心区。“一核”包括东城和西城两个城区，是中国政治、文化和国际交往中心的核心承载区。“两翼”是指雄安新区和北京城市副中心。“两翼”是北京非首都功能域外疏解和域内疏解的重要承载地。“一核两翼”功能协调发展既是京津冀协同发展战略的要求，也是优化京津冀区域空间结构，促进京津冀世界级城市群多中心、网络化空间结构形成的重要抓手（李国平和宋昌耀，2019）。“一核两翼”协同发展的关键在于明确各自的定位和分工，核心是处理好“都”和“城”的关系，通过分工与协作实现城市功能布局的进一步优化（李国平等，2019）。为此，本章立足于“一核两翼”功能协调发展，通过梳理首都功能核心区与雄安新区、北京城市副中心的发展现状与问题，提出促进首都功能核心区与雄安新区、北京城市副中心功能协调发展的理念、分工与重点，进而提出相应的保障措施来确保“一核两翼”的疏解政策和承接项目落到实处。

① 本章为“首都功能核心区与雄安新区、北京城市副中心功能协调发展研究”项目的主要成果。

第一节 “一核两翼”的功能定位

“一核两翼”三地的功能定位与发展要求存在较大差异。随着《北京城市总体规划（2016年—2035年）》《北京城市副中心控制性详细规划（街区层面）（2016年—2035年）》《河北雄安新区规划纲要》的出台，首都功能核心区、雄安新区与北京城市副中心的具体功能定位逐渐明确。本部分将从规划定位、建设措施、规划目标等多个方面，对三地的功能定位进行全面分析。

一、首都功能核心区

首都功能核心区文化底蕴深厚、高端要素资源集聚、产业层次高精，不仅是历史文化古都重点保护的区域，也是展示中国首都形象的重要窗口。首都功能核心区的主体功能是优化开发，保护核心区内文化遗产、遗址等禁止开发的区域，并对与核心区不相匹配的功能加以限制和控制。因此，对首都功能核心区而言，不应再强调发展总部企业聚集地的功能定位，而应重点疏解区域性商品交易市场、大型医疗机构，推进历史文化街区的有机更新。通过营建良好的政务服务环境与城市人居环境，确保首都功能核心区政治功能和文化功能的有效发挥，全力做好“四个服务”，建设国际一流的和谐宜居之都的首善之区。在人口调控方面，首都功能核心区需进一步强化控制和疏解常住人口，确保常住人口在2014年的基础上每年降低2～3个百分点，争取至2020年常住人口下降15个百分点左右（表7-1）。

表7-1 首都功能核心区的功能定位

主要领域	功能定位
总体定位	全国政治中心、文化中心和国际交往中心的核心承载区，历史文化名城保护的重点地区，展示国家首都形象的重要窗口地区
规划目标	保障中央党政军领导机关高效开展工作。保护古都风貌，传承历史文脉。有序疏解非首都功能，加强环境整治，优化提升首都功能。创建国际一流的和谐宜居之都的首善之区
疏解任务	疏解腾退区域性商品交易市场、大型医疗机构，调整优化传统商业区，推进历史文化街区、风貌协调区及其他成片传统平房区的保护和有机更新
政务环境	保障安全、优良的政务环境，有序推动核心区内市级党政机关和市属行政事业单位疏解，完成重点片区疏解和环境整治。推动被占用文物的腾退和功能疏解，为国事外交活动提供更多具有优美环境和文化品位的场所

续表

主要领域	功能定位
人居环境	深化完善核心区网格化服务管理，改善背街小巷等公共空间面貌；加强公房管理，治理直管公房违规转租及群租、私搭乱建等问题，努力打造规范化、品牌化、连锁化、便利化的社区商业服务网络
人口规模	常住人口在2014年的基础上每年降低2～3个百分点，争取到2020年常住人口下降15个百分点左右
空间规划	一轴：继承发展传统城市中轴线和长安街形成的两轴格局，优化完善政治中心、文化中心功能；一城：推动62.5平方公里的老城整体保护与复兴；一线：提高二环路沿线重点区域发展质量，建设文化景观环线，引导二环路以外8个片区存量资源优化利用

资料来源：《北京城市总体规划（2016年—2035年）》

二、河北雄安新区

2017年4月，中共中央、国务院决定在河北雄安设立国家级新区——雄安新区，其规划区域主要包括雄县、容城、安新等县城以及周边部分区域，规划建设面积为1770平方公里。雄安新区地处北京、天津、保定三市腹地，距北京、天津、石家庄、保定和北京大兴国际机场分别为105公里、105公里、155公里、30公里和55公里，区位优势显著。雄安新区的设立是中国政府做出的一项具有重大历史意义的战略性选择，是千年大计。2018年12月，国务院正式批复《河北雄安新区总体规划（2018—2035年）》，标志着大规模建设发展雄安新区时代的来临，批复就雄安新区的战略定位和发展提出了新要求。总体定位是要建设绿色生态宜居新城区、创新驱动发展引领区、协调发展示范区、开放发展先行区①。

雄安新区的发展定位，一是作为北京非首都功能疏解的集中承载地，重点承接北京著名高等院校分院、国家重点实验室、工程研究中心、高端医疗机构等的疏解，推动京津冀一体化发展。二是立足于建成高水平社会主义现代化城市，助力京津冀世界级城市群的发展，并成为该城市群的重要一极、建设现代化经济体系的新引擎、推动经济高质量发展的中国样板，其产业发展以战略新兴产业为主体。本部分依据《河北雄安新区规划纲要》，从雄安新区的总体定位、规划目标、承接任务、产业发展等方面具体阐释雄安新区的功能定位（表7-2）。

①《河北雄安新区规划纲要》。

表 7-2 雄安新区的功能定位

主要领域	功能定位
总体定位	绿色生态宜居新城区、创新驱动发展引领区、协调发展示范区、开放发展先行区
规划目标	到 2035 年，基本建成高水平社会主义现代化城市。到 21 世纪中叶，全面建成高质量高水平的社会主义现代化城市，成为京津冀世界级城市群的重要一极
承接任务	著名高等院校分院、国家重点实验室、工程研究中心、高端医疗机构、金融机构、高端服务业、总部企业、高技术产业、高水平中小学、行政事业单位等
产业发展	新一代信息技术产业、现代生命科学和生物技术产业、新材料产业、高端现代服务业、绿色生态农业
创新发展	搭建科技创新平台，建设科技教育基础设施，构建国际一流创新服务体系
人口规模	规划新区建设按 1 万人/公里^2 控制，因此整个新区的人口规模将不会超过 500 万人（根据《河北雄安新区规划纲要》中的规划面积、开发强度、人口密度要求测算）
空间规划	起步区：一流承接平台、基础设施、公共服务；五个外围组团发展电子信息、生命科技、文化创意、军民融合、科技研发；特色小城镇；北部小城镇发展高端服务、网络智能、军民融合；南部小城镇发展现代农业、生态环保、生物科技、科技金融、文化创意

资料来源：《河北雄安新区规划纲要》

雄安新区开发程度低，尚属于“一张白纸”，很难完全依靠内生禀赋实现跨越式发展，因此积极承接符合新区定位的北京非首都功能疏解势必成为其打造具有全国意义的新区的必然路径。为此，雄安新区应当实施“四大战略”：①优质承接战略，即雄安新区承接非首都功能疏解的优质资源；②枢纽城市战略，即要建设成为符合京津冀世界级城市群发展的、高水平现代化的枢纽城市；③创新发展战略，即通过创新要素的吸纳和集聚，谋划高新产业发展，建设创新资源汇集、创新产业和人才集聚的创新城市；④智慧宜居战略，即高品质、高标准、高起点打造雄安智慧城市，提高雄安地方品质（李国平和宋昌耀，2018）。助力雄安新区建成具有世界眼光、国际标准、中国特色、高定位、高起点、高水平的中国高质量发展样板。

作为北京非首都功能域外疏解的集中承载地，雄安新区在承接过程中更多地考虑自身在整个区域范围内的发展定位和资源禀赋，重点承接著名高等院校分院办学、组建国家重点实验室、承接并培育高端服务业机构（程必定等，2017）。雄安新区设立和建设的一个重要目标就是培育创新驱动发展的新引擎，打造创新城市（李国平，2018）。在创新发展方面，雄安新区应努力建设辐射京津冀世界城市群的科技创新翼，通过集聚国内外资源要素，特别是国际创新资源要素，搭建具有世界影响力、国际一流、国内领先的科技新城平台。

三、北京城市副中心

北京城市副中心的建设是优化调整北京空间格局、破解“大城市病”、拓展北京发展新空间的要求，其规划总面积约155平方公里，外围控制区面积约906平方公里。北京城市副中心的战略定位为建设“国际一流的和谐宜居之都示范区、新型城镇化示范区、京津冀区域协同发展示范区”，规划到2035年初步建成具有核心竞争力、彰显人文魅力、富有城市活力的国际一流的和谐宜居现代化城区。

北京城市副中心作为北京的一翼，其主导功能包括：文化旅游、商务服务和行政办公等。北京城市副中心要以高端商务、文化旅游产业为主体，以水城共融、蓝绿交织、文化传承为特色，搭建科技创新平台，形成配套完善的城市综合体。针对北京城市副中心整体科研资源不足，创新驱动发展受到制约的现状，应以打造创新资源集聚的服务翼为发展目标，通过不断完善生产性服务业和生活性服务业，搭建国际一流的科技创新平台，为北京城市副中心提供高水平的科技创新服务。

与雄安新区不同的是，作为市域内非首都功能的承载地，北京城市副中心承接的功能和产业必须要符合首都城市功能的“四个中心”定位以及高精尖产业发展方向。其疏解任务集中在人口、市级党政机关和市属行政事业单位、综合性医疗机构、部分公共服务功能等领域。《北京城市副中心控制性详细规划（街区层面）（2016年—2035年）》提出，到2035年，城市副中心的常住人口和就业人口规模应分别控制在130万人和70万～75万人，人口密度控制在0.9万人/公里^{2}以内，城乡建设用地限制在100平方公里左右；战略留白区域面积划定为约9平方公里，为城市后续发展预留空间，实现生态空间面积达到总面积的40%以上（表7-3）。

表7-3 北京城市副中心的功能定位

主要领域	功能定位
总体定位	和谐宜居之都示范区、新型城镇化示范区、京津冀区域协同发展示范区
规划目标	2035年初步建成国际一流的和谐宜居现代化城区
承接任务	有序承接市级党政机关和市属行政事业单位向城市副中心转移，带动中心城区其他相关功能和人口疏解，到2035年承接中心城区40万～50万常住人口疏解

续表

主要领域	功能定位
产业发展	做优新兴战略产业，培育发展具有核心竞争力的产业。建设国际化现代商务区；建设文化和旅游新窗口，依托大运河文化带、北京环球主题公园及特色地区发展文化创意、主题旅游等产业
创新发展	搭建科技创新平台，建立市场化技术转移转化平台，实施一批前沿信息技术、智能制造和新材料等创新成果转化重大项目
人口规模	到 2035 年，城市副中心的常住人口和就业人口规模应分别控制在 130 万人和 70 万～75 万人，人口密度控制在 0.9 万人/公里^{2}以内，城乡建设用地限制在 100 平方公里左右，地上建筑规模约 1 亿平方米
空间规划	“一带一轴多组团”的城市空间结构。“一带”是指以大运河为骨架的生态文明带；“一轴”是指沿六环路形成的创新发展轴；“多组团”是指依托水网、绿网、路网形成 12 个民生共享组团和 36 个美丽家园

资料来源：《北京城市副中心控制性详细规划（街区层面）（2016 年—2035 年）》

第二节　“一核两翼”的发展现状

《北京城市总体规划（2016 年—2035 年）》明确提出，北京要建设“一核一主一副、两轴多点一区”的城市空间布局。在此背景下，如何统筹“一核”与“两翼”的关系成为当下面临的紧迫课题。本节将全面分析首都功能核心区、河北雄安新区、北京城市副中心的发展现状，并指出“一核两翼”功能协调发展过程中需要重点解决的问题，以期为三地功能分工的确定提供有效的支撑。

一、首都功能核心区

首都功能核心区包括东城区和西城区，土地面积为 92.4 平方公里，是目前北京开发强度最高的完全城市化地区。首都功能核心区面临人口经济密度过大、经济增长明显放缓、人口集聚程度显著下降、开发强度有待进一步控制、产业结构有待优化、高端服务业发展有待提高等问题。

（一）人口经济密度过大

首都功能核心区包括东城区和西城区，2017 年常住人口为 207.1 万人，人口密度为 22 416 人/公里^2，人口密度是生态涵养发展区的 98 倍；GDP 为 6167.9 亿元，经济密度为 66.76 亿元/公里^2，经济密度是生态涵养发展区的

514 倍；人均 GDP 为 29.78 万元，是生态涵养发展区的 5 倍（表 7-4）。总体来看，首都功能核心区集聚了全市 9.54%的人口、22.02%的 GDP，人口密度、经济密度过大。

表 7-4 2017 年北京各地区常住人口密度及经济密度

地区	常住人口/万人	人口密度/（人/公里^2）	GDP/亿元	经济密度/（亿元/公里^2）	人均 GDP/万元
北京市	2 170.7	1 323	26 823.6	1.71	12.91
首都功能核心区	207.1	22 416	6 167.9	66.76	29.78
东城区	85.1	20 330	2 247.2	53.68	26.41
西城区	122.0	24 144	3 920.7	77.59	32.14
城市功能拓展区	1 001.7	7 851	13 541.2	10.61	13.52
朝阳区	373.9	8 216	5 635.5	12.38	15.07
丰台区	218.6	7 148	1 427.5	4.67	6.53
石景山区	61.2	7 258	535.4	6.35	8.75
海淀区	348.0	8 079	5 942.8	13.80	17.08
城市发展新区	761.4	1 209	6 006.3	0.95	7.89
房山区	115.4	580	681.7	0.34	5.91
通州区	150.8	1 664	758.0	0.84	5.03
顺义区	112.8	1 106	1 715.9	1.68	15.21
昌平区	206.3	1 535	839.7	0.62	4.07
大兴区	176.1	1 699	2 011.0	1.94	11.42
生态涵养发展区	200.5	229	1 108.2	0.13	5.53
门头沟区	32.2	222	174.4	0.12	5.42
怀柔区	40.5	191	285.8	0.13	7.06
平谷区	44.8	472	233.6	0.25	5.21
密云区	49.0	220	278.2	0.12	5.68
延庆区	34.0	171	136.2	0.07	4.01

资料来源：《北京区域统计年鉴 2018》

（二）经济增长明显放缓

2011～2017 年，首都功能核心区经济增长率有明显下降趋势，从 2011 年的 13.20%下降到 2017 年的 8.89%。从 GDP 占全市比重来看，区域占比缓慢下降，从 2011 年的 22.67%下降到 2017 年的 22.02%（图 7-1）。

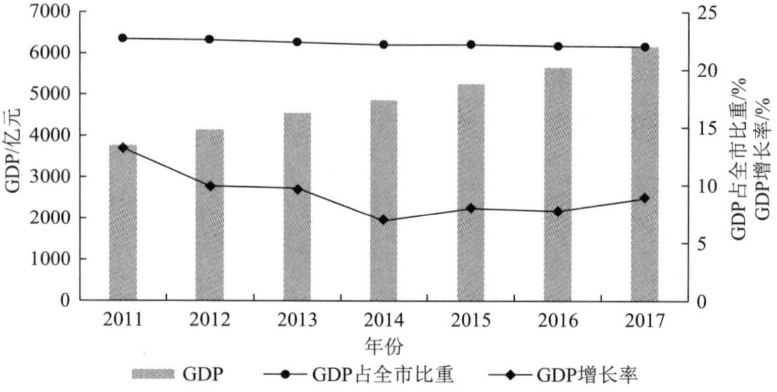

图 7-1　2011～2017 年首都功能核心区经济变化情况

资料来源：《北京区域统计年鉴 2018》

（三）人口集聚程度显著下降

首都功能核心区人口从 2015 年开始呈现负增长率状态，2015 年、2016 年、2017 年人口分别比上一年下降 0.45%、3.00%、3.09 %。从常住人口占全市比重来看，首都功能核心区常住人口比重有所下降，从 2011 年的 10.65%下降到 2017 年的 9.54%（图 7-2）。

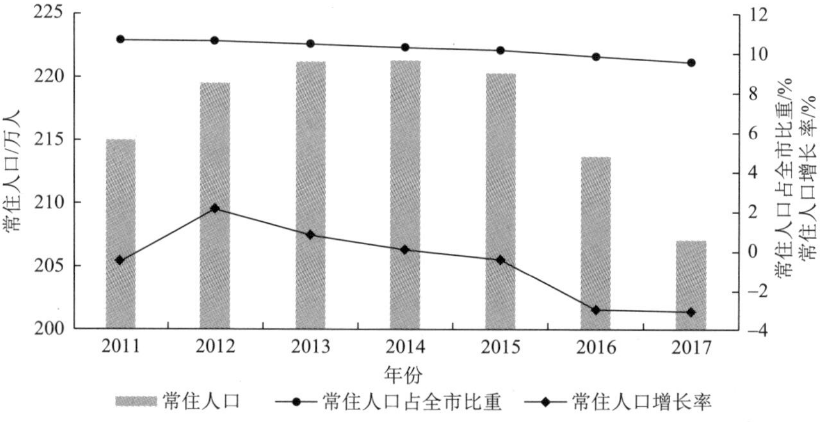

图 7-2　2011～2017 年首都功能核心区人口变化情况

资料来源：《北京区域统计年鉴 2018》

（四）开发强度有待进一步控制

从房屋建筑施工面积占全市比重来看，2016～2017 年，首都功能核心区占全市比重从 1.51%增至 1.75%。从房屋建筑施工面积来看，2016 年施工面积为 342.1 万平方米，2017 年已增至 376.3 万平方米，提高了 10 个百分点（表 7-5）。总体来看，首都核心功能区的开发强度得到小幅增加，在土地资源有限的情况下有待进一步控制。

表 7-5 2016～2017 年北京房屋建筑施工面积、增长率及占全市比重

地区	2016 年施工面积/万平方米	占全市比重/%	2017 年施工面积/万平方米	占全市比重/%	2016～2017 年增长率/%
北京市	22 721.4	100.00	21 512.7	100.00	–5.32
首都功能核心区	342.1	1.51	376.3	1.75	10.00
东城区	193.1	0.85	204.2	0.95	5.75
西城区	149.0	0.66	172.1	0.80	15.50
城市功能拓展区	7 549.9	33.24	7 136.5	33.18	–5.48
朝阳区	3 275.8	14.42	3 095.9	14.39	–5.49
丰台区	1 887.3	8.31	1 793.4	8.34	–4.98
石景山区	419.4	1.85	429.7	2.00	2.46
海淀区	1 967.4	8.66	1 817.5	8.45	–7.62
城市发展新区	12 776.2	56.22	12 073.9	56.12	–5.50
房山区	1 509.7	6.64	1 810.8	8.42	19.94
通州区	4 639.9	20.42	4 643.5	21.58	0.08
顺义区	1 643.5	7.23	1 587.7	7.38	–3.40
昌平区	2 040.6	8.98	1 654.4	7.69	–18.93
大兴区	2 942.5	12.95	2 377.5	11.05	–19.20
生态涵养发展区	2 053.1	9.04	1 926.1	8.95	–6.19
门头沟区	874.9	3.85	782.5	3.64	–10.56
怀柔区	329.7	1.45	305.5	1.42	–7.34
平谷区	368.6	1.62	341.5	1.59	–7.35
密云区	326.4	1.44	314.9	1.46	–3.52
延庆区	153.5	0.68	181.7	0.84	18.37

资料来源：《北京区域统计年鉴 2018》

（五）产业结构有待优化

从三次产业结构的发展来看，首都功能核心区已没有第一产业，第三产业处于绝对主导地位且呈上升趋势，第三产业比重从 2011 年的 91.93%提高到 2017 年的 93.29%（表 7-6）。

表7-6 2011～2017年首都功能核心区产业结构变动 （单位：%）

三次产业	2011年	2012年	2013年	2014年	2015年	2016年	2017年	2011～2017年
第一产业比重	0	0	0	0	0	0	0	0
第二产业比重	8.07	8.03	7.67	7.69	7.11	6.80	6.71	−1.36
第三产业比重	91.93	91.97	92.33	92.31	92.89	93.20	93.29	1.36

资料来源：《北京区域统计年鉴2018》

第三产业中，金融业一枝独秀，2017年占第三产业比重达40.54%。批发和零售业以及租赁与商务服务业紧随其后，占第三产业比重分别为8.71%和8.61%。科学研究和技术服务业以及信息传输、软件和信息技术服务业两类高端产业分别居第四、第五位，占第三产业比重分别为8.44%、7.30%（表7-7）。

表7-7 2017年首都功能核心区第三产业分行业产值及比重

排名	第三产业	产值/亿元	占第三产业比重/%
1	金融业	2332.4	40.54
2	批发和零售业	501.2	8.71
3	租赁与商务服务业	495.6	8.61
4	科学研究和技术服务业	485.7	8.44
5	信息传输、软件和信息技术服务业	420.0	7.30
6	公共管理、社会保障和社会组织	351.8	6.11
7	房地产业	282.9	4.92
8	卫生和社会工作	227.2	3.95
9	文化、体育和娱乐业	192.5	3.35
10	教育	164.7	2.86
11	交通运输、仓储和邮政业	135.6	2.36
12	住宿和餐饮业	106.8	1.86
13	水利、环境和公共设施管理业	31.5	0.54
14	居民服务、修理和其他服务业	26.2	0.45
	第三产业产值	5754.1	100.00

资料来源：《北京区域统计年鉴2018》

（六）高端服务业发展有待提高

信息传输、软件和信息技术服务业是现代服务业高端化的标志之一。2011～2017年，首都功能核心区信息传输、软件和信息技术服务业增加值有所提高，但占第三产业比重从2011年的7.64%下降到2017年的7.30%，占首都功能核心区第三产业比重从2011年的17.39%下降到2017年的13.01%[①]。

二、河北雄安新区

雄安新区区位优势明显、交通便捷通畅、生态环境优良、资源环境承载能力较强，但面临现有开发程度较低、经济总量小、产业层次低等问题，高质量发展是其开发建设的内在要求。

（一）经济总量小、产业层次低，创新水平低

从经济总量来看，雄安新区整体经济规模较小。2016 年，雄安新区所辖三县总面积为 1576.6 平方公里，人口为 112 万人，GDP 为 218.29 亿元，占河北比重分别为 0.83%、1.50%和 0.69%。从人均水平来看，雄安新区人均 GDP 为 1.95 万元，是河北省平均水平的 45.74%；地均 GDP 为 1384.56 万元/公里^2，是河北平均水平的 82.15%[②]。与北京和天津相比，雄安新区无论是经济规模，还是发展效率都相差甚远。显然，雄安新区的经济发展水平在京津冀地区处于相对落后的水平。

从产业结构来看，雄安新区产业结构以农业、劳动密集型工业为主，低端化特征突出。在农业方面，雄安新区是传统的农业地区，农业产值所占比重较大。2015 年，雄县第一产业增加值为 10.52 亿元，占区域 GDP 比重为 11.15%；农业人口达 26 万人，占区域总人口比重为 66.75%[③]。在工业方面，雄县的主要产业为塑料包装、制革、电器电缆和乳胶制品，整体产业水平较为低端。容城县有“中国北方服装之城”的称号，拥有多家服装企业，在机械制造、汽车零部件、箱包、毛绒玩具、食品加工等领域形成了一定的产业基础。安新县的制鞋业、羽绒制品有一定的规模，同时也是华北地区最大的废旧有色金属集散地。由此可知，与京津冀其他地区相比，雄安新区目前的产业层次和创新水平较低，亟须通过技术创新促进产业转型升级。

（二）雄安新区尚处于起步阶段，发展空间充裕

雄安新区三县开发程度低，发展空间充裕。2016 年，雄县 GDP 为 101.14

---

① 《北京区域统计年鉴 2018》。

② 雄安新区、雄县、容城县、安新县政府网站以及《河北省 2016 年国民经济和社会发展统计公报》。

③ 雄安新区产业发展要认清自己的强与弱[EB/OL]. http://www.sohu.com/a/207808779_378413[2017-12-01].

亿元，总人口约38万人；安新县GDP为40.01亿元，总人口为39.3万人；容城县GDP为59.4亿元，总人口为27万人。雄县、容城、安新三地人均GDP为19 228元，远远低于2016年京津冀地区的人均GDP（62 033元）[①]。目前，雄安新区在起步区适当区域规划建设启动区，面积为20～30平方公里，重点承接北京非首都功能疏解，突出创新特色，提供优质公共服务，集聚一批互联网、大数据、人工智能、前沿信息技术、生物技术、现代金融、总部经济等创新型、示范性重点项目。雄安新区未来发展空间巨大，随着规划建设的持续推进，经济将实现快速发展。

（三）高端、高新企业落户雄安新区，为产业发展注入创新活力

诸多高端、高新企业落户雄安新区，为雄安新区的产业发展注入创新活力。其中，阿里巴巴、腾讯、百度、京东金融、奇虎360、深圳光启高等理工研究院、国家开发投资集团有限公司、中国电信等公司纷纷与雄安新区签署战略合作协议，一批符合雄安新区功能定位的高端、高新企业落户雄安新区。

教育部积极统筹整合教育资源，加大首都高等院校的疏解力度。在此背景下，雄安新区积极承接高等院校的分校、分院、研究生院等，着力建设大学园区。2017年，近百所在京高等院校中已有清华大学、北京大学、中国人民大学等相继表态，将积极参与雄安新区建设。

雄安新区的前期规划取得重大进展。规划体系经历了从“1+N”到“4个总规划+N个专项规划”的演变过程，其中1为规划纲要，4个总规划为雄安新区总体规划、起步区控制性规划、启动区控制性详细规划、白洋淀生态环境保护和治理规划，N个专项规划为20多个专项规划，包括建筑标准、环境治理、交通等多个方面。目前，《河北雄安新区规划纲要》已经发布，《北京城市总体规划（2016年—2035年）》已经得到中共中央、国务院的批复，20多个专项规划已基本完成。

三、北京城市副中心

北京城市副中心的发展建设，就是要发挥其服务首都功能、优化北京城市空间结构、服务北京东部地区发展的重要作用。城市副中心具有较好的资源禀赋、发展基础与区位优势，尤其是北京市行政中心迁移到城市副中心，

① 雄县、容城县、安新县政府网站以及三县2016年国民经济和社会发展统计公报。

城市副中心的区域价值有了明显提升，然而城市副中心现状发展水平不高，不具备与其功能定位相适应的吸引和辐射能力。

（一）经济持续发展，但体量较小，与功能定位不符

近年来，通州区经济发展水平逐步提高，从工业化成熟期逐渐向发达期过渡。2006～2017 年，通州区经济快速发展。经过十多年的发展，通州区 GDP 由 2006 年的 163.10 亿元上升到 2017 年的 758.00 亿元，2017 年人均 GDP 约为 2006 年的 2.9 倍，综合实力显著增强。三次产业结构中，2006～2017 年，通州区第一产业比重逐渐降低，第三产业逐渐崛起，2017 年第三产业比重已超 50%，符合地区产业结构发展演进的一般规律（表 7-8）。

表 7-8 通州区 2006 年和 2017 年经济状况

年份	GDP/亿元	人均 GDP /美元	三次产业结构比重/%			人口城镇化率/%
			第一产业	第二产业	第三产业	
2006	163.10	2532	7.50	50.20	42.30	31.90
2017	758.00	7305	2.12	47.46	50.42	65.10

根据钱纳里等经典理论，将工业化发展阶段划分为初级产品生产阶段（Ⅰ）、工业化初期[Ⅱ（1）]、工业化中期[Ⅱ（2）]、工业化成熟期[Ⅱ（3）]、工业化发达期[Ⅱ（4）]和后工业化发达经济阶段（Ⅲ）六个发展阶段。阶段评价指标选取人均 GDP、三次产业结构、人口城镇化率三个指标。其中，人均 GDP 作为经济发展水平的表征，是衡量经济发展阶段的核心指标；三次产业结构作为主要辅助指标，用来指示经济结构的增加值结构；人口城镇化率作为一般辅助指标纳入测算。因此，确定了如表 7-9 所示的工业化发展阶段标志值。

表 7-9 工业化发展阶段标志值

基本指标	初级产品生产阶段 Ⅰ	工业化阶段				后工业化发达经济阶段 Ⅲ
		初期 Ⅱ（1）	中期 Ⅱ（2）	成熟期 Ⅱ（3）	发达期 Ⅱ（4）	
人均 GDP/美元	614～122 8	1228～2 456	2 456～4 911	4 911～9 208	9 208～14 733	14 733～22 100
三次产业结构	$A > I$	$A>20\%$，$A<I$	$A<20\%$，$I>S$	$A<10\%$，$I>S$	$A<10\%$，$I<S$	$A<5\%$，$I<S$
人口城镇化率	30%以下	30%～40%	40%～50%	50%～60%	60%～75%	75%以上

注：①美元人均 GDP 标准值，依据美国经济研究局网站数据获得的 GDP 折算系数计算；②三次产业结构，A 为第一产业比重，I 为第二产业比重，S 为第三产业比重；③基本指标选取参考钱纳里工业阶段理论以及陈佳贵（2012）

以 2017 年通州区的各项经济统计数据，分析现阶段通州区所处的发展阶段。在人均 GDP 方面，通过和工业化发展阶段标志值相比较，可以看出 2017 年通州区人均 GDP 为 7305 美元，所处阶段为工业化阶段成熟期；在三次产业结构方面，通州区第一产业比重小于 10%，第三产业比重大于第二产业比重，符合工业化发达期的标准；在人口城镇化率方面，通州区人口城镇化率为 65.1%，处于工业化发达期。因此，基于以上综合分析可以得出，通州区现阶段已经进入工业化成熟期，并向工业化发达期过渡。

虽然通州区经济不断发展，但 GDP 和人均 GDP 仍滞后于北京平均水平。2017 年，通州区 GDP 为 758.0 亿元，在北京 16 区中位列第 9。在人均 GDP 方面，通州区严重落后于北京平均水平。2017 年，北京人均 GDP 为 12.91 万元，通州区仅为 5.03 万元（表 7-10）。

表 7-10　2017 年北京全市及各区 GDP 及人均 GDP 水平

排名	地区	GDP/亿元	人均 GDP/万元
1	海淀区	5 942.8	17.08
2	朝阳区	5 635.5	15.07
3	西城区	3 920.7	32.14
4	东城区	2 247.2	26.41
5	大兴区	2 011.0	11.42
6	顺义区	1 715.9	15.21
7	丰台区	1 427.5	6.53
8	昌平区	839.7	4.07
9	通州区	758.0	5.03
10	房山区	681.7	5.91
11	石景山区	535.4	8.75
12	怀柔区	285.8	7.06
13	密云区	278.2	5.68
14	平谷区	233.6	5.21
15	门头沟区	174.4	5.42
16	延庆区	136.2	4.01
	北京市	26 823.6	12.91

（二）产业结构向第三产业主导转变，但发展水平和质量较低

通州区第三产业比重不断上升，逐渐占据主导地位。2017 年，通州三次产业比例为 2.12：47.46：50.42。在第三产业中，房地产业在通州区占据主导地位，占第三产业比重为 25.80%。金融业和教育也占据了重要地位。居民服务、修理和其他服务业，信息传输、软件和信息技术服务业，以及文化、体育和娱乐业等产业发展水平较低（表 7-11）。

表 7-11 2017 年通州区第三产业分行业产值及比重

排名	第三产业	产值/亿元	占第三产业比重/%
1	房地产业	98.5	25.80
2	金融业	55.5	14.54
3	教育	50.2	13.15
4	批发和零售业	49.0	12.83
5	公共管理、社会保障和社会组织	33.4	8.75
6	卫生和社会工作	28.5	7.46
7	科学研究和技术服务业	19.6	5.13
8	交通运输、仓储和邮政业	11.0	2.88
9	租赁与商务服务业	8.9	2.33
10	水利、环境和公共设施管理业	8.5	2.23
11	住宿和餐饮业	8.4	2.20
12	居民服务、修理和其他服务业	6.8	1.78
13	信息传输、软件和信息技术服务业	1.8	0.47
14	文化、体育和娱乐业	1.7	0.45
	第三产业产值	381.8	100.00

资料来源：《北京区域统计年鉴 2018》

（三）创新资源和创新投入有限，制约科技创新发展

城市副中心的创新要素集聚能力相当薄弱，距离中关村、望京、亦庄等成熟创新集聚区还有较大差距。从创新投入来看，2017 年通州区规模以上工业企业研发经费支出为 9.4 亿元，占北京工业企业研发经费总支出比重为 3.49%，在北京 16 区中排名第 7；从创新产出来看，2017 年通州区专利申请数量为 5742 件，占北京专利总数量比重为 3.09%，在北京 16 区中排名第 9

（表 7-12）。目前，通州区创新资源集聚能力远远没有达到城市副中心建设的要求。未来，产业发展需要由一般要素驱动逐渐向以技术与知识为主的创新驱动转化。一般要素驱动型经济增长方式最终会由于物质资本的边际收益递减而不能持续，创新驱动不仅可以通过激发创新能力拉动经济增长，实现经济发展方式的转型升级，还可能由于各地区创新能力不同而影响到经济发展的速度与后劲，进而对地区间的经济发展差距产生影响。由此可知，城市副中心还需增强创新资源集聚，实现创新驱动型经济增长。

表 7-12　2017 年北京各区规模以上工业企业研发经费支出和专利申请数量

地区	研发经费支出/亿元	排名	专利申请数量/件	排名
东城区	1.6	14	9 903	7
西城区	2.8	11	15 258	3
朝阳区	13.4	6	34 030	2
丰台区	13.8	5	11 297	4
石景山区	3.4	10	4 020	11
海淀区	77.2	1	68 313	1
门头沟区	2.6	12	755	15
房山区	4.4	9	5 091	10
通州区	9.4	7	5 742	9
顺义区	29.3	4	6 064	8
昌平区	29.6	3	10 923	6
大兴区	71.0	2	11 087	5
怀柔区	6.0	8	1 381	12
平谷区	1.3	16	856	14
密云区	1.8	13	870	13
延庆区	1.5	15	309	16

资料来源：《北京区域统计年鉴 2018》

同时，城市副中心缺乏科研机构、重点高等院校和相关创新人才的支撑。在高等院校和科研机构方面，城市副中心范围内缺少高层次的大学和科研机构，现有大学多是一些专科院校（李国平，2019）。虽然城市副中心积极引进多所高等院校和科研机构，并签署了相关协议，但是真正完成搬迁和设立分校的高等院校数量有限。在创新人才方面，城市副中心缺乏专业管理人才与高层次产业人才，加之城市副中心目前配套服务设施水平较低，难以吸引高层次人才入驻。科研机构、大型高等院校和高端人才等创新要素的稀缺，导致城市副中心区域内创新基础相对薄弱，制约了产业的创新发展和高端发展。城市副中心要实现产业升级，要走高端产业路线，亟须补上创新资源和创新要素匮乏的短板。

（四）职住不平衡导致出现交通通勤压力巨大与宜居发展的矛盾

城市副中心及其毗邻的北三县职住分离特征显著，这种职住不平衡的问题首先引发交通通勤问题，进而引发环境污染、住房紧张等一系列问题。这显然与打造城市副中心成为生态宜居的一翼相矛盾。依照对通州区产业结构和发展现状的判断，通州区目前主要承担着以居住功能为核心、以生活型服务业为主的城市功能。这表明，通州区的发展已表现出明显的“卧城化”迹象。为了判断通州区的“卧城化”程度，在此测算了 2013 年北京各区的就业-居住比[①]（图 7-3）。2013 年，通州区就业-居住比为 0.59，就业岗位明显不能满足本地就业人口，就业岗位供给不足。中心城区过度集中了产业活动，通州区房地产产业发展迅速但产业活动集聚能力不足，造成目前北京人口-产业分布的空间错位，使得通州区发展出现明显的“卧城化”倾向。

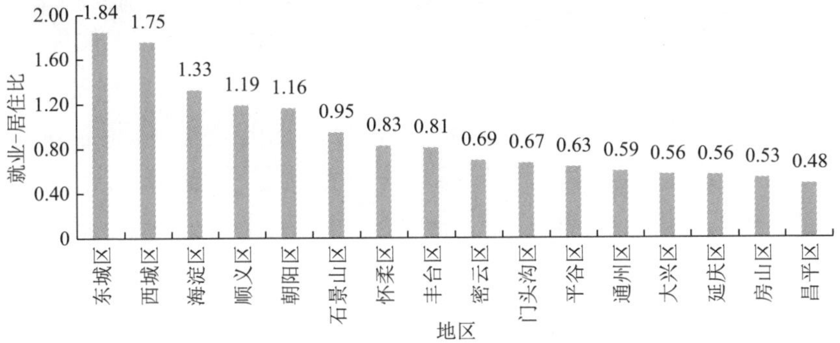

图 7-3 2013 年北京各地区就业-居住比

① 塞韦罗（Cervero）提出的就业-居住比（jobs-housing ratio，JHR）可分析区（县）就业岗位和就业人口的匹配关系（Cervero，1989），反映各区（县）人口居住-就业的平衡性。计算公式为各区域就业人口比重与居住人口比重之比。塞韦罗提出，就业-居住比在 0.8～1.2 的地区属于人口居住-就业平衡区，即该地区就业人口与就业岗位基本匹配，就业-居住比大于 1.2 表示该地区就业岗位数量相比于就业人口较大，即就业岗位富余，就业-居住比小于 0.8 表示该地区就业岗位数量相比于就业人口较小，即就业岗位供给不足。2013 年就业人口数据来自北京市第三次全国经济普查数据，居住人口数据来自北京市统计局的常住人口数据。

从通州区内部来看，就业-居住不平衡状况同样存在①（图 7-4）。特别地，就业-居住比比较低的四个乡镇（街道）中，北苑街道、梨园镇、永顺镇都是通州区的城区部分和紧邻北京中心城区的部分。换句话说，居住在通州城区的居民主要不在本地就业而大多前往中心城区就业，职住不平衡特征明显。

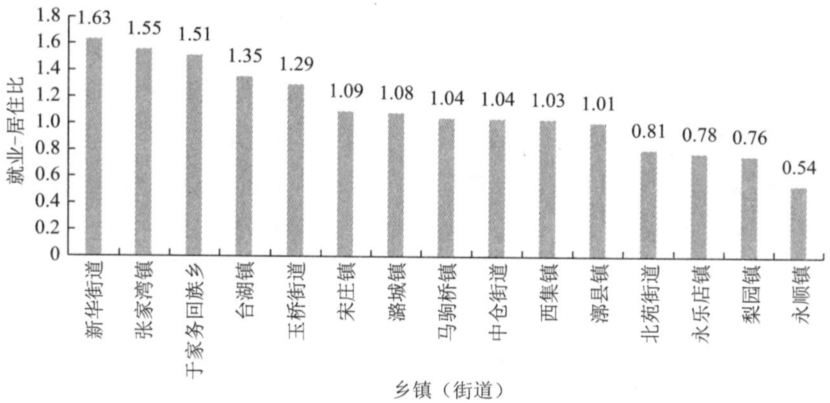

图 7-4　2010 年通州区就业-居住比

与此同时，北三县特别是邻近北京的燕郊等地“卧城化”现象严重。三河、大厂、香河三地距离北京中心城区 30～40 公里，距离城市副中心 10～20 公里，相对北京部分远郊区来说具有距离中心城区更近的区位优势。一方面，北京物价水平、生活成本，特别是房价水平（包括购房价格和租房价格）较高，迫使北京就业人口在远离城市中心的外围地区居住，从而形成“推力”；另一方面，面对北京经济社会发展巨大的势能，北三县通过在土地审批、公共设施建设等方面给予便利政策，进而推动住房建设，吸引在京工作就业人口的居住。由于北三县住房价格、生活成本等方面具有吸引力，大量在京就业人口选择在北三县居住，从而形成“吸力”。在“推力”和“拉力”的共同作用下，北三县特别是靠近北京的地区成为名副其实的“卧城”。

城市副中心、北三县都有不同程度的“卧城化”现象，究其原因如下：一方面，家庭成员就业单位的分散，以及城市规划中居住区和就业区的功能分区导致的职住分离，这种不可避免的情形在任何城市都存在，但可以控制在一定的合理范围内；另一方面，朝阳区、通州区等北京各区的高工资、高房价导致就业集聚化和居住分散化，而北三县的低房价、低工资则导致居住

① 居住人口数据来自 2010 年第六次全国人口普查数据，就业数据来自北京市第二次全国经济普查（2008 年底）和北京市第三次全国经济普查（2013 年底）就业人口的平均值。

的集聚化和就业的分散化，两者综合导致出现在北京就业、在北三县居住的职住分离现象，这种悬殊的“利差”和就业岗位差距导致的职住不平衡在一定程度上需要政策予以解决，正是这种难以避免的职住分离现象，引发了交通、住房、环境等方面一系列的问题。

（五）区域关系不明确与高质量发展的矛盾

区域关系不明确体现在以下两个层面：一是城市副中心概念使用的混淆。《北京城市总体规划（2016年—2035年）》明确指出，北京城市副中心规划范围为原通州新城规划建设区，总面积约155平方公里。然而，在实际使用中，政产学研各界还有部分人错误地将通州全域作为城市副中心。通州全域面积为906平方公里，约是北京城市副中心面积的6倍。城市副中心主要为通州域内的建成区域。空间尺度的混淆直接影响对城市副中心内涵的理解，特别是容易忽视城市副中心与通州全域关系的处理。二是通州区与周边地区（北三县、天津武清）虽然在空间上毗邻、经济上联系，却在行政上属于不同的省级行政单位。具体而言，北三县表现出极为明显的贴边发展特征，三河、大厂、香河、武清与通州交界的部分地区成为开发的热点区域，远高于各自市（区、县）内其他区域，包括三河的燕郊镇（对应通州宋庄镇）、香河的安平镇（对应通州漷县镇）、武清大王古庄镇（对应通州永乐店镇），这些区域凭借靠近北京的区位优势和交通优势，加强土地开发，相当一部分地区已经具备一定的产业基础。

区域关系不明确主要是因为跨界主体多元且缺乏协调机制。跨界利益主体的差异主要体现在数量与隶属关系上和行政等级差异上。一方面，通州、武清、北三县涉及相互毗邻的五个市（区、县）政府，而行政边界划定了地方政府权力的空间边界，造成每个市（区、县）都只会从自身利益出发，力争在经济发展中获取最大利益，从而形成了产业发展同质化严重、轨道交通缺乏连通、社会保险难以统筹、水电气热设施无法共享等现象。另一方面，京津冀交界地区的通州、武清、三河、香河、大厂行政等级差别显著，通州是国家首都的城市副中心，武清是直辖市天津的市辖区，三河、香河、大厂只是河北廊坊的行政区。行政等级的不对等同样导致京津冀交界地区缺乏能够代表毗邻各市（区、县）共同利益的协调主体。由于缺乏有效协调主体和机制，跨区顶层设计与规划管制缺位、跨区管控成本高昂、各方利益无法平衡，最终引发京津冀交界地区的无序开发、失衡发展。

第三节　“一核两翼”功能协调发展的理念、分工与重点

首都功能核心区、雄安新区与北京城市副中心构成“一核两翼”城市空间新布局，共同承担“都”与“城”的职能，协调布局首都功能与非首都功能，将城市功能疏解与承接结合起来。首都功能核心区是首都功能的核心空间载体，雄安新区和北京城市副中心是市域外和市域内的非首都功能承载地。“一核”与“两翼”相辅相成，通过分工与协作实现城市功能布局的进一步优化。

一、在协调理念上要把握好“都”与“城”的关系

北京作为我国首都，代表了祖国的伟大形象。作为首都，北京也和大多数首都城市一样因其强大的政治核心职能，引发和拓展了更加复杂、综合和强大的城市经济职能。“都”与“城”的关系一方面可以理解为首都功能和城市功能的关系；另一方面可以理解为主要承接首都功能的特定空间（就北京而言，就是包括东城区和西城区在内的首都功能核心区，即《北京城市总体规划（2016 年—2035 年）》中的“一核”）和承载城市功能的特定空间（包括北京全市域）的关系。北京作为首都需要把握好“都”与“城”的关系，“都”是核心，“城”是支撑，“城”的发展是为了更好地支撑“都”这一核心。北京作为首都，“四个服务”是其基本职责，应当始终坚持首都功能在城市中的核心地位。城市功能也是综合性首都不可或缺的重要功能，但其规模和结构必须服从于首都功能。作为城市功能更多的是应该强调发展质量和效益，退出不适合在北京发展的产业和功能，建立“高精尖”的城市经济和功能结构，在保持适度人口与城市经济规模的前提下获得高水平的创新发展。

为了更好地履行首都功能，处理好“都”与“城”的关系，北京必须高度重视“大城市病”问题。一方面是要疏解“一核”的非首都功能，另一方面应努力在市域乃至京津冀范围内打造多中心、网络化的空间格局（陈红霞，2018）。强化“一核”这一首都功能核心空间载体的地位，优先保障政治中心功能。“一核”应当首先服务于中央党政军领导机关，保障国家各项政务

活动的顺利运行。因此，必须加大力度疏解“一核”的人口和经济功能，腾出充裕的空间用于履行国家政治中心等首都功能。疏解包括“一核”在内的北京中心城区的非首都功能，这是一个北京城市功能布局结构不断优化的过程，更是落实京津冀协同发展战略的过程。

雄安新区和北京城市副中心是“城”，是首都功能核心区功能疏解的重要承载区。在“都”与“城”关系中，一方面，“城”支撑“都”的发展，分担“都”的压力；另一方面，“都”是重点，这意味着“城”必须服务于“都”，“城”的发展以“都”的要求为前提（冯健和钟奕纯，2018）。因此，不仅要明确“首都功能”高于“城市功能”的战略定位，还要在空间安排上优先保障“首都功能”，加大力度疏解非首都功能，特别是“一核”的非首都功能。“都”与“城”是一个整体，应当加强彼此之间的分工与协作，共同优化城市功能的空间布局。

二、在协调分工上要构建“一核两翼”功能分布新格局

（一）首都功能核心区是政治功能的集中载体

首都功能核心区、雄安新区与北京城市副中心共同构成“一核两翼”新格局。“一核”是首都功能的核心空间载体，雄安新区和北京城市副中心是市域外和市域内的非首都功能承载地。“一核”与“两翼”相辅相成，通过分工与协作共同提升优化首都功能。

首都功能核心区是我国中央机关所在地，文化积淀深厚、要素资源集聚、产业层次高。首都功能核心区承载着北京建设政治中心、文化中心的核心功能，是树立政务环境、商务环境、宜居环境建设和管理的典范，是疏解非首都功能的重点区域。为此，应当全力做好“四个服务”工作，展示历史文化名城的传统风貌，努力建设成为中央政务服务区和首都文化核心区。人口和功能过度集中的“过密”是首都功能核心区履行功能定位的主要矛盾所在，因此疏解“过密”的非首都功能和人口是当前最为重要且紧迫的任务。事实上，《北京城市总体规划（2016 年—2035 年）》要求首都功能核心区要强化控制和疏解常住人口，常住人口在 2014 年的基础上每年降低 2～3 个百分点，争取到 2020 年常住人口下降 15 个百分点左右。

（二）雄安新区打造高质量发展的创新城市

雄安新区在承接非首都功能，助力北京功能提升的同时，应当通过汇聚国内外的优质创新资源，打造国内领先的创新型城市（葛全胜等，2018）。

雄安新区在空间上相对独立，应当提高自身的科技创新能力，优先服务于应用型创新企业，实现具有独特优势的创新发展（杨开忠，2017）。首都功能核心区正在大力推进非首都功能疏解，大量的科技成果与研究机构将转移至雄安新区，未来雄安新区将集聚大量的创新要素（周民良，2018）。为了进一步推进雄安新区的创新驱动型发展，有必要在此建设一所高水平大学，并且设立部分北京内重点大学的分校。

将雄安新区规划建设成为一座以创新发展理念引领的现代新型城区，是京津冀协同发展的重要内容，也是雄安新区实现高质量发展的内在要求（李国平和宋昌耀，2018）。具体而言，在创新主体方面，雄安新区作为中国创新平台的新高地，创新活动主要依靠众多高质量的高等院校与科研机构作为主要的创新主体。在创新环节方面，雄安新区主要集中在基础研究创新环节，重在学科理论的发展与突破，目的是为科技研发提供原理和规则。在创新领域方面，雄安新区的创新活动应充分对接本地发展的产业类型。根据《河北雄安新区规划纲要》，雄安新区重点承接新一代信息技术产业、现代生命科学和生物技术产业、新材料产业、高端现代服务业、绿色生态农业等(图7-5)。

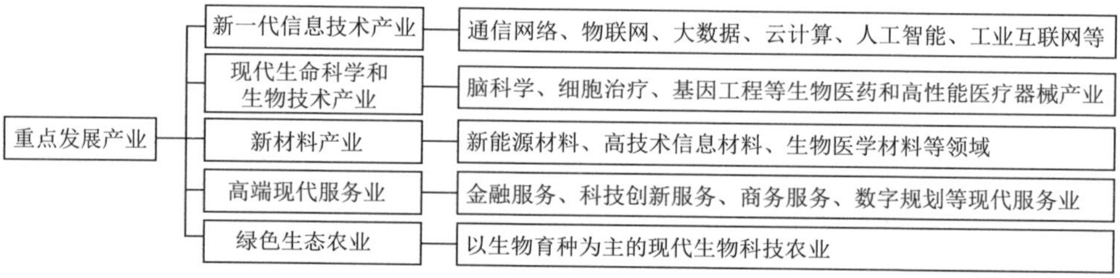

图7-5 雄安新区产业体系

（三）北京城市副中心建立具有全球影响力的现代产业体系

北京城市副中心依托155平方公里内的优势资源，建设高质量发展的“4+1”产业体系（图7-6），重点发展金融商务、公共服务、文化旅游、科技创新、高端生活性服务业，将155平方公里的核心区打造成通州全域的新增长极。

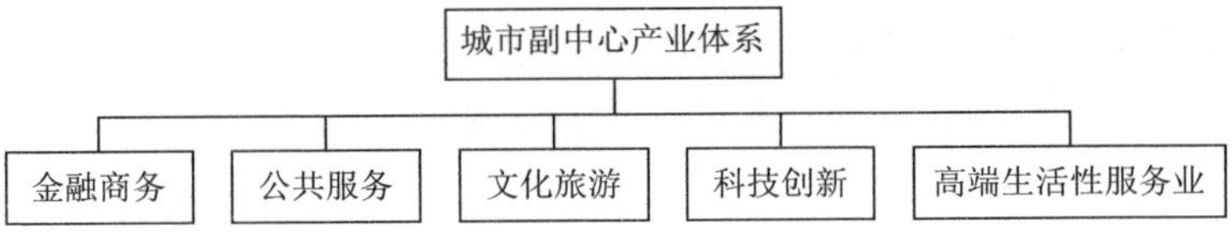

图 7-6　城市副中心“4+1”产业体系

城市副中心重点吸引国内外顶级的金融服务机构，通过提供全面的融投资、存储蓄、信贷、金融信息咨询等服务，努力建设成为首都地区金融产业新集聚区、金融服务次中心。积极发展金融总部经济，引导金融企业总部集聚。为金融服务业提供竞争和开放的环境，同时提升城市副中心内金融企业的数量和质量，鼓励金融企业拓展国际性业务，加深与国际企业的金融合作。聚集一批以高端智库、商务咨询为主要类型的智力企业，实现对接北京市人民政府的行政需求以及满足政府和企业的咨询服务需求。

集聚优质的教育、医疗、社会保障、环境保护机构，打造优质健全的公共服务中心，提供覆盖所有阶段的教育和学校，包括初高等教育和职业技术教育，利用好北京优质教育资源，吸引国际名牌院校到城市副中心合作办学。建设高水平的医疗服务机构，打造医务人员技术过硬、医疗设备先进、医疗环境一流的综合型医疗服务平台。设立体制机制健全完善的社会保障机构和环境保护机构，确保居民生存无忧、生活幸福。

依托大运河文化、北京环球影城主题乐园等打造一批文化产业集群，促进信息、旅游、表演、设计、会展等产业的全面发展。要提升大运河文化旅游节点的品质与品牌，大力吸引创意阶层，提高文化产业的发展潜力。同时，要依托北京环球影城主题乐园、宋庄镇等主要文化旅游节点，形成文化旅游产业集聚区，延长城市副中心文化旅游产业的产业链条。

围绕台湖镇、马驹桥镇创建中国“设计之都”示范基地，利用紧邻北京经济技术开发区的优势，培育高精尖产业科技研发创新平台，吸引优质科技研发企业助力光机电产业基地、金桥科技产业基地、物流基地等的发展。大力发展金融科技产业，促进金融、投资、科技之间的互动发展。

高质量、高标准、高起点地导入生活性服务业，打造高品质的美食街、休闲娱乐区等生活性服务业集聚区，社区建设中适当引进品牌性的服务机构，同时建设公益性的城市生活信息服务平台。在生活性服务业综合试点中，综合发展本地适宜的大众业态，保障居民消费的便利性和安全性（马亚西，2010）。

三、在协调重点上要打造北京功能疏解的集中承载地

（一）以服务首都功能、优化承接非首都功能为核心

首都兼有支配国家权力和城市的双重意义。首都是国家组织的要冲，是民族国家政治凝聚力和政治权利的中心，也是民族国家的象征。相比其他城市，首都一般具有特有的城市景观和形象，以展示其威严和大一统性。首都也因其强大的政治核心职能引发和拓展了更加复杂、综合和强大的城市经济和文化职能。北京作为我国首都，是国家形象的代表，“四个服务”是其基本职责。首都功能是北京的核心功能，城市的其他功能只是辅助和支撑（李伟和伍毅敏，2018）。在空间上，首都功能核心区是主要承接首都功能的特定空间，雄安新区与北京城市副中心是承载城市功能及其疏解的特定空间。应当增强三地的分工与协作，强化北京的首都功能建设，努力实现国家“两个一百年”的奋斗目标。因此，雄安新区和北京城市副中心是服务首都功能的重要支撑。

为了进一步优化城市功能布局，破解“大城市病”的难题，一方面要疏解首都功能核心区的非首都功能，另一方面要努力打造服务于京津冀乃至全国的多中心、网络化格局。从国际经验来看，跳出“主中心”从而实现多中心发展是国际大都市的普遍做法。因此，需要在更大的空间尺度上，重新配置首都职能，实现北京过度集中的城市经济功能的合理分散。《京津冀协同发展规划纲要》明确提出，把有序疏解非首都功能、优化提升首都核心功能、解决北京“大城市病”问题作为京津冀协同发展的首要任务。

（二）渐次推进首都功能疏解

首都功能疏解应当渐次有序进行，综合利用集中疏解与分散疏解两种疏解方式。部分功能疏解至市域范围内首都功能核心区以外的区域，另一部分功能疏解至市域范围外的区域。城市副中心是符合首都城市功能定位的市域内疏解承载地，雄安新区是北京市域外疏解的集中承载地。“两翼”将分工协作，共同优化北京的城市空间格局。

从疏散距离来看，首都疏解部分产业功能，特别是将中心城区过度集中的产业功能向远郊区及津冀地区转移（市域转移与区域转移），应遵循“由近及远”的原则，在距离城市中心 20 公里以内的中心城区，重点发展金融、商务、科技研发等高端服务业，促进一般服务业的国际化和高端化；在距离

城市中心 20～80 公里的城市外围地区（郊区）重点发展高端制造的研发环节和部分智能制造，以及高等教育、高端医疗、旅游文化创意、现代物流等服务业；在距离城市中心 80～300 公里的首都周边地区，集中发展高端制造、部分一般制造、区域性物流等产业。

从疏散功能内容来看，关停、转移区域性商品交易市场，补足为本地居民服务的菜市场、社区便民服务等设施；疏解大型医疗机构，适当转移至城市外围地区；促进王府井、西单、前门等传统商业区的优化升级，引导其向高品质、综合化方向发展，突出文化特征与地方特色；推动历史文化街区的有机更新，促进传统平房区人口的有序迁移。

（三）雄安新区为非首都功能的市域外疏解承载地

北京作为首都，具有特殊的政治地位和经济资源支配能力，人口和经济功能向北京集聚导致人口数量和城市经济总量快速增长，虽然带来了明显的规模效益，但也造成了房价过高、交通拥堵、环境恶化、管理难度增大等“大城市病”问题。为了进一步优化城市功能布局结构，京津冀明确了以“一核、双城、三轴、四区、多节点”为骨架，推动有序疏解北京的非首都功能，形成“一核两翼”的非首都功能集中疏解带。在这一过程中，雄安新区成为北京非首都功能的市域外疏解承载地（孟广文等，2017）。在综合考虑自身发展条件的基础上，雄安新区确定了以著名高等院校分院、国家重点实验室、工程研究中心、高端医疗机构、金融机构总部及分支机构、高端服务业机构、高水平中小学、医疗健康机构等为主的承接任务。

雄安新区承接北京非首都功能具有定位高、覆盖面广、综合性强的特点（图 7-7）。教育科研机构以著名高等院校分院、国家重点实验室为主。医疗健康机构以高端医疗机构的分院为主。行政办公以中央部委及事业单位为主。金融机构以银行、保险、证券等金融机构的分支机构为主。高端服务业以软

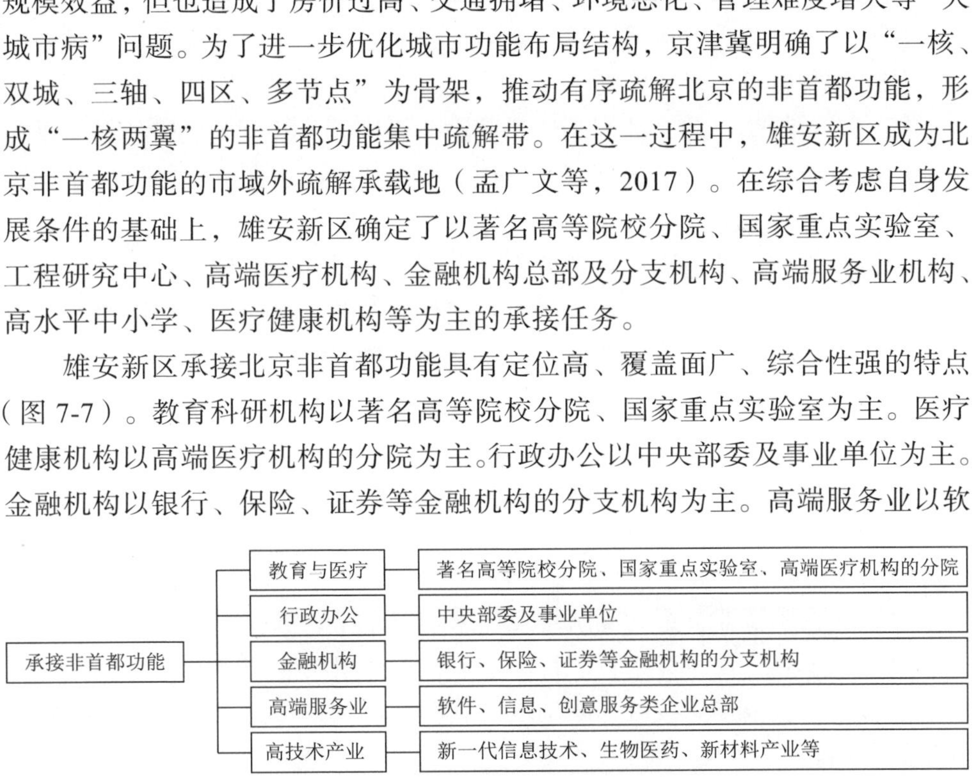

图 7-7　雄安新区承接的非首都功能

件、信息、创意服务类企业总部为主。高技术产业以新一代信息技术、生物医药、新材料产业为主（彭建等，2018）。

雄安新区承接北京非首都功能疏解至少需要明确承接重点的时序和承接方式。承接时序是指承接的诸多产业和机构的优先次序，这对于雄安新区有序、协调发展具有重要意义。承接方式是指通过何种方式和机制承接相应的产业与机构，因业制宜、具体问题具体分析有助于实现北京非首都功能疏解和雄安新区承接转移的无缝对接。

1. 承接时序

第一，按照最大限度地吸引北京产业、机构和人口的原则，雄安新区在规划建设基础设施、绿化环境的同时，应当首先疏解和承接行政性、事业性服务机构和企业总部等。因为这些组织作为政府的隶属部门或者管辖机构，其动员、组织和工作安排由政府主导。它们虽然包含的人口少，但其向雄安新区的疏解不仅能向社会展示政府建设雄安新区的决心，还能吸引其他服务型机构在此形成集聚。因此，雄安新区应当积极承接企业总部等，这对于吸引其他机构具有重要的示范意义。

第二，承接来自北京的高品质公共服务机构。公共服务机构具有产业和事业的双重属性，一方面，其事业属性表明优质公共服务资源是城市品质的象征，有助于吸引人口尤其是高端人才的集聚；另一方面，其产业属性有助于增加社会就业，使流动人口在此定居，增强城市的人才储备。

第三，承接高端的生产性服务业和现代服务业。高端的生产性服务业和现代服务业部门是提升雄安新区发展质量的关键,然而其对城市的区位条件、市场环境都有较高要求。因此，雄安新区应在软硬基础设施相对完善、公共服务相对健全、交通条件相对发达后，再承接包括金融服务业、科技服务业等在内的高端生产性服务业和现代服务业。

2. 承接方式

雄安新区承接非首都功能疏解可以采用以下模式。

第一，政区建设。对于行政性、事业性服务机构和企业总部等，雄安新区应当着力建设政务承载区，明确规划其所在区域，努力实现土地资源的高效集约利用。

第二，托管合作。对于教育、医疗、培训等社会公共服务功能，雄安新区应当结合本地的公共服务现状，采用整体托管、联合经营等方式承接北京优质公共服务资源的市域外疏解。

第三，筑巢引凤。对于高端生产性服务业和现代服务业，雄安新区应当不断提升城市品质，提高行政办事效率，优化营商环境，特别是在税收、社会保障等公共政策方面给予一定的优惠，带动企业的集聚与累积发展。

（四）北京城市副中心为符合首都城市功能定位的市域内疏解承载地

城市副中心是符合首都城市功能定位的市域内疏解承载地，所承接的功能仍然要符合北京“四个中心”定位和高精尖产业发展方向。城市副中心的定位为“和谐宜居之都示范区、新型城镇化示范区、京津冀区域协同发展示范区”，同时还具有毗邻朝阳区的独特区位优势，因此城市副中心的承接任务集中在人口、市级党政机关、市属行政事业单位、综合性医疗机构、部分公共服务功能等领域（赵弘，2009）。

北京城市副中心的功能定位与雄安新区形成了优势互补。一方面，城市副中心可以承载部分人口与产业疏解，有效缓解过快发展带来的“大城市病”。作为北京市域的一部分，城市副中心是承接符合首都城市功能定位的产业与人口转移的首要地区，应当具备满足当地企业与人口日常生产生活的综合功能。另一方面，城市副中心能形成城市的新增长极，优化城市空间的多中心格局。城市副中心不仅要具备一定的首都功能，还要能放大首都功能，要有足够的政治影响力、深厚的文化底蕴、充分的开放环境、敏锐的创新能力。

城市副中心的建设既要承接北京公共行政功能疏解，又要建立功能完备、品质优良的公共服务体系和宜居宜业环境，以服务行政机构的外迁，吸引外迁就业人口的居住，努力建设成为集“公共行政、现代商务、文化休闲、医疗教育、生态宜居”于一体的功能完备的现代化、国际化副中心城市（郑瑞芳，2017）。

第四节 落实“一核两翼”功能定位的保障措施

落实首都功能核心区与雄安新区、北京城市副中心功能协调发展，需要明确三地的功能定位，在合理分工的基础上开展交流与合作。雄安新区和北京城市副中心都是首都功能核心区的非首都功能疏解承载地，分别承担市域内疏解与市域外疏解的职责，在本质上与首都功能核心区之间是疏解与双承接的关系。因此，必须建立健全相关支撑体系，共同谋划、提前规划、优先布局，打破制约三地人才、信息、技术等要素流动的体制机制壁垒，完善组织领导、区域规划、共享机制等保障措施，确保疏解政策和承接项目落到实处。

一、完善组织机构管理

（1）加强组织领导

建议在京津冀协同发展领导小组下设立办事机构，具体负责首都功能核心区、雄安新区、北京城市副中心的功能协调工作，落实中央和京津冀关于“一核两翼”协同发展的决策，编制协同发展与建设规划，完善协同政策体系，推动重大项目建设。各级领导部门都应予以高度重视，从组织管理层面加强对三地功能协调工作的指导。

（2）加强示范引导

统筹考虑首都功能核心区、雄安新区与北京城市副中心的经济发展水平、资源分布等区位条件，因地制宜地开展相关工作。依据各地不同的发展阶段和发展需求，采取针对性的政策措施，积极推进三地功能协调工作的落实，推动各类功能疏解工作有序开展。分解落实所需配套政策措施的制定任务，确定试点示范项目，落实具体承担部门，尽早颁布实施；保障试点示范项目所需资金和土地；各地工商、税务等部门要加大“放管服”改革力度，提高审批效率；相关部门要搭建风险投资、私募股权投资等基金管理平台，完善资金支持；充分发挥行业组织在行业指导、管理、自律等方面的作用，增强示范带动效应。

二、实现交通体系互联

根据京津冀协同发展重大国家战略的要求，交通一体化是三个率先突破的重点领域之一。交通体系的互联互通能够为首都功能核心区、雄安新区与北京城市副中心的产业疏解与转移创造良好的交通条件，为三地功能协调发展提供有力的支撑。

加强“一核两翼”规划区域的交通互联。作为疏解非首都功能的重要承载地，北京城市副中心在城市规划建设中，需充分考虑、高度重视其交通设施的建设与合理布局，构建与城市副中心定位相匹配的现代化综合交通运输体系。一要发挥轨道交通的作用。完善城市副中心与首都功能核心区及周边区域的轨道连接，推动 S6 线、M7 线东延等轨道交通建设，加快京唐、京滨城际铁路建设，引导城市沿轨道走廊有序地发展。二要进一步完善现有的交通体系。进一步优化城市副中心路网布局，探索建设快速环路和主要道路建设，优化东六环路、东部发展带联络线、京哈高速等道路功能，同时推动新北京东站、北苑等客运枢纽建设，助力形成与城市功能区紧密结合的、面向京津冀的多层次交通枢纽体系①。

加强雄安新区与北京的交通直通直达。雄安新区和北京双方应共同争取国家有关单位的支持，将交通一体化作为先行领域，推动北京和雄安新区直通直达的高速公路新通道和线路建设，全面提速北京与雄安新区之间的高速铁路、城际铁路和高速公路。随着交通网络建设的逐步深入，雄安新区将实现与北京的互联互通，雄安新区将成为京津冀交通一体化体系的重要节点，两地的联系将更加顺畅高效，同城化发展态势也将逐渐形成（程必定等，2017）。

三、健全人才流动体系

经济社会发展的根本性战略资源在于人才，首都功能核心区、北京城市副中心和雄安新区要想实现功能协调发展、促进经济高质量稳健增长，优化区域人力资源结构、健全人才流动体系是其头等大事。

优化人才队伍的建设，可以通过实施京津冀人才圈建设工程。一方面，促进高端人才集聚和跨区域就业。在政府规划的综合示范区、产业试点项目、服务机构试点项目就业的人才，根据地区间收入差距，由城市副中心、雄安新区财政统筹资金，给予异地工作津贴，并以开办分校、联合办学、远程教育、教师轮岗等多种方式协同培养各类人才。另一方面，完善跨区域人才服务网络。建立京津冀专家库，与三地的人才服务机构、社会组织、青年联合会合作，积极举办人才招聘、研讨会、论坛等活动，搭建高层次人才交流共享平台，为区域内的人才流动提供良好的环境。

加强三地的人才交流与合作是健全人才流动体系建设的核心要义。通过

---

①《北京市“十三五”时期交通发展建设规划》。

加强雄安新区、北京城市副中心与首都功能核心区的科研机构和高等院校的合作交流，以企业或公司为产业化主体，大力吸引著名高等院校、科研机构、跨国企业纷至沓来，携手共同建设紧密型、松散型等多种形式的创新平台新模式，有选择地培育和捆绑式地引进一批科技创业领军人才、学科带头人和研究开发骨干，为人才集聚提供牢固的基础条件支持和完善的公共服务平台。同时，积极争取产业高端人才引进政策向北京城市副中心和雄安新区倾斜，吸引一批国内外顶尖科学家和一流专业技术人才，参与雄安新区、北京城市副中心的基础研究、前沿研究、重大科技基础设施建设。

四、严格遵守生态红线

明确湖泊红线、耕地红线、生态红线，维护生态安全的“生命线”、公众健康的“保障线”、可持续发展的“警戒线”。在雄安新区和北京城市副中心的开发建设中，两地应始终严格遵守向国家报批的建设规划，不占用两地原有的生态资源，坚持在不损害生态功能定位、不占有生态空间的前提下，合理利用、开发区域资源，把自然资源和人为环境有效地融为一体，使生态环境在得到保护的同时，发挥巨大的生态效益，实现经济建设和生态保护双赢。

在此基础上，统筹安排城市发展用地，创新优化产业用地供给政策，引导土地供应的合理化、精准化和集约化转型。雄安新区与北京城市副中心都承担着改革先行先试的重任，土地供给模式选择可以针对不同行业、不同类型产业项目的特点，推行弹性年期出让、租赁、使用标准厂房等多种用地方式。对于重大服务业产业化项目用地，可将产业主管部门提出的产业条件纳入土地出让方案，可按宗地评估价合理确定土地出让起始价。同时，每年还应安排一定的增减挂钩指标，用于解决扶贫开发和生态搬迁区域等特殊项目的立项与资金投入问题。

五、提高公共服务质量

目前，首都功能核心区的公共服务质量远高于雄安新区和北京城市副中心，三地的公共服务水平差异较大，应进一步加强公共服务领域的协同建设，建立健全服务支撑体系。

北京城市副中心的教育、医疗、休闲娱乐等公共服务设施相对较缺乏，特别是高质量和高端的服务项目较少，应与首都功能核心区的公共服务积极对接。在教育服务方面，推动优质教育资源向城市副中心辐射。通过集团化办学培育本地的优质中小学校，并借力引入区外名校，推动北京第一实验小学、北京市东城区和平里第四小学、北京市第八中学、北京市第十二中学、北京陈经纶中学等多所优质学校与城市副中心的中小学建立合作关系，共享课程资源、学科教研等资源。同时，吸引一批区外名校直接在城市副中心落户，目前中国人民大学附属中学、首都师范大学附属中学、北京理工大学附属中学 3 所学校已入驻通州区。在医疗服务方面，积极推动北京中医药大学东直门医院通州院区、首都医科大学附属北京安贞医院通州院区、首都儿科研究所通州院区等项目落实到位，切实提高了城市副中心整体医疗卫生服务水平。

雄安新区建设尚处于起步阶段，公共服务水平相对薄弱，应进一步推动北京优质公共服务资源向雄安新区布局。在教育服务方面，积极引进北京的优质教育资源，不断创新幼儿园、中小学的办学模式，创建一批高水平的示范学校。北京采取“交钥匙”的方式在雄安新区投资建设，建成后可委托北京具有先进管理经验和教育理念的教育集团进行管理。动员北京优质幼儿园、中小学支持雄安新区相关学校办学。在医疗服务方面，引进北京、天津以及国内外优质医疗资源，兴建集临床服务、医学科研和医疗教育为一体的大型医疗综合体等。

参 考 文 献

陈红霞，2018. 北京市生产性服务业空间分布与集聚特征的演变[J]. 经济地理，38（5）：108-116.
陈佳贵，2012.中国工业化进程报告（1995～2010）[M]. 北京：社会科学文献出版社.
程必定，郝寿义，陈耀，等，2017. 雄安新区与中国区域协调发展[J]. 区域经济评论，（5）：26-38.
冯健，钟奕纯，2018. 北京社会空间重构（2000-2010）[J]. 地理学报，73（4）：711-737.
葛全胜，董晓峰，毛其智，等，2018. 雄安新区：如何建成生态与创新之都[J]. 地理研究，37（5）：849-869.
李国平，2018.京津冀科技协同创新与雄安新区的示范引领[J]. 金融理论探索，（4）：8-11.
李国平，2019. 增强城市副中心科技创新功能[J]. 前线，（5）：61-63.
李国平，等，2019. 2019 京津冀协同发展报告[M]. 北京：科学出版社.
李国平，宋昌耀，2018. 雄安新区高质量发展的战略选择[J]. 改革，（4）：47-56.

李国平，宋昌耀，2019. 京津冀区域空间结构优化策略研究[J]. 河北学刊，39(1)：137-145.
李琬，孙斌栋，刘倩倩，等，2018. 中国市域空间结构的特征及其影响因素[J]. 地理科学，38（5）：672-680.
李伟，伍毅敏，2018. 以世界城市为鉴，论北京都市圈空间发展战略[J]. 北京规划建设，（1）：9-14.
马亚西，2010. 东京、巴黎打造城市副中心为北京建设世界城市提供的借鉴[J]. 北京规划建设，（6）：46-47.
孟广文，金凤君，李国平，等，2017. 雄安新区：地理学面临的机遇与挑战[J]. 地理研究，36（6）：1003-1013.
彭建，李慧蕾，刘焱序，等，2018. 雄安新区生态安全格局识别与优化策略[J]. 地理学报，73（4）：701-710.
杨开忠，2017. 雄安新区规划建设要处理好的几个重要关系[J]. 经济学动态，（7）：8-10.
赵弘，2009. 论北京城市副中心建设[J]. 城市问题，（5）：36-40.
郑瑞芳，2017. 北京建设通州城市副中心的国际比较与启示[J]. 中国统计，（3）：7-9.
周民良，2018. 雄安新区建设应体现四大创新指向[J]. 经济纵横，（7）：35-41.
Cervero R, 1989. Jobs-housing balancing and regional mobility[J]. Journal of the American Planning Association, 55(2): 136-150.

8 第八章 大国首都比较研究

北京是一个复合功能型的大国首都，其在历史发展过程中曾积累了大量工业，后又在新中国建设及改革开放过程中吸引了大量人口。人口的聚集不仅为经济发展提供了支撑，使得北京成为全国经济发展水平最高的几个城市之一，也给城市治理带来了很多挑战。在北京建设成为世界一流大国首都的进程中，通过与世界上其他大国首都进行广泛比较，一方面能够从现状角度静态地分析北京现阶段城市发展的不足之处，另一方面能够从历史的角度动态地探寻适合北京城市建设的国际经验。

第一节 首都总体排名比较

一、GaWC 排名中北京排位的演进

全球化与世界级城市研究网络（Globalization and World Cities Research Network，GaWC）发布的《世界级城市名册》（*The World According to GaWC*）

是国际上城市研究领域在城市等级测定方面最为权威的统计报告。它以英国拉夫堡大学为基地，自1999年就开始尝试为世界级城市定义和分类，此后发布了全球第一个系统、权威的世界城市体系排名。GaWC所使用的测评指标是多方面的，包含国际化程度/国际影响力、人口、交通/国际交通、投资/国际金融、基础设施、文化、媒体、体育等各个领域。依据这些指标，GaWC将全球300余个主要城市划分为四个等级：Alpha、Beta、Gamma、Sufficiency，相当于我们常说的一线城市、二线城市、三线城市、四线城市，并在每一类的基础上用“+”、“–”进一步划分层次，这样就在每一个等级之下又形成了三个层次。此外，还在Alpha+等级之上另设了Alpha++一层，一般可将其理解为全球顶级城市。自1999年提出指标体系后，GaWC于2000年发布了第一份报告，此后保持着每2～4年更新一次追踪报告的频率。最新一期的数据于2018年11月发布，至此共有7期报告。2018年世界城市排名中的Alpha级别城市名单如表8-1所示。

表8-1　2018年世界城市排名中的Alpha级别城市

Alpha++	Alpha+	Alpha		Alpha–	
伦敦	香港	米兰	孟买	阿姆斯特丹	波哥大
纽约	北京	芝加哥	迈阿密	斯德哥尔摩	马尼拉
	新加坡	莫斯科	布鲁塞尔	旧金山	华盛顿特区
	上海	多伦多	台北	新德里	布拉格
	悉尼	圣保罗	广州	圣地亚哥	慕尼黑
	巴黎	法兰克福	布宜诺斯艾利斯	约翰内斯堡	罗马
	迪拜	洛杉矶	苏黎世	都柏林	利雅得
	东京	马德里	华沙	维也纳	布达佩斯
		墨西哥城	伊斯坦布尔	蒙特利尔	休斯敦
		吉隆坡	曼谷	里斯本	深圳
		首尔	墨尔本	巴塞罗那	
		雅加达		卢森堡	

注：排名区分先后；表格仅摘录Alpha级别城市名单，完整表格可查阅*The World According to GaWC*，网址为https://www.lboro.ac.uk/gawc/world2018t.html[2019-10-17]

摘录GaWC历次报告中Alpha++与Alpha+级别的城市，并统计北京在历次报告中的位次，如表8-2和表8-3所示。

表 8-2　GaWC 历次报告中 Alpha++与 Alpha+级别城市排名

分级	排名	2000 年	2004 年	2008 年	2010 年	2012 年	2016 年	2018 年
Alpha++	1	伦敦	伦敦	伦敦	伦敦	伦敦	伦敦	伦敦
	2	纽约	纽约	纽约	纽约	纽约	纽约	纽约
Alpha+	3	香港	香港	香港	香港	香港	新加坡	香港
	4	巴黎	巴黎	巴黎	巴黎	巴黎	香港	北京
	5	东京	东京	新加坡	新加坡	新加坡	巴黎	新加坡
	6	新加坡	新加坡	东京	东京	上海	北京	上海
	7			悉尼	上海	东京	东京	悉尼
	8			米兰	芝加哥	北京	迪拜	巴黎
	9			上海	迪拜	悉尼	上海	迪拜
	10			北京	悉尼	迪拜		东京

资料来源：*The World According to GaWC*

表 8-3　GaWC 历次报告中北京的位次变化

项目	2000 年	2004 年	2008 年	2010 年	2012 年	2016 年	2018 年
分级	Beta+	Alpha–	Alpha+	Alpha	Alpha+	Alpha+	Alpha+
排名	36	22	10	12	8	6	4

资料来源：*The World According to GaWC*

2000～2018 年，伦敦和纽约始终牢牢垄断着全球两大顶级城市（Alpha++）的位置，一线强市（Alpha+）的变动并不大，原来排在第 3～5 名的香港、巴黎、东京近些年排名均有所下降，米兰则逐渐退出了一线强市的行列，而亚洲地区的新加坡、北京展现出了较强的上升势头。在前 10 名的城市中，北京 2000～2018 年的进展尤为亮眼，城市发展进程格外突出，从二线强市（Beta+）稳步跨越三个层次提升为一线强市（Alpha+），并在 2016 年超过上海成为我国内地综合排名最强的城市和一线强市（Alpha+）中的“领头羊”，无愧于大国首都的地位。

二、其他排名北京位次梳理

除了 GaWC 的《世界级城市名册》之外，最近几年各类研究机构越来越多地开始尝试对城市进行系统性的排名比较，虽然在指标体系的选择上难如 GaWC 一样完善，但也从各自侧重的领域为城市排名提供了重要参考。在这些研究中，北京的排名虽并不总是十分稳定，但整体呈现出较好的上升态势，表现出了较强的实力和发展潜力，具体排名大多数时候在第 10～20 名。这些研究即便不如 GaWC 一样乐观地认为北京已进入全球前十大城市的行列，但总体上表明北京已步入全球一流的国际化大都市阵营。

若从上述研究中挑选出中国城市进行对比，除上海在个别排名中略有领先外，北京已当之无愧地成为中国内地排名最靠前的城市，且相较排名靠后的城市而言领先优势愈加明显（表 8-4）。

表 8-4　不同研究中的中国城市排名情况

西班牙 IESE 商学院	日本森纪念财团	科尔尼（a）	科尔尼（b）	《外国直接投资情报》	普华永道
香港（9）	香港（9）	香港（5）	北京（47）	上海（4）	香港（9）
上海（57）	北京（13）	北京（9）	深圳（52）	香港（6）	北京（19）
北京（78）	上海（15）	上海（19）	香港（54）	北京（12）	上海（21）
广州（109）	台北（36）	台北（45）	苏州（55）	天津	
深圳（115）		广州（71）	南京（56）	广州	

注：城市名称后括号中的数值为城市排名。表头处以作者机构名指代研究、报告名称，其对应关系如下：西班牙 IESE 商学院（IESE Business School），*IESE Cities in Motion Index 2018*；日本森纪念财团（Mori Memorial Foundation），*Global Power City Index 2017*；科尔尼（A.T. Kearney）（a），《2018 年全球城市指数报告（中文版）》之“全球城市排名”；科尔尼（A.T. Kearney）（b），《2018 年全球城市指数报告（中文版）》之“全球城市潜力排名”；《外国直接投资情报》杂志社（fDi Intelligence），*Global Cities of the Future 2016/17*；普华永道（pwc），《机遇之城 2018》。《外国直接投资情报》杂志社的研究结果仅给出了前 25 名城市的具体名次，天津、广州因排名相对靠后，仅有排名顺序，无具体名次发布

北京经过几十年的发展，已经基本步入全球顶尖城市的行列，成为一个重要的世界城市，具有一定的全球竞争力，在全国层面已确立了优势地位。但是也应看到，在全球排名中北京的位次并不稳定。一些历史上长期领先的欧美大城市，其优势依然明显，发展势头保持强劲；而与北京排名同属一个梯队的次一级城市之间的竞争愈发激烈。在各机构的排名中，伦敦、纽约、巴黎大多稳居前三名，柏林、新加坡、东京、洛杉矶等城市也有向前进一步冲击的实力，此后的若干城市在各排名中位次并不十分统一，主要包括芝加哥、悉尼、华盛顿特区、洛杉矶、波士顿、迪拜、首尔等，以及我国的北京、上海、香港。由此可知，除去较为特殊的城邦国家新加坡，若看每一个国家内部的城市排名情况，大多是其首都排在首位，如德国（柏林）、英国（伦敦）、法国（巴黎）、日本（东京）、韩国（首尔）等，只有少数国家如阿

拉伯联合酋长国（迪拜）、美国（纽约）、澳大利亚（悉尼）等由一个非首都城市充当了全国最强城市的角色。可见，国际上大国首都多作为本国实力最强的城市出现，再考虑到我国当前的实际情况，北京建成我国的首位城市责无旁贷。

三、大国首都典型数据比对

若进一步以柏林、布鲁塞尔、伦敦、巴黎、首尔、东京、华盛顿特区和北京八个首都城市作为比较对象，将它们在六项城市综合排名中的位次摘录如表 8-5 所示。

表 8-5　不同研究中的八个首都城市排名

西班牙 IESE 商学院	日本森纪念财团	科尔尼(a)	科尔尼(b)	《外国直接投资情报》	普华永道
伦敦(2)	伦敦(1)	伦敦(2)	伦敦(3)	伦敦(2)	伦敦(1)
巴黎(3)	东京(3)	巴黎(3)	巴黎(4)	巴黎(9)	巴黎(4)
东京(4)	巴黎(4)	东京(4)	东京(14)	东京(11)	首尔(11)
首尔(7)	首尔(6)	北京(9)	柏林(18)	北京(12)	柏林(12)
柏林(11)	柏林(8)	布鲁塞尔(10)	布鲁塞尔(22)	首尔(17)	东京(15)
华盛顿特区(20)	北京(13)	华盛顿特区(11)	华盛顿特区(24)		北京(19)
布鲁塞尔(48)	布鲁塞尔(21)	首尔(12)	首尔(45)		
北京(78)	华盛顿特区(29)	柏林(16)	北京(47)		

注：①城市名称后括号中的数值为城市排名；②表中折线分割了排名在前十名的城市与之后的城市；《外国直接投资情报》杂志社的 *Global Cities of the Future 2016/17* 仅收录了前 25 名城市，柏林、华盛顿特区、布鲁塞尔名次靠后未能列入其中，具体排名未知；普华永道的《机遇之城 2018》仅收录了前 30 名城市，华盛顿特区、布鲁塞尔名次靠后未能列入其中，具体排名未知

由表 8-5 可以看出，总体上伦敦、巴黎、东京分列前三位，此后的五个城市排名变动较大。上述不同的研究者从自己的研究需要出发，基于不同类型的数据形成各自对于全球主要城市的实力排名。不同研究使用的指标类别和侧重领域的差异，导致城市排名产生变动性，而这也从一个侧面展示出伦敦、巴黎、东京三个城市的发展是较为综合、全面的。不论以何种指标体系进行衡量，它们都能展现出较好的城市发展面貌。相应地，包括北京在内的后五个首都城市在个别领域上有所欠缺，故而使用不同指标体系进行测度时，排名结果忽高忽低，影响了综合实力的排名。就此而言，依据不同指标体系，找出北京的优势和不足之处，着力补齐短板，成为提升北

京综合实力的关键所在。

梳理上述几项研究，可发现其结果的提出大致基于这些指标：经济、人力资本、社会内聚力、文化、政府治理、环境与污染治理、国际交往、科技与研发、交通与城市规划、宜居度、安全、卫生与社会保障、生活成本、气候等。这些基本上涵盖了城市发展的各个方面，能够较为全面地展现出城市的实力。若将这些指标与北京首都发展的“四个中心”定位进行对照，可以发现其间存在一定的对应关系，如科技与研发主要影响的是科技创新中心的建设等，也有一些指标因同时具有影响“四个中心”建设的综合性意义，而难以被归类于某一具体定位。图 8-1 右侧展示了依据这一标准将所有指标进行划分的结果，左侧是基于李晓江和徐颖（2015）的研究，将北京主要功能按照“四个中心”职能分类进行划分的一种示意。寻找两种分类及评价体系之间的关联性，将有助于明确北京大国首都功能中的优势与短板所在。

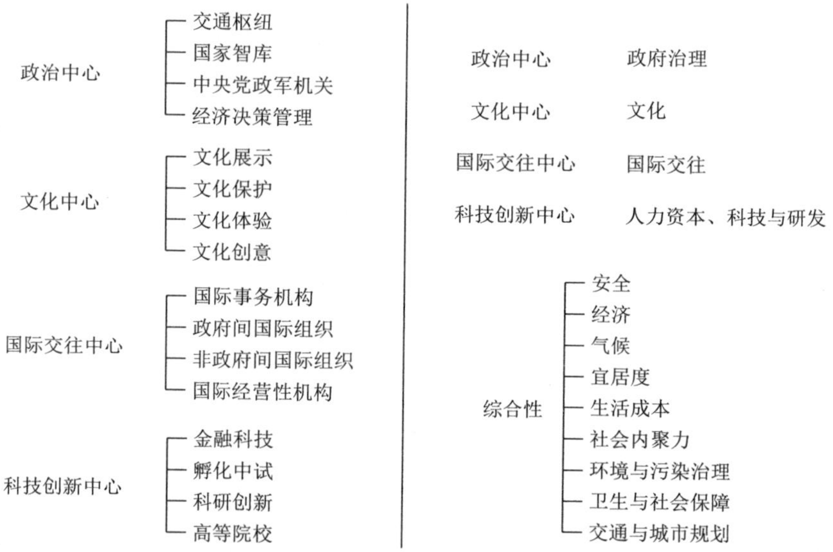

图 8-1　城市综合实力的测定因素与北京“四个中心”定位对照

第二节　科技创新能力比较

一、北京已跻身科技创新尖端

国际权威期刊《自然》（*Nature*）在其发布的增刊《2018 自然指数-科

研城市》（*Nature Index 2018 Science Cities*）中，对过去一年全球数百个城市的科研指数进行了大排名。北京是 Nature 指数追踪的 82 种高质量研究期刊论文的最大贡献者，综合得分位列全球创新基地之首（2142.53 分），第二名纽约为 1980.45 分，第六名东京为 1194.00 分，第七名上海为 1041.04 分，第八名巴黎为 938.59 分；北京大学和清华大学两所高校分别贡献 388 分和 350 分，作用极其突出[①]。

北京不仅在重大理论研究上有较强优势，而且在相关基础科学研究、应用科学研究等科研领域均有所突破。在中关村国家自主创新示范区的引领和各相关区域的通力配合下，北京的专利申报、高新技术企业成长、风险投资增长率等指标，也进入全球榜单前列。

新形势下，全球科技创新中心的定位与排序正在发生微妙的变化，北京显现出从追赶者向领先者转型的格局，有望在不远的未来成为科技创新领域的新“接棒人”。

二、科技创新中心建设战略意义重大

近年来，北京科技创新中心建设取得了巨大成就，与历史水平相比进展明显，但若与其他城市横向对比还有较大的进步空间。推动实现并不断巩固北京科技创新中心的定位不仅是北京实现“四个中心”定位的关键战略，也关乎 2035、2050 中国梦的全方位实现。“四个中心”建设并不是孤立的，而是环环相扣、相辅相成的战略综合多维体，科技创新中心的率先突破，能够产生极大的溢出效应，有效地推动北京“四个中心”定位的高效实现。

从国际竞争的态势来看，信息的可得性、易得性促进了多区域、多主体平行创新不断加速的全球创新范式重塑，但推动人类共同体发展的重大科学研究突破和技术突破却越来越向少数科技创新集聚区、集合区集中。在硅谷之后，美国多个地区高举“硅”旗，硅巷（纽约）、硅丘（奥斯汀）、硅运河（西雅图）、硅桃（亚特兰大）、硅林（波特兰）相继诞生，彰显了美国推动创新与应用推广，从市场到区域全方位助力相关产业发展的新变化。在这种变化的过程中，中国也需要多个“硬核”科技创新中心引领国家科技、

① Nature Index Science Cities 2018[EB/OL]. https://www.natureindex.com/supplements/nature-index-2018-science-cities/tables/overall[2019-09-05].

创新能力的跃迁与升级，北京作为我国的科技创新中心，肩负着国家使命，责无旁贷。

同时，北京打造科技创新中心也是提高北京城市发展能力，促进北京减量、提质发展的核心抓手，依靠科技进步和技术创新，可以更加有效地提高本地资源的利用效率，降低相关主体对土地空间等实体要素的需求密度，从而走向更高质量的发展。

三、多维兼顾推进科技创新中心建设

打造首都科技创新新高地，需要统筹、平衡以下几对关系。

首先，注重问题导向与机遇导向并重。北京科技创新中心的打造既要从问题导向出发，尽快解决科技创新人员、科技创新组织、科技创新企业存在的共性和个性问题；又要特别注意科技创新领域的新机遇、新挑战、新冲击，迎击挑战，抢位发展，提前预判科技创新领域的潜在问题和潜在瓶颈，做到“治未病”。

其次，注重市场导向与政策导向兼顾。科技创新中心的成长，需要相关政策的支持、支撑。这些政策应在城市文化建设、公共服务软硬件水平提升、城市创新激励等维度发挥深刻作用。与之对应地，在政策支撑体系之外，要充分发挥市场的自主作用，依靠市场力量促进北京创业资本提量增速；促进企业、科研机构打破壁垒，加速联通；提高中关村国家自主创新示范区等办公核心区域的公司密度；提高相关人才知识获取、分享、转化的能力；提高主要学科、行业、领域专业分工与跨专业整合的融合联动。

最后，注重追赶导向与领先导向统筹。从总体来看，北京人均科研创新能力和总体科研水平与发达国家相比仍有一定劣势，北京长期以来也在激励相关领域、相关企业、相关人员全力追赶先发地区。需要注意的是，如果仅仅关注科学创新领域的追赶，很可能会使北京在达到与其他发达地区接近或一致的水平之后陷入无目标的境地，走入“自锁闭”“盲动”陷阱。从目前的成长格局来看，在部分已经取得重大突破的前瞻性研究领域（如量子计算），北京科技创新中心的成长要逐步导入具有领先者战略导向的摆脱战略和优势保持战略，迅速形成相关领域科技创新高地，促进北京及国家重大科技创新优势的持续、稳定保持。

第三节　国际会议及文化交流比较

一、国际交往比较

随着我国对外开放进程的逐步深化，“一带一路”和亚洲基础设施投资银行国家重大涉外战略的推进，首都北京迎来了提升对外交往水平的重大机遇。受益于政治中心的地位，北京在政府间国际交往方面存在天然优势，形成了服务基础和行业惯性，进一步吸引了非政府间国际交往行为的聚集，这两个方面共同作用，使得北京整体国际交往水平较高。在表 8-4 和表 8-5 中，北京在西班牙 IESE 商学院的《IESE 活力城市指数 2018》（*IESE Cities in Motion Index 2018*）中排名相对较低，仅为第 78 名，显著低于其他五项研究中对北京城市地位的判断。但即便在这份“不看好”的报告中，北京国际推广（international outreach）一项仍高居第 12 名，仅略低于机动性与交通（mobility and transportation）一项（表 8-6），显示出北京的国际地位、国际影响的确有了长足进步。在其他一些研究中也多表现出了这一情况。这表明在世界大城市中，北京已然具有较高的国际化程度，正在向东方世界的国际化大都会迈进。在打造成为我国国际交往中心的进程中，北京已经拥有了较好的发展基础。

表 8-6　《IESE 活力城市指数 2018》中北京在各项上的排名

经济	人力资本	社会内聚力	环境	政府治理	城市规划	国际推广	科技	机动性与交通	总排名
50	29	129	160	76	111	12	57	10	78

（一）北京国际交往存在人口短板

从国际交往的各构成方面来看，一般包括国际机构、国际交流活动、外国人口、国际交往等。北京的国际机构数量众多，2015 年北京的国际机构已达 3 万余家，其中包括 169 家外国驻华使馆、236 家境外媒体、7 家国际组织总部和 25 家国际组织的分支机构，如亚洲基础设施投资银行总部、丝路基金总部、世界知识产权组织中国办事处等；跨国公司尤其是世界 500 强企业的国内总部也纷纷落户北京，外国企业代表机构总计达到 3000 余家（刘波，

2017），这些机构的聚集为国际交往活动及外国人口的增加创造了条件。在国际交流方面，截至 2018 年 5 月，北京已与国外 56 个城市结成了友好城市关系，仅次于上海的 66 对市级友好城市关系，友好城市数量排名全国第二[①]。随着北京大兴国际机场的建设，北京的国际交往能力和国际接待条件都将得到有力提升，进一步促进了国际化进程的加速。

但是在某些方面，北京还存在较大的上升空间，其中最明显的指标就是常住外籍人口比例。根据 2010 年第六次全国人口普查数据，北京常住外籍人口仅 9.1 万人[②]，占全市常住人口的 0.46%，远低于欧美一些国家的首都，而国际上普遍认为一个真正的国际化大都市，其外国人口比重应达到 10%左右。北京并不是我国常住国际化（外籍）人口最多的城市，根据《上海蓝皮书——上海社会发展报告（2016 年）》，上海早在 2013 年就以 17.6 万常住国际化人口的规模，成为全国 1/4 以上在华外籍人口的居住地，也是我国常住外籍人口最多、占比最高的城市（卢汉龙等，2016）。若从全年接待的外籍人口总数来看，北京的差距就更加明显：2017 年，北京共接待入境游客 392.6 万人次，相比 2016 年下降 5.8%[③]，而上海同年接待外籍游客 873.0 万人次，是北京的两倍还多，且这一数据同比增长了 2.2%[④]。从这一点上来看，不论是长期居住，还是短期入境，北京对国际化人口的吸引力还不够，对国际化人口居住和生活的服务、消化能力还不够，相关的人才吸引政策应更加开放、积极。

（二）推动国际会都建设意义重大

为了应对这些问题，可以着眼于鼓励、培育高质量、高规格的国际交流活动，使其作为国际交往标杆起到带头作用，同时辅以完备的国际活动规划、管理体系，最终形成各级各类活动繁荣有序开展的良好局面。国际交往活动具有多种不同的形式，其中当数国际会议具有更大的影响力，故建议以此为

---

① 北京市缔结第 56 个外国友好城市[EB/OL]. http://wb.beijing.gov.cn/zwxx/gzdt/wshd/104140.htm[2019-09-05]；市级友好城市[EB/OL]. http://wsb.sh.gov.cn/wsb/node466/node548/node550/index.html[2019-09-05].

② 北京市 2010 年第六次全国人口普查主要数据情况[EB/OL]. http://tjj.beijing.gov.cn/tjsj/tjgb/rpgb/201511/t20151124_327785.html[2019-09-05].

③ 2017 年全市接待入境游客 392.6 万人次[EB/OL]. http://tjj.beijing.gov.cn/tjsj/sjjd/201801/t20180116_390968.html[2019-09-05].

④ 2018 年上海统计年鉴[EB/OL]. http://tjj.sh.gov.cn/tjnj/nj18.htm?d1=2018tjnj/C0823.htm[2019-09-05].

切入点，通过引入更多大型国际会议选址北京，为北京的国际交流增添持久的动力。

随着科技、产业、社会文化的发展，国与国之间需要就某一领域展开密切的沟通，通过信息交换、增强合作来提升双方利益，这就催生了国际会议的产生。时至今日，国际会议的意义已然超越了会议议题本身，在其前后向带动作用的驱动下成为以会议、奖励旅游、大会、展览为核心的，带动城市和地区蓬勃发展的新兴国际会议产业。国际大会及会议协会（International Congress and Convention Association，ICCA）认为，国际会议产业主要包括的主体有旅行社、航空公司、会议筹备机构、观光局或会议局、宾馆、会议展览中心、外围合作厂商等，它们都是国际会议过程中的直接受益者，能够获得可观的收益和优化发展的重要契机。然而事实上，国际会议产业对于城市运行的意义远远不止于此。

国际会议产业对于城市经济发展、产业结构转型升级、城市资源优化配置等都能起到明显的拉动作用，是许多城市用以实现自身跨越式发展的重要抓手之一。国际上的成功经验表明，高端国际会议的成功举办，能够显著提升主办城市的国际知名度，增强其在国际活动中的影响力。此外，一些重大国际活动往往会将城市名加入会议的命名中，这有助于进一步打造自身独特的品牌形象和城市名片，如釜山亚运会、索契冬季奥林匹克运动会、上海世界博览会、中国进出口商品交易会等。这种命名方式使人们在提起一场国际会议时就会联系到它的主办城市，在说起一个城市时也会相应地联想到曾在此主办过的重大国际会议，使得举办国际会议成为打造城市名片的重要方式之一。更有一些城市因国际会议而兴、因国际会议而闻名，如瑞士的达沃斯、中国的博鳌、法国的戛纳等。

国际会议的召开与城市的发展相辅相成。一方面，会议的选址要求举办城市具有稳定的社会环境、良好的城市风光、完善的场馆设施、通达的交通网络，在国际化服务、危机应急管理等方面富有经验，有些特定领域的国际会议还对城市的某些具体条件有所要求，如特定的产业优势、独特而宜人的气候条件等；另一方面，国际会议的召开能够促进城市基础设施的完善，促进城市的高效运转，提升城市的旅游知名度及旅游收入，创造更高级的消费需要，等等。这一正一反的两层关系都会给城市发展带来直接或间接的提升作用，具体体现在会议引进之前、会议申办成功至召开前、会议成功召开后三个阶段。在会议引进之前，城市管理者将会以申办会议的若干硬性约束条件作为目标，倒逼城市提升整体实力以符合引进国际会议的标准。在会议申办成功至召开前，是城市方方面面进行大改观的集中时段，场馆建设或改造、交通及配套服务设施的兴建、社会风貌的治理、城市运行的规范化等都是这一阶段城市发展的重要表现。在会议成功召开后，城市将持续得到外延性收益，如国际形象和国际地位的提升，外籍人口的聚集和相关消费的增加、文化产业及旅游业的提升发展等。

（三）北京承办国际会议的潜力巨大

国际大会及会议协会每年会对各国、各城市举办的国际会议次数进行统计，并形成报告《ICCA统计报告：国家与城市排名》（*ICCA Statistics Report Country & City Rankings*）。2012～2017年，北京举办的国际会议数量在80～110场，波动较大，但排名多稳定在第15～20名，仅有2017年下滑至第25名。依旧选择柏林、布鲁塞尔、伦敦、巴黎、首尔、东京、华盛顿特区和北京八个首都城市进行比较，将国际会议数量及其排名情况做出折线图如图8-2所示。由图8-2可以看出，巴黎、柏林、伦敦是当之无愧的三大会议城市，年国际会议数量均在150场以上，相当于平均每两天就举办一场国际会议，国际会议数量的排名也稳定在前10名。接下来的几个城市首尔、布鲁塞尔、北京的年国际会议数量相差不大，在100～130场，排名在第10～25名波动不定，东京近几年国际会议数量总体上稳定上升，最终于2017年达到这一水平。华盛顿特区则因被美国其他大城市分散了国际会议机会，承办数量相对较少，每年约50场。

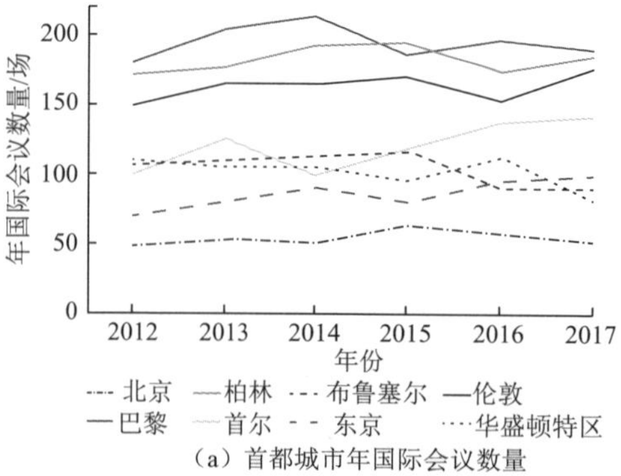

（a）首都城市年国际会议数量

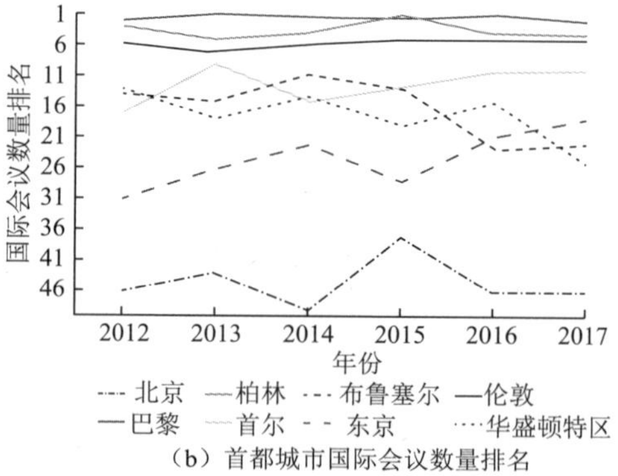

（b）首都城市国际会议数量排名

图8-2　2012～2017年各首都城市举办国际会议数量和排名

资料来源：ICCA Statistics Report Country & City Rankings. https://www.iccaworld.org/[2019-09-05]

不论哪个国家，国际会议数量都有一些年际波动，这可能受到国内环境、对外关系、对外政策等影响，与国际会议所涉及经济、文化等领域的当年发展状况有所关联，也直接体现着当年的国际大环境。即便是国际会议数量排名稳定靠前的城市（如巴黎），也很难将每年国际会议的绝对数量控制在一个稳定的范围内。在这一背景下，2012～2017 年东京将国际会议数量从 69 场稳步提升到 101 场，首尔也从 100 场提升到 142 场，这着实是一个亮眼的成绩，反映出这两个城市的国际影响力逐步提高，而这与两座城市主动吸引国际会议落户的积极政策有关。

反观北京的情况，2012～2017 年承办的国际会议数量由 109 场下降到 81 场，排名也自 2012 年的第 13 名跌落至 2017 年的第 25 名，这种下跌走势在八个首都城市中罕有，应当引起警觉。国际会议作为一类比较正式的国际交往活动，对于北京的全国国际交往中心地位建设具有重要意义，也可以被视作一个显示国际交往水平的风向标。国际会议数量下滑不仅不利于北京向建设国际化大都市的目标迈进，更在与同属亚洲城市的首尔、东京之间的竞争中被置于不利处境。此外，除国际会议的数量外，国际会议的具体类型、质量、重要性也应当被纳入考虑范围。有学者指出，北京和布鲁塞尔、纽约等国际城市相比，重要的国际会议偏少、固定的国际会议不多，国际会议行业的发展质量整体而言偏低（刘波，2017）。因此，努力引进更多、更高规格的国际会议选址北京，同时积极吸引一些高质量、高影响力的国际会议在北京长期落地，应当作为北京发展国际会议产业的近期目标。

（四）北京打造国际会都深具优势

北京在举办国际会议方面有着较好的产业优势。第一，国际会议产业的基础已经具备，虽然与国际顶尖级会议城市之间还存在一定差距，但整体上通过近几年承办的 APEC 会议、“一带一路”国际合作高峰论坛、中非合作论坛北京峰会等各类各项重大主场外交活动，北京在承接国际会议方面已经积累了充足的经验，也正在逐步形成日渐完善的国际会议产业服务体系。世界级的国际会议会展场馆设施建设，如奥林匹克中心区、雁栖湖国际会都等，也为引入高规格国际会议提供了坚实的基础。第二，北京的市内、市外交通基础设施条件正在逐步改善。通过治堵、疏解，以及配套的公共交通体系建设，有望提高北京交通的通达度、便捷度，为国际会议的与会者创造更加便捷的交通条件和更加舒适的出行体验。此外，北京大兴国际机场投入使用后将提高国际旅客的输送能力，拉近北京与其他世界城市的距离，为全方位的国际交流活动创造更大的可能。同时，铁路交通系统也将迎来一次整体优化，丰台火车站的改建工程已经展开、翻新后的北京北站即将重新投入使用，这些都将有力地缓解当前北京三大铁路客站（北京站、北京西站、北京南站）的旅客运输压力，便利国内与会者的交通出行。第三，北京悠久的城市历史、多元的文化积淀、丰富的旅游资源，都是发展国际会议产业得天独厚的优势。随着传统国际会议都市的承接能力渐趋饱和、新兴国际会议的领域及议题更加开放多元，会议主办方在选择会址时除了考虑城市硬实力外，越来越多地开始将历史文化等无形而又能很好地展现城市特色风貌的资源纳入考量，这恰恰是北京的优势所在。若能成功地将传统历史文化转化为北京的一张“名片”，定能以独立于西方文化之外的独特东方文明笑迎八方来客。第四，北京还具有建设成为国际会议之都的地理优势。依据国际大会及会议协会发布的《ICCA 统计报告：国家与城市排名》，传统上的国际会议城市多分布在西欧，这与其发展历史早、欧盟框架下的国际交流多、欧洲国家历史文化相通、固有联系强等因素有关。而远在东方的亚洲国际会议市场，则因不具有上述优势而起步较晚，但如今庞大的市场也正在开拓。第五，近期看最强的直接抓手是，2022 年冬季奥林匹克运动会的筹办工作正在紧张进行，以此为契机，急速推进北京“会都”建设，将能够更大限度地提升北京作为国际交往中心的话语权。

当前，亚洲并不存在哪个城市能够稳居“国际会议之都”的称号，北京、首尔、东京都拥有向亚洲最大国际会议城市冲击的可能。如果北京能够在当下把握好发展机会，稳步推进会议、会展、赛事等形式的国际交流活动，很有可能抢先在广阔的亚洲乃至亚太地区国际会议市场中赢得先机。

二、文化交流比较

文化中心的打造，不只是北京乃至中国国家软实力的体现，更是中国民族文化自信、中华文明历代传承的体现。纵观相关大国首都发展，很多相似的首都都曾经历异域文化的冲击，甚至一段时间文化冲突非常严峻。在当前多元文化交流、碰撞的环境下，吸收相关国家的经验，对北京文化中心的打造非常必要。

英国伦敦：依靠差别化的文化，留守功能分区，在“保守”的总体框架下，形成了文化根植区和文化创新区的融合。伦敦塔与大本钟、威斯敏斯特教堂与伦敦眼、伦敦金融城与金丝雀码头等形成了错位互补，国王十字地区的城市改造被认为是城市更新的成功典范。通过展现英伦文化与导入现代风格相结合的方式，伦敦实现了强化文化中心职能的目标。

法国巴黎：希望在卢浮宫、巴黎圣母院之外，引进更加美式的文化旅游项目进行互补，从而进一步提高巴黎文化中心的地位。但是，引进的迪士尼项目并不成功，不但没能实现文化互补的预期目标，项目本身还陷入了长期亏损，巴黎政府努力调整方向，促进了舶来文化与本土文化的融合，历经 15 年的磨合终于与迪士尼实现文化对接，共同融入世界文化旅游新体系。

当前，北京文化中心的建设，不仅要依靠故宫、颐和园等传统文化，还要在一定程度上批判性地吸收西方和其他文化中的良性部分。作为北京文化中心功能的重要承载部分，北京城市副中心的环球度假区项目未来将达到每年 1500 万人次的客流，必须提前筹谋，广泛吸收相关地区的经验教训，做好相应的准备。本部分以正在建设中的环球度假区项目为例，提出建议，希冀助力于北京文化中心建设的有序推进。

北京环球度假区项目是北京重大项目，坐落于北京副中心，将于 2021 年开园迎客①。环球度假区项目的文化冲击、客流冲击、消费形态冲击等都可能对北京文化中心的打造产生影响。在这一重大项目的运营过程中，从巴黎、东京、新加坡等城市重大项目的建设经验来看，地方政府必须掌控足量、优质、可对抗性资源，在地方与巨型跨国企业进行竞争的过程中抢占竞争优势。这种优势包括（但不限于）：基础设施能动性、周边地域可竞争性、周边设施和空间的可扩展性、资金动员能力和融资能力、统合组织能力。

对北京环球度假区周边地区而言，必须建立（至少）一个辅助增长极（20～40 分钟车程内）以延长游客的消费时间与消费链，形成与环球度假区的联动发展，打造通州文化旅游、北京文化旅游的新品牌与好口碑，以此跳脱出主题乐园发展的消费孤岛陷阱与路径锁定效应，对冲以好莱坞文化为中心的相关影响。

第四节　宜居程度比较

城市承担了世界上多数的生产活动，也已成为半数以上人口生活的地方。

① 环球度假区 2021 年开园 主题公园游乐设施开始安装[EB/OL]. http://www.beijing.gov.cn/fuwu/bmfw/jmsh/jmshggts/t1597121.htm[2019-09-05].

《北京城市总体规划（2016年—2035年）》提出，到2035年要将北京初步建成国际一流的和谐宜居之都，这是北京未来十几年发展的引领方向。宜居北京的建设关系到市民满意度、幸福感，更会直接影响到城市竞争力、吸引力的提升。

首都承载宜居城市的使命古已有之，班固在《汉书》中就有以“首善之区”指代首都的提法①。2005年1月，国务院在批复《北京城市总体规划（2004年—2020年）》时，首次在中央人民政府文件中提出“宜居城市”理念②。北京作为国内最早一批践行“宜居城市”理念的城市，已经取得了很多成就，在很多领域为全国其他城市树立了典范，但依然存在一些瑕疵，特别是与国际一流宜居城市存在一定差距。

放眼其他大国首都，学习借鉴其城市建设理念，回归以人为本，注重从生活职能的角度给市民一个舒心、安心、便捷、轻松的生活环境是北京城市发展的重要任务。根据英国经济学人智库发布的《2018全球宜居指数报告》（*The Global Liveability Index 2018*），北京位居全球宜居城市第75位，虽然较之前已经取得了重大进步，但是与英国、美国、德国、法国、日本、韩国等世界主要国家的首都相比，仍有极大的提升空间（表8-7）。

表8-7 世界主要国家首都城市宜居度排名

首都城市	北京	柏林	伦敦	巴黎	首尔	新加坡	东京	华盛顿特区
排名	75	13	48	19	59	37	7	37

资料来源：The Global Liveability Index 2018[EB/OL]. http://www.eiu.com/topic/liveability[2019-09-05]

本节基于国际比较，在简要分析宜居城市的衡量标准之后，从生活成本等关键要素出发，探讨北京打造宜居城市的发力方向。

一、“宜居北京”建设方兴未艾

何为宜居城市？这其实是一个仁者见仁、智者见智的概念。在西方，宜居城市最早可以追溯到早期人们对田园城市的美好追求，发展至今出现了多种不同的解读。国内比较权威的关于宜居城市的概念表述出现于2005年《国

① 《汉书·儒林传序》：“故教化之行也，建首善，自京师始。”

② 国务院关于北京城市总体规划的批复[EB/OL]. http://www.gov.cn/zhengce/content/2008-03/28/content_5625.htm[2019-09-05].

务院关于北京城市总体规划的批复》之后。2006年，建设部决定组织一批专家学者进行宜居城市科学评价指标体系研究，顾文选和罗亚蒙于2007年提出了《宜居城市科学评价标准》，这一评价标准成为之后我国宜居城市建设和评价的重要依据。该研究认为，宜居城市是具有良好的居住和空间环境、良好的人文社会环境、良好的生态与自然环境、清洁高效的生产环境的居民地（顾文选和罗亚蒙，2007），并形成了一套较为完备的评价指标体系，如表8-8所示。

表8-8　《宜居城市科学评价标准》中的宜居城市评价指标体系

一级指标	二级指标	赋分权重/%
社会文明度	城市文明、社会和谐、社区文明、公众参与	10
经济富裕度	人均GDP、城镇居民人均可支配收入、人均财政收入、就业率、恩格尔系数、第三产业占GDP比重	10
环境优美度	生态环境、人文环境、城市景观	30
资源承载度	人均可用淡水资源总量、水资源重复利用率、人均城市用地面积、居住用地比例、名特产资源	10
生活便宜度	城市交通、商业服务、市政设施、教育文化体育设施、绿色开敞空间、城市住房、公共卫生	30
公共安全度	生命线工程完好率，城市政府预防、应对自然灾难的设施、机制和预案，城市政府预防、应对人为灾难的机制和预案，城市政府近三年来对公共安全事件的成功处置率	10

资料来源：顾文选和罗亚蒙（2007）

但是，《宜居城市科学评价标准》中的指标高度依赖客观数据，而其中许多数据因其规模之大或是专业性之高，只能由公共部门进行统计，可得性较低。因此，学界的研究往往从主观层面出发，以问卷的方法考察市民对居住环境的主观感受和评价。这种评价方式虽然不如客观指标一般便于统计测量，但却能够比较真实地反映居民对城市生活的内心想法。在此，摘录一种认可度较高的主观测度指标体系（张文忠，2007），如表8-9所示。此外，在政府与学界之外，大众传媒也常常对城市的宜居度进行评判，他们常用的指标体系又与前两者有所不同，一般包括交通便利度、生活服务设施的人性化程度、公用事业水平、社会保障水平、环境保护、污染物处理、绿化率等。

表 8-9 宜居城市评价指标体系

一级指标	二级指标
安全满意度	治安状况、交通安全状况、各种灾害的宣传和管理状况、紧急避难场所状况
环境满意度	空气污染状况、污水排放和水污染状况、道路和工厂噪声状况、商店和学校等生活噪声、垃圾堆弃产生的污染、汽车尾气排放产生的污染
出行满意度	公共设施的利用、日常生活出行、到市中心的便利度、通勤的便利度、交通拥堵状况
设施满意度	教育设施状况、医疗设施状况、购物设施状况、休闲娱乐状况、儿童游乐状况、居住区的物业管理、居住区的配套设施
舒适满意度	公园、绿地的状况，绿化状况，建筑景观的美感，清洁状况，公用空地状况，空间开敞性，建筑物密度，邻里关系状况，文化、社区氛围、街区特色

资料来源：张文忠（2007）

各类指标体系中的一大共性特点是，将宜居城市概念的定位落在了融合城市规划与城市管理的中间位置上：将城市空间、城市景观、城市设施、城市住房等规划类问题，与城市治安、公众参与、公共安全等管理类问题并重，除此之外还兼有对经济的、社会的、文化的等不同城市发展领域的考量。学界进一步提出，宜居城市要同时注重“硬环境”与“软环境”，前者主要考虑如住房、交通、环境、安全等物质环境，后者则包括社会保障、就业、教育、生活成本等社会环境（赵勇，2007）。

对城市宜居度进行评价的相关研究自上述评价指标体系提出之后就层出不穷，较早的比较权威的调查开始于2006年中国科学院地理科学与资源研究所“宜居城市”课题组发布的《中国宜居城市研究报告（北京）》，该报告提出北京市民对北京城市生活的满意度基本达标，但程度并不高，若以百分制计算，得分为63.80分（张文忠，2006）。该报告从生活北京、安全北京、舒适北京、出行北京、健康北京五个方面展开，各项得分整体上差异不大，其中生活北京得分最高（65.70分），舒适北京得分最低（61.91分）。如今，经过十几年的发展，北京的生活宜居水平得到显著改善，尤其是城市交通体系的完善、城市环境的治理、市容市貌的改善、街巷环境的整治等，大幅提升了市民的生活条件和生活质量，这些改变也都体现在近些年的研究中。虽然城市生活中还有很多不尽如人意的方面，但从整体上来看，近些年北京的宜居城市建设工作稳步开展，并有着良好的发展态势。

二、国际比对显示北京亟待聚焦

对比城市排名研究相关数据（表 8-4 和表 8-5 所列各机构），以日本森纪念财团的《全球城市实力指数报告 2017》（*Global Power City Index 2017*）为例，北京在宜居度这一项上的排名并不理想，在该报告所引全球 44 座大城市中，北京这一项排名仅为第 32 名。北京在该报告的其他指标类别中，大多在前 15 名，综合排名位居第 13 名（表 8-10），可见宜居度一项显著阻碍了北京综合实力的提升，是一块非常明显的短板。其他五份报告凡是将宜居度纳入评价中的，大多也是类似的结果。

表 8-10　《全球城市实力指数报告 2017》中北京在各项上的排名

经济	研究与开发	文化互动	宜居度	环境	可达性	总排名
3	14	7	32	43	15	13

由此发现，国内外对北京宜居城市建设的研究结果存在较大的不一致性，这可能是因为其指标体系各有侧重，因此有必要对比中外研究所使用到的具体指标。表 8-11 列举了《全球城市实力指数报告 2017》中评价城市宜居度所用到的指标。

表 8-11　《全球城市实力指数报告 2017》中的城市宜居度评价指标体系

指标	一级指标	二级指标
宜居度	工作环境	总失业率、总工作时间、劳动者的生活满意度
	生活成本	平均房租、物价水平
	防卫与安全	每百万人口凶杀案数量、自然灾害的经济风险
	康乐程度	预期寿命，社会自由、公平、平等程度，心理健康风险
	生活便利度	每百万人口医生拥有量、信息与通信技术、零售店种类、餐厅种类

通过简单的对比可以很明显地看出，第一点不同之处在于，表 8-11 中的指标大致只对应于国内研究中提到的“软环境”条目，却少见城市规划、绿化水平等“硬环境”条目。然而在国内评价标准中，硬环境才是城市宜居度测度中更为看重的部分。这一差异很可能就是造成国内外宜居城市研究对北京的评价出现较大分歧的重要原因之一。

第二点不同之处在于，相比于国内常用的评价标准，日本森纪念财团的研究更注重深挖细节，着眼于与市民生活息息相关的小数据，如每百万人凶杀案数量、每百万人医生拥有量等，这类指标的精细程度，在国内评价体系中少有。此种做法虽然可能会有片面注重细节而忽略整体代表性之嫌，但类似抽样采集式的评判方式却能有效地将被评价对象落到实处，避免面对庞大而又模糊的笼统性概念（如市政设施状况）时感到无从下手。例如，表8-11中的社会自由、公平、平等程度以及心理健康风险等可大致对应于我国常用标准中的社会和谐、公共卫生等指标，但前者是在后者范围内更具可操作性的子范畴。

第三点不同之处在于，表8-11中存在大量未见于我国常用标准的其他条目，如生活成本一项中的平均房租、物价水平以及生活便利度一项中的零售店种类、餐厅种类等。这种一级条目的差异对于结果的影响可能是更为重要的，因为这意味着国内和国外在对“何为宜居”这一问题的理解上存在不重合的地方，会带来测量领域的整体偏斜，最终在测评结果上体现出不一致也就不足为奇。事实上，物价水平、商铺种类等看似只是一些很细小的指标，但对人们的生活体验却有着较为明显的影响。加之当前人们对生活条件的追求逐步提升，如零售店种类、餐厅种类这些体现生活质量的指标应当与时俱进地被纳入测评者的视野中，也应被纳入城市管理者的考虑中。

综上所述，北京的宜居城市建设，在硬件投入累积效应逐步显现的条件下，应该更加聚焦于城市便利性领域，在生活成本、市内轨道交通（直接关系到通勤等时间）、生活服务类设施分布等领域持续发力，减小与发达首都的差距，探索北京“宜居悠都”的特色建设道路。

三、降低高端人才有效聚集门槛

NUMBEO是基于全球用户共享数据的互联网大数据服务提供商，收录了全球绝大多数城市的物价水平、交通、污染、健康状况、犯罪率等社会信息，并实时地进行数据采集与汇总分析，形成最新的统计报告。在此，采用NUMBEO的生活成本统计报告[①]对主要首都城市的市民生活支出状况进行了比较分析。该报告收录了餐饮、市场、交通、休闲、服装、子女教育、日用、房租、房价9大类53个小项的代表性生活用品与服务的价格，并纳入各城市的月收入水平进行对照。需要说明的是，NUMBEO网站的所有结果均基于

① Cost of Living[EB/OL]. https://www.numbeo.com/cost-of-living/[2018-12-18].

网友贡献，即由生活在各个城市的居民上传数据，因此其物价水平、收入水平等结果与各地官方统计结果存在一定差异。尽管如此，由市民贡献的消费品价格更贴近人们在生活中的实际体验，更能反映人们真实的生活状况，更能体现出市民城市生活的真实感受，而这种真实感受往往比官方数据更有利于解释城市对于人群的吸引能力。

在 53 个小项中，选取 8 项作为北京市民日常生活成本的代表进行分析（表 8-12）。其中，一套 85 平方米公寓每月水电气热垃圾处理费、1.5 升饮用水价格、500 毫升国产啤酒价格、中等水平餐厅两人餐费 4 项是基本生活需求的代表，幼儿园学费、国际小学学费作为较高需求层次的（非义务教育）子女教育投入的代表，出租车等候 1 小时价格和月交通成本两项作为城市交通成本的代表。值得说明的是，从房价来看，北京的居住消费水平非常高，但高房价会带来相当大的财富效应，故在消费分析中仅关注生活服务成本。

总体来看，9 个城市的 8 项指标情况，北京在其中两项（幼儿园学费、国际小学学费）上最高，成为 9 个首都城市中生活成本最高的城市；而总体成本最低的城市是柏林，在 4 项指标上都是最低。当然，这仅是基于较少统计数据的一个极简略的抽样，但由于这 8 项生活支出均与市民的日常生活息息相关，故而以此做出一个粗略的判断也未尝不可。

具体地，与其他大国首都相比，北京居民生活成本有如下特点。

1）基本生活服务消费价格适中。在基本生活消费支出领域，北京在 4 项指标上的绝对价格几乎为所选 9 个首都城市中的最低值（或与最低值极为接近），但将收入水平差异纳入考量后，测得各项成本占月收入比重，北京就不再是生活成本最低的城市。具体来看，一套 85 平方米公寓每月水电气热垃圾处理费占月净工资的比重在 9 个城市中相对较低，1.5 升饮用水价格、500 毫升国产啤酒价格、中等水平餐厅两人餐费比重与平均值基本持平。这表明，北京的生活成本基本不高于所列首都城市的平均水平，北京市民在这些消费领域并不会比其他国际化大国首都市民感到更大的压力。

2）交通出行成本较高。出租车等候 1 小时价格和月交通成本这两项测度的是城市居民的日常通勤成本，前者在北京的成本较低，而后者北京则与其余 8 个首都城市基本持平。但要注意到，出租车等候 1 小时价格并非月均实际发生的费用。依照北京出租汽车定价标准，时速低于 12 公里时就要收取低速费（等候费），而在北京早晚高峰等拥堵时段、路段时速低于这一标准是常有的事。加之由于城市空间规划不合理、“摊大饼”式的城市蔓延、职住分离等问题使得北京市民的日均通勤距离显著高于欧美大城市的平均情况。故总体考虑这些事实后，北京出租车等候 1 小时价格虽然较低，但市民打车出行过程中实际还可能发生更高的总等候成本。此外，与选取的其他指标（其定价往往同时受到资源、技术、品牌、劳动力等多因素影响）不同，出租车等候 1 小时价格几乎只与出租汽车司机这一群体的劳动高度相关，是其时间成本投入的直接价值体现。在这种情况下，出租车等候 1 小时价格偏低也就说明社会对于劳动者劳动时间价值的评价偏低，反映了市民收入水平与其他几个首都城市相比略低的现实状况。

3）高端教育消费价格过高。国际小学学费和幼儿园学费体现的是中高层次的、非义务教育阶段的子女教育需求。如今，世界各国都将未成年人教育摆在重要的位置，尤其是在世界各大国的首都，义务教育阶段的花销已经被大幅削减，基本不再会成为压垮一个家庭的原因。另外，非义务教育阶段的子女教育投入正在市场化运作的机制下被抬得越来越高，几乎达到中等收入家庭都难以承受的地步。由表 8-12 可知，在代表高端消费的教育消费领域，北京的生活成本已经高居所有首都城市之首。当前，北京幼儿园入园难、学费贵的现状困扰着许多有着适龄儿童的家庭，这些问题亟待解决。此外，一部分中高收入家庭以及多数在京外籍家庭倾向于将子女送入国际学校就读，国际学校的成本也就直接关系到这种更高层次的教育需要能够被满足的程度。然而，北京幼儿园学费比重和国际小学学费比重均居首位，分别为平均值的 1.72 倍和 2.12 倍。幼儿园月学费占北京市民月平均净收入的一半以上，意味着一个有托龄孩子的三口之家要将月收入的 1/4 投在孩子入托上，这一水平是高社会福利的德国首都柏林的 5 倍，即便是与教育成本较高的美国相比，也明显高于华盛顿特区的水平。国际小学学费占市民月净工资比重高达 138.36%，中上等收入家庭都很难负担如此高昂的学费。从绝对价格来看学费，北京以 1755.39 美元的价格远超同为亚洲大国首都的首尔（1471.03 美元）、东京（1620.70 美元），甚至超过柏林（1063.18 美元）、巴黎（1434.23 美元），而与伦敦（1762.58 美元）齐平。在义务教育普及的条件下，非义务教育体系的教育需求代表着更高层次的子女教育需求，其价格成为衡量一个城市能够在多大程度上满足居民这一需求的重要标准。市民若不得不在此类消费上投入较高成本，将不仅影响市民的消费感受和城市宜居度的提升，还可能影响城市的长期发展动力。在我国重视教育的文化背景下，能为子女提供何种水平的教育质量很可能成为父母选择居住城市时的一大重要考量因素。

表 8-12 主要国家首都城市的生活成本对比

月净工资/美元（税后）	首都城市	一套 85 平方米公寓每月水电气热垃圾处理费		1.5 升饮用水价格		500 毫升国产啤酒价格		中等水平餐厅两人餐费	
		价格/美元	比重/%	价格/美元	比重/%	价格/美元	比重/%	价格/美元	比重/%
1268.68	北京	62.20	4.90	0.57	0.04	0.78	0.06	28.89	2.28
2433.34	柏林	279.06	11.47	0.53	0.02	0.93	0.04	46.23	1.90
2360.12	布鲁塞尔	150.49	6.38	0.98	0.04	1.62	0.07	72.24	3.06
3250.54	伦敦	184.14	5.66	1.24	0.04	2.33	0.07	65.86	2.03
2736.15	巴黎	170.35	6.23	1.06	0.04	2.19	0.08	63.57	2.32
2548.13	首尔	161.72	6.35	1.19	0.05	2.47	0.10	42.61	1.67
2891.85	新加坡	94.88	3.28	1.04	0.04	2.82	0.10	33.45	1.16
2994.34	东京	192.68	6.43	1.13	0.04	2.70	0.09	44.54	1.49
4427.67	华盛顿特区	125.23	2.83	2.62	0.06	4.40	0.10	70.00	1.58
3113.85	平均值	157.86	5.95	1.15	0.04	2.25	0.08	51.93	1.94

月净工资/美元（税后）	首都城市	幼儿园学费/月		国际小学学费/月		出租车等候 1 小时价格		月交通成本	
		价格/美元	比重/%	价格/美元	比重/%	价格/美元	比重/%	价格/美元	比重/%
1268.68	北京	655.21	51.65	1755.39	138.36	7.48	0.59	28.89	2.28
2433.34	柏林	252.63	10.38	1063.18	43.69	35.08	1.44	93.62	3.85
2360.12	布鲁塞尔	770.36	32.64	2048.35	86.79	35.09	1.49	56.64	2.40

续表

月净工资/美元（税后）	首都城市	幼儿园学费/月		国际小学学费/月		出租车等候 1 小时价格		月交通成本	
		价格/美元	比重/%	价格/美元	比重/%	价格/美元	比重/%	价格/美元	比重/%
3250.54	伦敦	1619.27	49.82	1762.58	54.22	39.69	1.22	117.83	3.62
2736.15	巴黎	941.19	34.40	1434.23	52.42	41.42	1.51	86.69	3.17
2548.13	首尔	469.38	18.42	1471.03	57.73	9.11	0.36	48.83	1.92
2891.85	新加坡	667.91	23.10	1446.59	50.02	12.68	0.44	72.86	2.52
2994.34	东京	356.09	11.89	1620.70	54.13	32.39	1.08	89.07	2.97
4427.67	华盛顿特区	1672.22	37.77	2166.67	48.93	25.00	0.56	167.39	3.78
3113.85	平均值	822.70	30.01	1640.97	65.14	26.44	0.97	84.65	2.95

资料来源：Cost of Living[EB/OL]. https://www.numbeo.com/cost-of-living/[2018-12-18]

注：“比重”由价格除以月净工资得出，美元为当时价

在吸引高知识、高技术人才时，若北京的子女教育成本居高不下，甚至与伦敦等城市大致相当，北京的竞争力难以凸显，高端人才流向北京的概率会大幅降低。如此一来，势必将造成大量人才乃至国际人才的流失，直接影响北京的活力、创造力和国际化水平，进而使北京的竞争优势遭到极大冲击。

综上所述，可以看出北京仅在日常基本生活需求方面的成本上略有优势，在其他方面的花销与其他首都城市相比相对较高。生活成本的高低不仅事关宜居城市建设，更关系到城市的整体竞争实力，如果因此造成高端人才乃至国际人才的流失，将直接影响北京的活力、创造力和国际化水平。现阶段，应关注市民生活质量提升、需求趋于多样化的客观事实，关注与国际接轨、彰显自身竞争优势的需要，关注供需不平衡，且差距不断加大的现实矛盾，在消费升级的背景下，积极引导相关行业良性发展、优化布局。尤其是对于子女教育等涉及高层次人才定居、发展的服务型领域，要着眼于优质服务供给不足、价格过高可能引发的系统性问题，站在保持城市生命力、竞争力，促进城市文化多元融合的高位上提供更多与需求相适应的城市产品与服务。

提高市民消费价格满意度、降低生活成本的最根本动力归根结底源于收入的提升。当前，北京市民平均月净收入还不及上述其他首都城市平均月净收入的一半，让市民的钱包“鼓起来”才能够真正提升人们的获得感，真正享受到首都改革发展的红利，真正拥有吸引人才进京的不竭动力。

四、加速提高内城轨道交通密度

截至 2017 年 12 月，北京轨道交通共有 22 条线路开通运营，居全国首位。运营里程 608 公里，车站 370 座①，仅次于上海，居全国第二。若仅与世界各国首都相比，北京拥有总里程世界第二的轨道交通系统②，地铁站点数量多、线路里程长，承担的运量极为庞大。主要国家首都城市市内轨道交通发展状况见表 8-13。

① 根据北京地铁官方网站（https://www.bjsubway.com）换乘站数量重复计算。

② List of Metro Systems[EB/OL]. https://en.wikipedia.org/wiki/List_of_metro_systems[2019-09-05].

表 8-13　主要国家首都城市市内轨道交通发展状况

首都城市	站点数量/个	年运量/10^6人次
北京	370	3777.9
柏林	343	563.0
布鲁塞尔	59	151.6
伦敦	270	1378.0
巴黎	298	1518.6
首尔	307	2836.5
东京	278	2709.1
华盛顿特区	91	229.6

资料来源：站点数量摘自各城市政府交通部门、规划部门或轨道交通运营部门。年运量摘自维基百科 List of Metro Systems. https://en.wikipedia.org/wiki/List_of_metro_systems。数据采集时间为 2018 年 12 月 18 日

由表 8-13 可知，从站点数量和年运量来看，北京居首位。但对于市域面积广阔的北京而言，即便轨道交通里程长、站点多，平均意义上的站间距离依然较高。依据北京地铁官方网站公布的信息进行测算，北京轨道交通（除机场线）当前的平均站间距离为 1577 米；市区线路（1～16 号线）平均站间距离为 1476 米[①]。若将地铁 10 号线所构成的封闭圆环及其内部定义为北京地铁线网核心区，则地铁线网核心区域各站间平均距离为 1230 米。不难发现，北京轨道交通平均站间距离较大，即便是位于市中心区的线网核心区域，1.23 公里的平均站间距离依然远高于其他轨道交通发达的国际大都市。若恰好身处两站之间，平均 600 余米的距离对行人而言颇有不便。即便是与国内其他建有地铁的城市相比，站间距离过大的问题依然十分突出。如图 8-3 所示，依据高德地图基于城市交通大数据发布的信息，截至 2017 年底我国轨道交通平均站间距离有一半集中在 1000～1500 米，仅有 33%的站间距离大于 1.5 公里。然而，北京却有高达 40.4%的站间距离大于 1.5 公里，这极不利于市民的步行可达。

尽管如此，以上数据都是在沿地铁线路的方向上测得的，事实上出行点距轨道交通站点的路程将可能更远，部分内城地区到最近地铁站的距离常常

① https://www.bjsubway.com，数据采集时间为 2018 年 12 月 18 日。

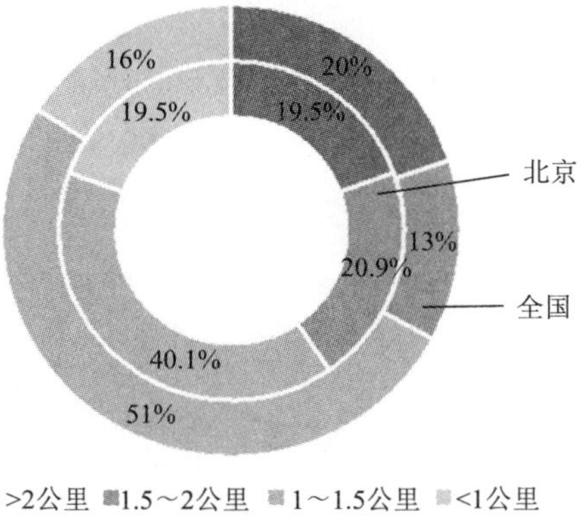

图 8-3 北京与全国平均轨道交通站间距离对比图

资料来源：2017 年度中国主要城市公共交通大数据分析报告[EB/OL]. https://report.amap.com/share.do?id=8a38bb866326d88601634df004011033[2019-09-05]；北京地铁官方网站，网址为 https://www.bjsubway.com[2018-12-18]

大于 1 公里。图 8-4 展示了北京中心区域依然存在的若干轨道交通布局的盲区。例如，在地铁 4 号线、10 号线、13 号线之间这一较大的地铁布局空白地带，中心点到周边的魏公村、国家图书馆、动物园、西直门、大钟寺这 5 个站点的距离均在 1.8 公里左右——这还仅仅是直线距离，若是考虑实际步行距离更不止于此，这说明地铁线路的布局还需进一步优化。

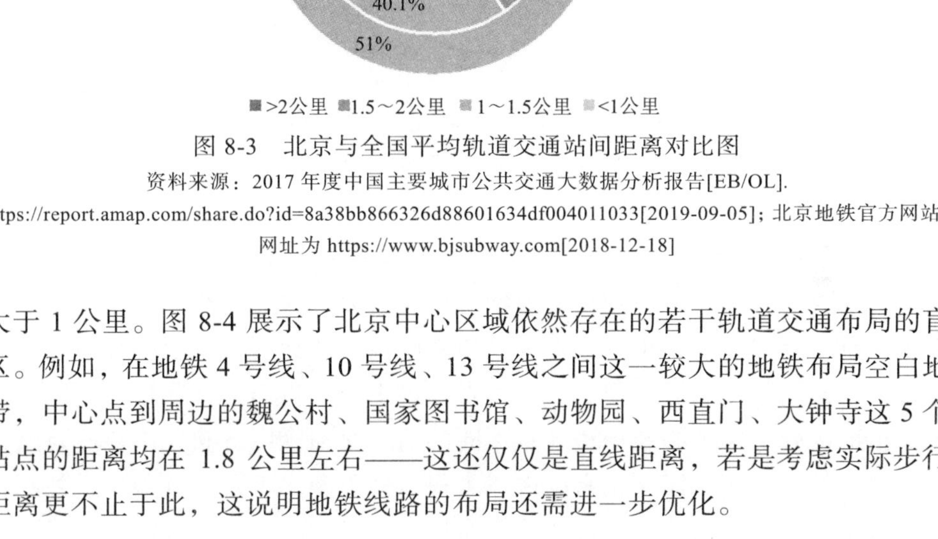

图 8-4 北京中心区域的轨道交通布局盲区

资料来源：北京地铁官方网站，网址为 https://map.bjsubway.com[2019-09-05]

2016年，由社会科学文献出版社出版的《北京公共服务发展报告（2015～2016）》北京蓝皮书中就已经建议，在北京城市中心区加大地铁密度至每500米分布有地铁站，以适应北京中心城区工作日高峰时段交通已经基本进入“中度拥堵”，且未来交通的供需矛盾将更加严峻的事实。该报告还建议，下一阶段要进一步发展轨道交通，将北京建成“轨道上的北京”，使京津冀形成“轨道上的京津冀”；尽快使轨道交通承担80%以上的出行量等（施昌奎等，2016）。

从国际比较的意义来看，图8-5展示了除布鲁塞尔和首尔外的六个首都城市中心区域22公里×22公里范围内轨道交通站点的分布及数量情况[①]，在北京该范围大致覆盖四环以内的区域。不难发现，北京棋盘式的道路结构深刻地影响了轨道交通的分布形式，站点也基本依照棋盘状整齐排列、均匀分布，市中心没有呈现出相比于其他区域更密集的车站数量。而以柏林、巴黎、东京为代表的城市大多呈现出放射状的分布态势，这样的线网结构自然地形成了站点密度的差异：市中心作为交通强度最高的地区，车站的分布相应更加密集，站间距离更近，便利了出行者以市中心为枢纽的交通接驳。巴黎更为突出地区分了市中心与周边区域不同的轨道交通密度分布，以环城公路为界，内部的小巴黎地区车站密度极高（很多站点距离不足300米），外围地区则数量骤减，仅沿主要交通线分散布局。向心的轨道交通线网增加了换乘站的数量，提升了网络的连通性，更有利于实现人流的快速集散。

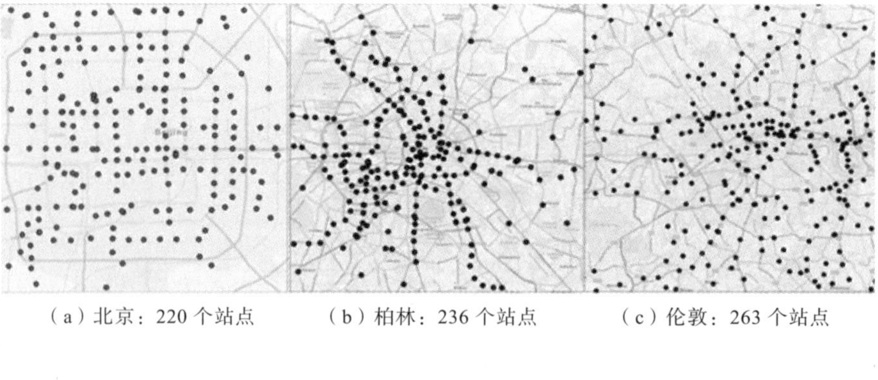

（a）北京：220个站点　　（b）柏林：236个站点　　（c）伦敦：263个站点

① 北京、柏林、伦敦、巴黎、东京分别以天安门、市政厅、白金汉宫、市政厅、皇居作为城市中心点作图，华盛顿特区因其面积小，全市域范围已被涵盖在图中。在计算各城市轨道交通平均密度时，前五个城市为区域内车站数量与面积484平方公里之比，华盛顿特区则为全市轨道交通车站数量与市域面积之比。

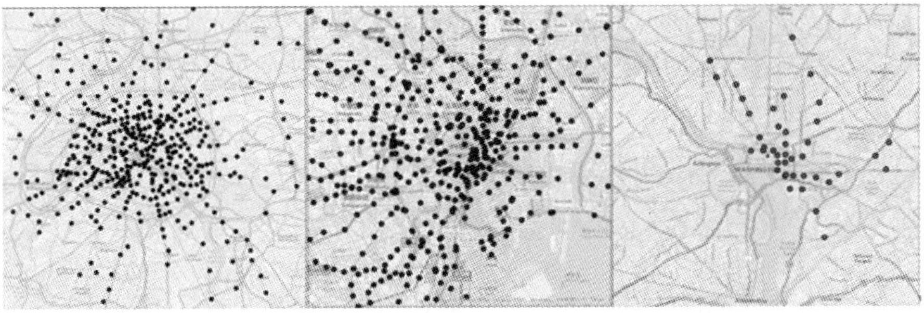

（d）巴黎：411 个站点　　（e）东京：487 个站点　　（f）华盛顿特区：41 个站点

图 8-5　主要国家首都城市的轨道交通站点分布

从图 8-5 中可以直观地发现，北京轨道交通密度和数量相对不足，城市中心地区依然存在大量轨道交通难以覆盖的空白地带。计算各市所选区域内轨道交通站点数量和站点密度，如图 8-6 所示。华盛顿特区因其市域尺度与其他城市相比存在较大差异，不宜纳入对比。与其余 4 个首都城市相比，北京轨道交通的分布密度不具优势。考虑到上述 22 公里×22 公里样本框的选取已经在某些方向上覆盖到了柏林、伦敦、巴黎的部分城市郊区地带，对于北京而言四环却依然属于城市的主要功能区，因此若以城市的核心区作为比较尺度，北京市区轨道交通密度不足的现象更为突出。

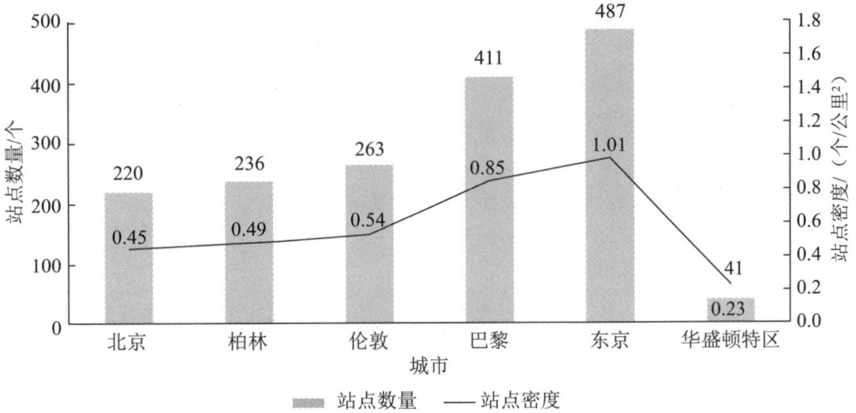

图 8-6　主要国家首都城市的轨道交通站点数量和站点密度比较

路网密度不足，不便于市民实现门对门的交通。另外，国际公共交通协会的统计显示，北京地铁已成为全球第四繁忙轨道交通系统①。在这样的背

① World Metro Figures 2018[EB/OL]. https://www.uitp.org/sites/default/files/cck-focus-papers-files/Statistics%20Brief%20-%20World%20metro%20figures%202018V4_WEB.pdf[2019-09-05].

景下，线路分布少也就意味着各条地铁线上的客流运输压力更大，给市民的直观感受便是更加拥挤。近年来，北京地铁在郊区发展迅速，继亦庄线、大兴线之后，昌平线、房山线、燕房线相继开通，还有以磁浮、有轨电车形态出现的 S1 线和西郊线，极大地便利了近郊居民的市区生活，城郊联系显著提升，但是这也对市中心的地铁运力提出了更大的挑战。在现有线路密度不足、通达性不够的情况下，快速消化郊区进城流量是一大难题。为此，简单增加地铁线路数量并不能从根本上解决问题，还要基于城市功能合理分布的角度考虑路网形态的改变。受客观条件的限制，北京中心作为文物集中区、政治核心区，难以像其他首都城市一样发展出极高密度的地下交通网络，但建设相对的密度高值区仍然是必要的。为此，北京在接下来一段时期的地铁建设中，可以通过增建支线、放射线等方式，着力提升内城地铁各线路之间的联结度。大幅提高内城轨道交通通达度，有利于激活各类人群的活性，更有力地支撑首都北京的发展建设。

五、优化城市市民服务设施布局

城市不仅是一个生产空间，还是一个生活空间，生活的便利度、舒适度关系到市民的生活体验，进而影响城市人力资本的恢复、再生。城市的日常生活服务设施布局，即设施的可达性，在很大程度上决定了城市对人们日常生活需求的满足程度，进而影响市民在忙碌的工作之余的生活感受。本部分以三类日常生活设施在北京的布局为例，分析与其他大国首都城市的差异性及可能的提升方向。这三类设施包括：满足日常饮食需要、同时作为重要社交场所的餐厅，供人们休闲、放松、提升自我的艺术区，以及满足最基础性、应急性需要的公共卫生间。

（一）餐厅：城市重要的生活性功能空间

餐厅对于城市生活有着多元的属性，在生活区分布的餐厅可以作为人们在忙碌的工作之余忙里偷闲的放松场所，在办公区分布的餐厅可以作为同事间拓宽思维、碰撞灵感的第二工作场所，在商务区分布的餐厅可以作为与商业伙伴畅谈构想的社交场所。因此，餐厅的布局应当广泛而疏密有致，以满足不同城市空间中多样化的需要。

图 8-7 展示了北京等六个首都城市餐厅的空间分布，颜色越深代表密度越高。餐厅在城市中是普遍存在的，因此图中未设色的区域不代表没有分布，

仅表示分布密度相对更低。

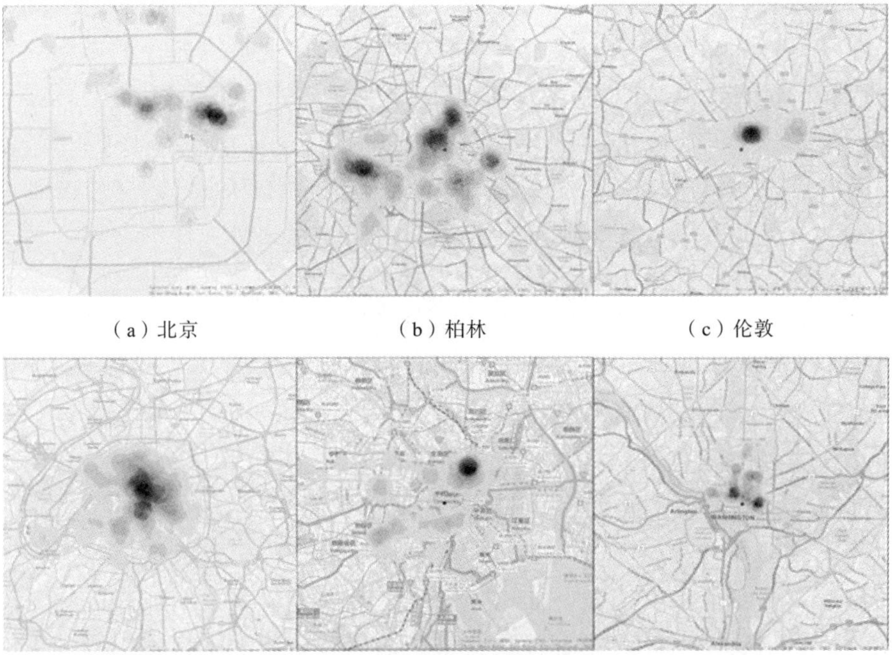

（a）北京 （b）柏林 （c）伦敦

（d）巴黎 （e）东京 （f）华盛顿特区

图 8-7 主要国家首都城市的餐厅分布

以伦敦、巴黎为代表，餐厅呈现出单核的分布特点，存在一个密度极大的区域，且往往就在距城市几何中心不远处。在核心区外侧各个方向上，餐厅分布有梯度地逐次减少；及至城市的外围，根据不同的交通、聚落、城市功能区布局情况，出现若干较低密度的餐厅布局。以柏林、华盛顿特区为代表，该类城市的餐厅以两核或多核的方式布局，多个核心之间餐厅低密度地蔓延，这种分布方式显著扩大了餐厅布局区域的整体面积。以北京、东京为代表，介于前两种分布模式之间，它们既存在一个明显的压倒性分布核心，也有一个密度略低的次中心。然而相比伦敦、巴黎，北京、东京的餐饮业中心区并没能起到有效的吸引作用，中心之外的区域餐厅分布密度出现断崖式的下降（东京在中心区北侧出现断崖式的下降），说明其辐射带动餐饮业聚集的效果并不明显。

但是，总体而言北京餐厅高密度分布区的范围小而散。除东直门—三里屯地区和后海—南锣鼓巷地区存在两个较大的组团外，其余高值区零星散落在城市北部、东部，而未形成广泛的集中连片态势。此外，市域空间内依然存在较大面积的未设色地区，南部仅有前门、方庄两处相对较高，三环之外已没有高值分布。由此可见，北京餐饮业的布局存在进一步拓展的空间，尤其是在向西、向南的方向上，配合北京振兴南城等战略，餐厅的布局存在进一步优化、提升的必要性。

另外，除分布密度外，餐厅质量也是影响市民生活水平的一项重要因素。仅以国际上较为流行的、认可度较高的米其林餐厅作为评价标准，截至2018年，米其林餐厅还未针对北京推出《米其林餐厅指南》。作为对比，《上海米其林餐厅指南》自2016年发行以来，如今已连续三度出版。这三年上海上榜的米其林星级餐厅总数分别为26家、30家、34家，虽然总数不多，但保持着增加的趋势。也许可以以北方人性格粗犷，体现在菜式上也就自然更加务实而不讲究精心雕琢等原因进行开脱。这样一种以地域文化为托词的评价在本土化的封闭发展时代或许还行得通，但在如今开放、多元的社会就可能成为文化创新、交流的阻碍。毕竟，最高质量餐厅数量所折射出的城市品位、格调，不仅关系到本市居民的生活质量，还可能在吸引高端人群、引进国际化人才等方面发挥重要的辅助作用。因此，不仅应将最高质量餐厅数量视作评判城市餐饮质量高低的标准，还要看到通过餐饮业水平折射出的城市国际化进程。

（二）艺术区：城市文化的代表性体现

用同样的方法制作6个首都城市艺术区的分布图（图8-8）。与餐厅分布图对照可见，除北京外，多数城市餐厅与艺术中心的空间分布基本保持一致，仅有伦敦的艺术区分布重心向东略有偏移。然而，北京呈现出了完全不同的分布格局：与市民日常对北京的空间认知相符，北京存在两个艺术区分布集聚地，分别为前门和798艺术区，与餐饮业集中的三里屯地区并不明显重合。

（a）北京　　（b）柏林　　（c）伦敦

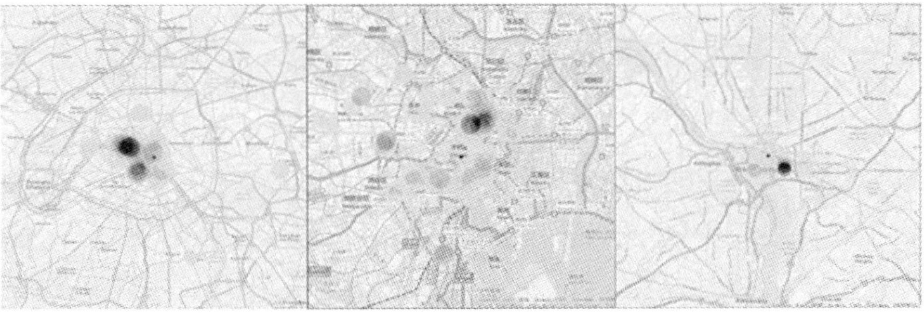

（d）巴黎　　（e）东京　　（f）华盛顿特区

图 8-8　主要国家首都城市的艺术区分布

与餐厅分布特点相同的是，北京艺术区也呈现出零散分布、东北多西南少的特点，艺术区的分布独立而分散，未能像其他城市一样聚集成片，高值、低值交错。文化产业的发展需要多元思维的交融、碰撞，这也是很多文化艺术家和文化艺术单位选择抱团发展形成文化艺术集聚区的原因，然而北京艺术区的分布方式反映出文化设施的聚集效应较难得到有效的发挥。

北京在建设成为全国文化中心的道路上，除依靠自身特有的传统文化优势外，还需要重视作为现代艺术形式重要载体的文化艺术区。现实中，自发形成的艺术区大多相对零散，面临着较大的生存压力。现阶段，可以总结 798 艺术区建设的成功经验，进一步尝试引导更多类似的园区建设，吸引艺术从业者聚集，以艺术组团的形式打响品牌知名度，减少它们独立发展遇到的诸多困难。此外,在艺术区的空间分布方面也需从全市的均衡发展角度做好谋篇布局，重点向当前发展较为薄弱的西南部地区进行政策倾斜，如配合当前非首都功能疏解等战略，将这些地区腾退的大型批发、物流等用地更多地向艺术类设施倾斜。当然，艺术区的起步、发展还需紧紧扎根当地环境，若仅仅依靠政策的力量布局，那么一切将成为无源之水、无本之木，很可能产生适得其反的后果。因此，最根本的还是要发掘、培育优秀文化，形成有利于文化传承、创造、创新的社会氛围和政策环境，从根本上提升首都北京的文化艺术软实力。

（三）公共卫生间：城市最基础的人本主义关照

如果说餐厅、艺术区等生活服务类设施的布局涉及城市的发展、活力，那么公共卫生间作为人人都需要面对的基本问题，更能体现城市对人最基础的关心与服务。用同样的方法制作 6 个首都城市公共卫生间的分布图（图 8-9）

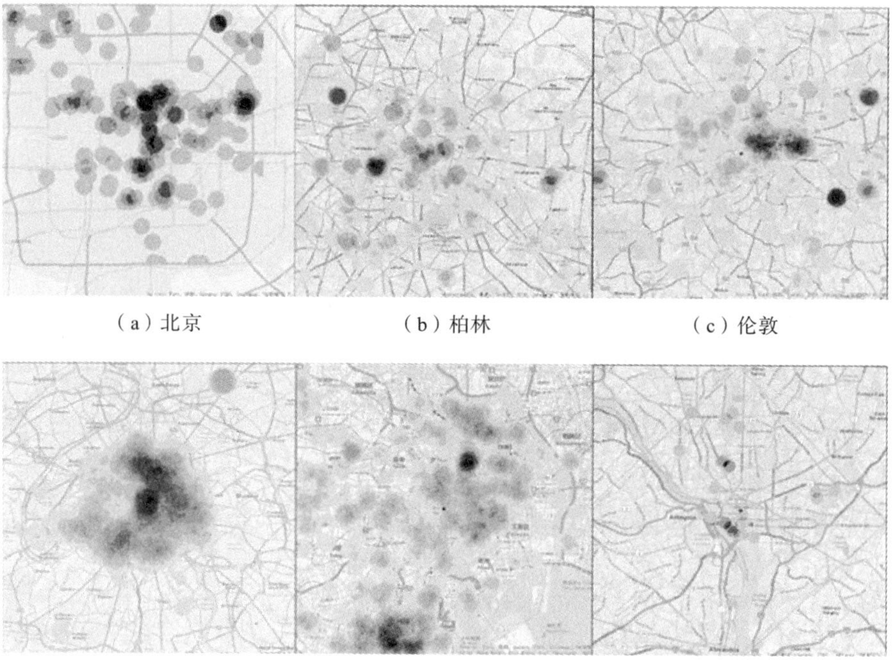

（a）北京　（b）柏林　（c）伦敦

（d）巴黎　（e）东京　（f）华盛顿特区

图 8-9　主要国家首都城市的公共卫生间分布

由图 8-9 可知，北京的公共卫生间集中分布在东城区，这可能与这里胡同、四合院社区的分布有关——胡同内缺少户内卫生间，而多修建公共卫生间。与其余大国首都城市相比，柏林、伦敦的公共卫生间空间分布特点与北京相似，巴黎、东京的分布则显著密集，前者更是做到了内城全部被公共卫生间的高密度设色区覆盖。2018 年，北京共有公共卫生间 20 767 个，保有量世界第一，其中城市公共卫生间 6312 个（王斌，2018）。结合空间分布与总数来看，北京公共卫生间的分布情况基本上令人满意，余下的工作便是着力提升公共卫生间的品质与环境，使得它们以更加温馨、舒适的样态呈现在市民面前。

（四）加速提高城市便利店密度

便利店是如今快节奏都市生活中重要的生活服务类设施，不同于传统的超市，它不仅售卖日用品及早餐、便当、快餐等即食食品，还越来越多地融合了报纸杂志销售等功能。可以说，便利店以较小的面积高度融合了超市、餐厅、报刊亭等传统城市设施的功能。此外，便利店往往还有几套简单的餐桌椅供人们歇脚、纳凉，或是给手机充电。在一个现代化的大城市中，除了居住区需要大型超市分布外，其余很多地方的日常销售功能正逐渐被便利店填充。

但是，目前北京便利店的分布难以令人满意。中国连锁经营协会与波士顿咨询公司联合发布的《2018 年中国便利店发展报告》指出，2017 年北京便利店密度仅为 0.8 家/万人，远低于上海（3.0 家/万人）、广州（3.2 家/万人）、深圳（4.2 家/万人）[①]。

除了数量不足外，北京便利店的分布也不够合理，呈现出“东北富西南贫”的特点。图 8-10 依据北京便利店分布密度制作而成，可以看出图中颜色最深的部分全部落在了城市东部，从天安门向东至东四环，北起东四十条，南抵南二环，核心区主要涵盖了三里屯、工人体育场等大型商圈、文娱区，是北京最繁华、人口最密集的地方之一。相对而言，城市的其他三个方向经济热度不及东部，便利店的分布也就相应地偏少；同样地，分布密度在东部可能会抵达东四环，但在北、西、南三侧甚至出不了二环。而在市区之外，还出现了几个相对独立的分布中心：北部的回龙观、天通苑，东部的通州副中心，便利店分布密度相对较高。

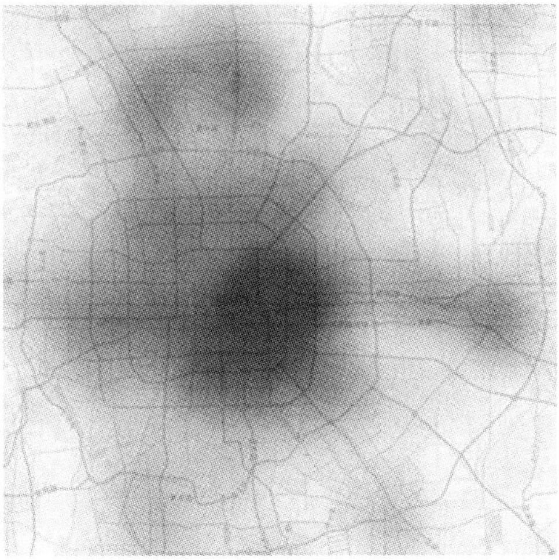

图 8-10　北京便利店分布

① 中国便利店发展报告[EB/OL]. http://www.ccfa.org.cn/por/article/downFiles.do?attaId=292337 [2019-09-05].

反观上海[①]，市区范围内大小便利店遍布，大多引自日本的全家、罗森，上海本地的好德、良友、可的等便利店在城市各个角落的分布也十分密集，即便是在一些偏僻的小路也不会缺席。全市呈现出“两核多中心”的分布特点，北边以人民广场、市政府一带为核心，是上海传统的市中心，商业活动密集，南边以大型居民区为中心，人口密度高、市场广而深。而在城市的其他地区，尤其是一些城郊结合区，还有一些小的次中心分布，这些地区通常也是重要的居民区，这表明上海的便利店已经充分渗透到居民生活中。此外，上海的便利店多数为标准化的连锁店，如全家、罗森、7-11等，不仅数量多、分布均匀，还因其连锁品牌保障使市民买得更放心。

北京便利店店铺面积大多很小，基本没有能让顾客坐下来用餐、休息、交流的地方，人们匆匆而来，又匆匆而去。北京在便利店方面的“落后”有其历史及城市规划方面的原因。上海第一家连锁型便利店出现于20世纪末，广州几乎是在同一时间开始了便利店在城市中的发展历程，然而直到2004年日本第一大便利店品牌7-11进驻，北京才开始了连锁便利店的发展历史。此外，北京的路面往往极宽极长。走在街上的人们有时候即便看到便利店就在对面，但想要过条马路，也要下地道、上天桥，兜兜转转一番后才能到达。如此一来，便利店的客流受到影响，无形中提高了开店的门槛。但上海、广州完全不同，马路弯弯绕绕，道路较窄，这样的城市道路规划与欧美城市有几分相像，人们想要去街对面的便利店十分方便。

可喜的是，近两年北京已经开始加大力度支持连锁型便利店的发展，并于2018年出台了《进一步优化连锁便利店发展环境的工作方案》，规划到2020年将全市的便利店数量增加到3000家左右，其中中心城区达到2000家以上，实现中心城区社区全覆盖[②]。未来，期待北京能够以更加简洁的落地审批流程、更加积极的品牌引进政策，布局更多的便利店、引进更丰富的连锁品牌，促使便利店空间布局趋于合理，服务种类更加丰富，服务品质和水平进一步提升，让老百姓生活消费更便利、更舒心、更放心。

---

① 由于便利店在各国之间统计标准不一，本部分使用国内城市上海作为比对。

② 关于印发《进一步优化连锁便利店发展环境的工作方案》的通知[EB/OL]. http://sw.beijing.gov.cn/zwxx/tzgg/201712/t20171228_90272.html[2019-09-05].

参 考 文 献

顾文选，罗亚蒙, 2007. 宜居城市科学评价标准[J]. 北京规划建设，（1）：7-10.

科尔尼管理咨询公司，2018. 2018 年全球城市指数报告（中文版）[EB/OL]. https://www.atkearney.cn/documents/1258856/3556632/Global+Cities+report.pdf/63e7e46a-a65e-1b66-7942-a17ec8781e7e?t=1562926797883[2019-09-05].

李晓江，徐颖，2015. 首都功能的国际比较与经验借鉴[J]. 北京人大，(8)：14-18.

刘波，2017. 北京国际交往中心建设的现状及对策[J]. 前线，（9）：69-71.

卢汉龙，杨雄，周海旺，2016. 上海蓝皮书——上海社会发展报告（2016）[M]. 北京：社会科学文献出版社.

陆铭，2016. 大国大城：当代中国的统一、发展与平衡[M]. 上海：上海人民出版社.

彭兴业，2000. 首都城市功能研究[M]. 北京：北京大学出版社.

普华永道会计师事务所，2018. 机遇之城 2018[EB/OL]. https://www.pwccn.com/zh/research-and-insights/publications/chinese-cities-of-opportunities-2018/chinese-cities-of-opportunities-2018-zh.pdf[2019-09-05].

施昌奎，庞世辉，毕娟，2016. 北京公共服务发展报告（2015～2016）[M]. 北京：社会科学文献出版社.

王斌，2018-12-14. 北京明年将改造提升 800 座公厕[N]. 北京青年报，第 A5 版.

张文忠，2006. 中国宜居城市研究报告（北京）[M]. 北京：社会科学文献出版社.

张文忠，2007. 宜居城市的内涵及评价指标体系探讨[J].城市规划学刊，（3）：30-34.

赵勇，2007. 国内“宜居城市”概念研究综述[J]. 城市问题，（10）：76-79.

fDi Intelligence, 2016. Global Cities of the Future 2016/17[EB/OL]. https://www.fdiintelligence.com/content/download/67783/1937490/file/fDi%20Global%20Cities%20of%20the%20Future%202016-17.pdf[2019-09-05].

Globalization and World Cities Research Network, 2018. The World According to GaWC 2018[EB/OL]. https://www.lboro.ac.uk/gawc/world2018t.html[2019-09-05].

IESE Business School, 2018. IESE Cities in Motion Index 2018[EB/OL]. https://media.iese.edu/research/pdfs/ST-0471-E.pdf[2019-09-05].

Mori Memorial Foundation, 2018. Global Power City Index 2017[EB/OL]. http://mori-m-foundation.or.jp/pdf/GPCI2017_en.pdf[2019-09-05].

The Economist Intelligence Unit, 2018. The Global Liveability Index 2018[EB/OL]. http://www.eiu.com/topic/liveability[2019-09-05].